大下流国家

「オワコン日本」の現在地

三浦展

光文社新書

元来日本人には理想なく　強きものに従ひ
その日その日を気楽に送ることを第一になすなり。

永井荷風「断腸亭日乗」１９４１年6月15日

大下流国家

目次

第1章　オワコン日本　15

第2章 「ニセ中流」の出現と日本の「分断」——デフレに慣れた人々 45

2・1 「平均点」の低下

2・2 生活満足度・人生観・日本認識

第3章 「強さ」を求める時代——安倍政権8年を誰が支えたのか 121

3・1 属性別に見た安倍政権評価

3・2　安倍政権評価と階層意識・人生観・日本認識

3・3　安倍政権評価とメディア・消費

第5章　さよなら、おじさん——若者はなぜ東京集中・地方移住するか　249

5・2　移住希望者と非・希望者の意識の違い

カバー・帯デザイン　勝浦悠介
イラスト作成　矢古宇由美子

第1章

オワコン日本

1・1　62％が日本の繁栄はすでに終わっていると思っている

「ソノイは中国のメーカーか韓国のメーカーか？」

ある人がアフリカのある国でソニー（ＳＯＮＹ）の携帯電話を使っていたら、アフリカの子どもたちがロゴを見て、「ソノイは中国のメーカーか韓国のメーカーか」と尋ねたという（日本経済新聞２０２１年３月３日付、編集委員北川和徳のコラム「森氏の失言と日本の停滞」）。どうやら日本がオワコン（終わったコンテンツ）化しつつある。

中国が日本よりも経済大国となり、さらに日本との差を広げていくと同時に、世界のかつての低開発諸国がどんどん経済成長をしている現在、日本企業のプレゼンスは日本人が考える以上に落ちているのだ（**図表１－１**）。

いや中国も出生数が減り始めた、高齢化が進む、若者は「寝そべり族」（注１）だと言われるようになり働く意欲がなくなった、中国の繁栄もこれまでだという論調が最近急増しているが、中国にかげりが見えるようになるころには日本は完全に衰弱しているだろう。

図表1－1　主要国名目GDPの推移

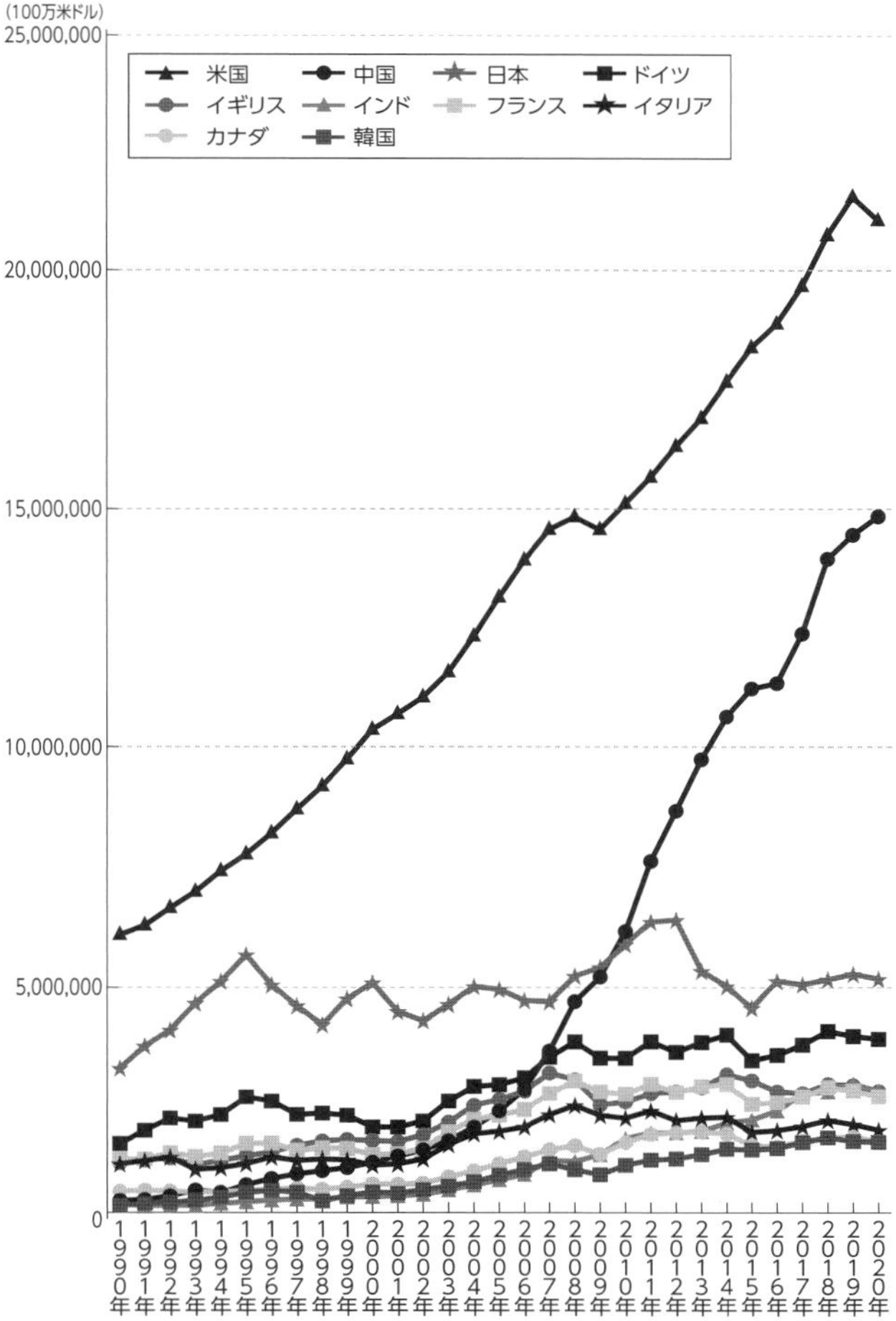

出所：IMF

注1：中国語で寝そべるという意味の「躺平」（タンピン）という言葉が中国で大流行している。2021年4月に大手ポータルサイト・百度（バイドゥ）の掲示板に掲載された文章が発端だという。「〝寝そべり〟は正義だ」「常に周囲との比較や伝統的価値観から圧力を受ける。人間はそうあってはいけない」「食事は1日2回でいいし、働くのは1年に1～2カ月でいい」「〝寝そべり〟はまさに賢者の運動。〝寝そべり〟だけが万物の尺度だ」と主張し反響を呼んだ。ネット上では「経済発展の犠牲になる必要はない」「社会の進歩とは、若者の苦労を少なくすることだ」などと共感する声が目立つという。

ドイツの新聞「ドイチェ・ヴェレ」の記事は、〝寝そべり〟が掲げる「家を買わない、車を買わない、結婚しない、子どもを産まない、消費しない」というスローガンは、人生に迷い途方に暮れていた90年代以降生まれの若者世代にひとつの道を示したと評した。同紙が取材した中国人女性は、勤めていた会社でのストレスが大きく、「世間一般で言われる努力するということに疲れた。何年も努力したところで、前の世代と同じような富は得られないか、あるいは本当に生きるか死ぬかの生活を長年続けなければならないと感じた」「家や車に興味はないし、他人からどう思われようと気にならない。今は社会も開放的になった。他人より抜きんでる必要もないし、世間的な成功を追い求める必要もない。人生は苦しくて短いのだから、楽しめばそれでいいと思っている」と語ったという。

共産党機関紙は「快適な環境に隠れていても、成功は決して天から降ってこない」「奮闘する人生こそ幸福な人生だ」と躺平を非難する記事を掲載したという。

このように現在、そして近い将来における日本の経済水準、競争力の低下は明らかである。本書のために行った「日本人の意識と価値観調査」（下流社会15年後研究会、２０２０年11月。調査概要は章末に掲載）において「日本の繁栄はいつまで続くか」という質問をしたところ、全体では、

すでに繁栄の時代は終わっている……62％
２０３０年まで……12％
２０４０年まで……7％
２０５０年まで……3％
もっと長く……16％

となった。多くの国民が日本の繁栄の終焉を感じているのだ（**図表１－２**）。

図表1－2 「日本の繁栄はいつまで続くか」年齢別回答

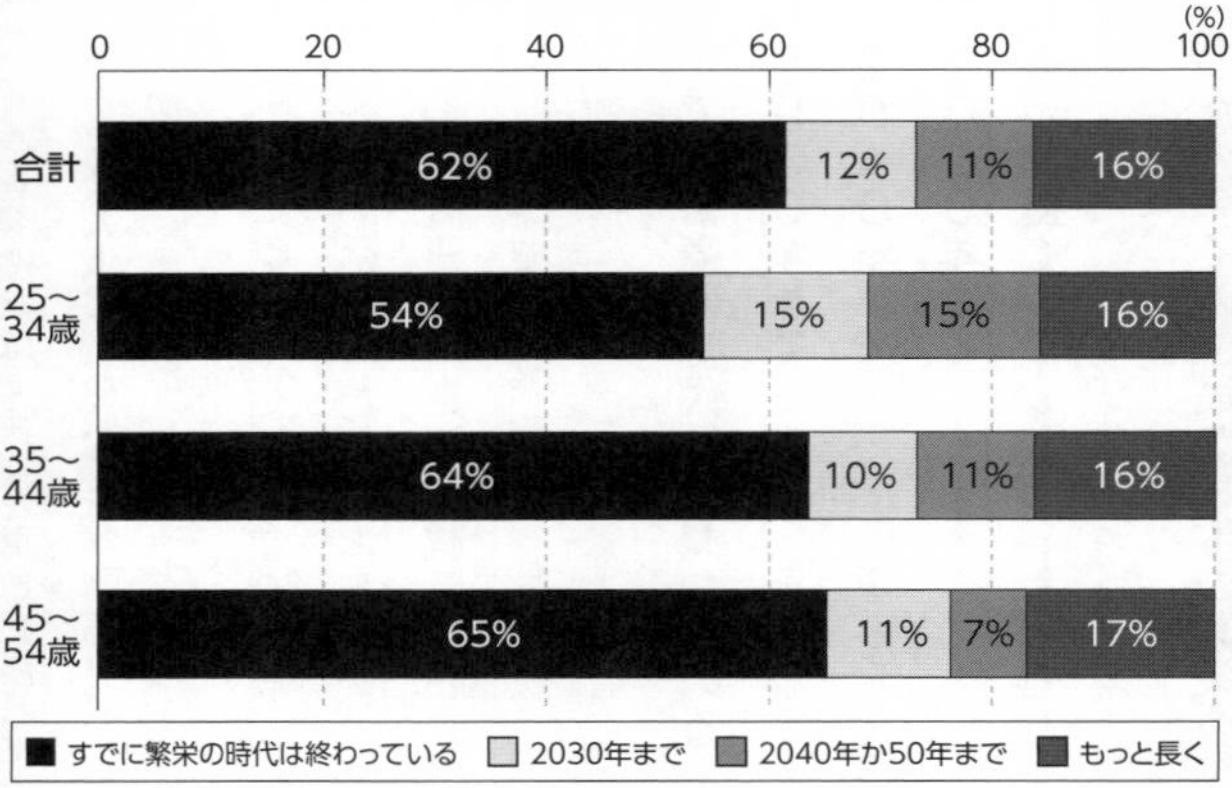

注：「2040年まで」と「2050年まで」は1つにまとめた。
出所：下流社会15年後研究会「日本人の意識と価値観調査」2020

男女差はあまりなく、年齢別で見ると25〜34歳の若年層では「すでに繁栄の時代は終わっている」は54％と少なめである。若いのだから日本の将来に少しでも期待するのは当然であるが、それでも自分たちが40歳か50歳になるまでに日本の繁栄が終わっていると思っているのだ。年収が高いほど繁栄時期が長期に続くと考える傾向はややあるが、それほど歴然とした傾向ではない。就業形態別では、公務員は繁栄時期が長期に続くと考える傾向が強い。

学歴別の差はあまりないが、女性の上位大卒以上（注2）は「すでに繁栄の時代は終わっている」が70％と多く、男性の上位大卒以上の60％と差がある。70％という数字は他の属性別集計の結果と比べても高い。女性は上位大卒以上であっても地位が低い日本という国に、高学歴女性が失望しているからかもしれない。高学歴女性ほど日本を見捨てて海外に行ってしまう可能性もある。

階層意識別では「上」で「すでに繁栄の時代は終わっている」が53%と少なく、「下」と「わからない」で72%と多い。

他方、「すでに繁栄の時代は終わっている」と答える人が明らかに少ないのは、自民党の支持者である。後述するように安倍政権評価が高い人でも「すでに繁栄の時代は終わっている」という人が明らかに少ないが、それでも自民党支持者ほどではない。こうなると自民党支持者は一種のカルト、「経済成長教」「永続繁栄教」という宗教の信者のようなものである。

逆に自民党を支持しない人では「すでに繁栄の時代は終わっている」が82%、安倍政権8年を「評価しない」人では90%あり、これはこれで相当悲観的である（**図表1-3**）。

注2：大学を上位・中位・下位3分の1ずつに分けたときに自分の卒業した大学がどれかを自己申告してもらった。

図表1－3 「日本の繁栄はいつまで続くか」属性別回答

		人数	すでに繁栄の時代は終わっている	2030年まで	2040年か50年まで	もっと長く
全体		2,523	62%	12%	11%	16%
性別	男性	1282	60%	13%	11%	16%
	女性	1241	63%	10%	10%	17%
年齢別	25～34歳	714	54%	15%	15%	16%
	35～44歳	860	64%	10%	10%	16%
	45～54歳	949	65%	11%	7%	17%
年収別	200万円未満	1,006	64%	10%	10%	17%
	200万～400万円未満	580	63%	12%	11%	15%
	400万～600万円未満	433	58%	13%	14%	16%
	600万円以上	376	55%	17%	10%	17%
就業形態別	正規雇用	1,079	60%	14%	11%	15%
	パート・派遣	394	61%	11%	10%	18%
	会社代表・役員・自営業	122	66%	11%	7%	17%
	公務員	112	48%	17%	20%	15%
	嘱託・契約	80	68%	5%	11%	16%
	自由業・その他	85	69%	9%	4%	18%
学歴別	上位大卒以上	519	60%	13%	14%	13%
	上位大卒以上（女性）	187	70%	8%	12%	10%
	中位大卒	574	60%	13%	12%	14%
	下位大卒・短大・専門	752	63%	11%	8%	18%
	高卒以下	678	63%	9%	9%	18%
階層意識別	上	383	53%	14%	15%	18%
	中	1,002	57%	13%	11%	18%
	中の下	744	66%	11%	9%	14%
	下	271	72%	7%	7%	13%
	わからない	123	72%	8%	5%	15%
支持政党別	自民支持	723	45%	16%	17%	23%
	無党派	1,396	64%	11%	8%	16%
	自民不支持	404	82%	7%	6%	4%

※「2040年まで」と「2050年まで」の回答は一つにまとめた
出所：下流社会15年後研究会「日本人の意識と価値観調査」2020

2100年に日本の人口は世界50位前後になる

悲観の主因は日本の人口減少である（図表1-4）。国連の推計によると、2100年の人口の1位は中国ではなくインド。3位がナイジェリアである。4位はアメリカだが、アメリカは人口減少が始まりかけているので、4・3億人にはならないだろう。5位以下はパキスタン、コンゴ、インドネシア、エチオピア、タンザニア、エジプト、アンゴラ、ブラジル、ニジェール、バングラデシュ、フィリピン、スーダン、メキシコ、ウガンダ、ロシア、ケニアと続く。ケニアが1億2542万人なので今の日本と同じくらい。そう21世紀はアフリカの世紀、アフリカの人口だけで38億人になる。

2100年、日本の人口は世界で36位だ。なぜか国連の推計は日本の国立社会保障・人口問題研究所（社人研）の推計よりも甘い。社人研の推計では2100年の日本の人口は5972万人で、それだと世界44位でチャドやセネガルの次である。36位だとしてもソマリアの次である。

2020年の44位はペルー、36位はウクライナである。人口規模で言えば日本はそれくらいの国の順位に落ちる。それでGDPが世界3位のまま維持できるだろうか。人口だけが経済力を決めるのではないが、人口が36位や44位で経済は5位や6位とは思えない。

しかも日本の２０６０年以降の65歳以上人口比は37～38%。75歳以上だけでも25%である。現在は65歳以上人口比が27%なので、75歳以上だけで同じくらいになる。

ちなみにこの社人研の推計は２０１９年に行われたものであり、２０１２年の推計だともっと人口は減り２１００年の予測は４２８６万人だった。７００万人も少ない。高齢者ももっと増え２１００年は41%、75歳以上だけで27%だった。すいぶん予測が甘くなっている。

２０１２年の推計では「合計特殊出生率は、実績値が１・39であった平成22（２０１０）年から平成26（２０１４）年まで、平成24（２０１２）年の１・37を除き、概ね１・39で推

2100		
1位	India	1,447,026
2位	China	1,064,993
3位	Nigeria	732,942
4位	United States of America	433,854
5位	Pakistan	403,103
6位	Democratic Republic of the Congo	362,031
7位	Indonesia	320,782
8位	Ethiopia	294,393
9位	United Republic of Tanzania	285,652
10位	Egypt	224,735
11位	Angola	188,283
12位	Brazil	180,683
13位	Niger	164,947
14位	Bangladesh	151,393
15位	Philippines	146,327
16位	Sudan	142,342
17位	Mexico	141,510
18位	Uganda	136,785
19位	Russian Federation	126,143
20位	Kenya	125,424
21位	Mozambique	123,647
22位	Iraq	107,711
23位	Madagascar	99,957
24位	Iran (Islamic Republic of)	98,588
25位	Viet Nam	97,437
26位	Côte d'Ivoire	96,633
27位	Cameroon	90,225
28位	Turkey	86,170
29位	Burkina Faso	83,194
30位	Zambia	81,546
31位	Mali	80,383
32位	South Africa	79,191
33位	Ghana	79,011
34位	United Kingdom	78,053
35位	Somalia	75,716
36位	Japan	74,959
37位	Afghanistan	74,938
38位	Germany	74,741
39位	Algeria	70,705
40位	Malawi	66,559
41位	France	65,498
42位	Senegal	63,515
43位	Chad	61,850
44位	Japan（社人研）	59,718

図表1－4　世界の人口予測（2020年・2060年・2100年）

	2020	（1000人）
1位	China	1,439,324
2位	India	1,380,004
3位	United States of America	331,003
4位	Indonesia	273,524
5位	Pakistan	220,892
6位	Brazil	212,559
7位	Nigeria	206,140
8位	Bangladesh	164,689
9位	Russian Federation	145,934
10位	Mexico	128,933
11位	Japan	126,476
12位	Japan（社人研）	125,325
13位	Ethiopia	114,964
14位	Philippines	109,581
15位	Egypt	102,334
16位	Viet Nam	97,339
17位	Democratic Republic of the Congo	89,561
18位	Turkey	84,339
19位	Iran (Islamic Republic of)	83,993
20位	Germany	83,784
21位	Thailand	69,800
22位	United Kingdom	67,886
23位	France	65,274
24位	Italy	60,462
25位	United Republic of Tanzania	59,734
26位	South Africa	59,309
27位	Myanmar	54,410
28位	Kenya	53,771
29位	Republic of Korea	51,269
30位	Colombia	50,883
31位	Spain	46,755
32位	Uganda	45,741
33位	Argentina	45,196
34位	Algeria	43,851
35位	Sudan	43,849
36位	Ukraine	43,734
37位	Iraq	40,223
38位	Afghanistan	38,928
39位	Poland	37,847
40位	Canada	37,742
41位	Morocco	36,911
42位	Saudi Arabia	34,814
43位	Uzbekistan	33,469
44位	Peru	32,972

	2060	
1位	India	1,651,019
2位	China	1,333,031
3位	Nigeria	476,130
4位	United States of America	391,495
5位	Pakistan	366,792
6位	Indonesia	336,444
7位	Democratic Republic of the Congo	234,146
8位	Ethiopia	232,994
9位	Brazil	224,412
10位	Bangladesh	191,443
11位	Egypt	177,538
12位	United Republic of Tanzania	158,869
13位	Mexico	157,156
14位	Philippines	150,220
15位	Russian Federation	132,692
16位	Viet Nam	109,363
17位	Iran (Islamic Republic of)	105,213
18位	Uganda	103,520
19位	Kenya	102,398
20位	Japan	98,326
21位	Turkey	97,941
22位	Angola	97,343
23位	Sudan	94,749
24位	Japan（社人研）	92,840
25位	Niger	84,726
26位	Iraq	80,712
27位	Mozambique	78,358
28位	South Africa	78,172
29位	Germany	77,962
30位	United Kingdom	75,060
31位	Afghanistan	70,845
32位	France	67,083
33位	Algeria	64,979
34位	Madagascar	64,059
35位	Myanmar	62,157
36位	Thailand	61,692
37位	Côte d'Ivoire	60,924
38位	Cameroon	59,427
39位	Ghana	58,880
40位	Argentina	56,709
41位	Colombia	55,408
42位	Mali	52,430
43位	Burkina Faso	52,152
44位	Yemen	52,063

出所：国連人口予測（2019年）に社人研推計（2019年）を加えた

移する。その後平成36（２０２４）年の１・33に至るまで緩やかに低下し、以後やや上昇して平42（２０３０）年の１・34を経て、平成72（２０６０）年には１・35へと推移する」と仮定されている。

しかし19年の仮定では２０１５年以降65年まで１・43から１・45で推移すると仮定している。一応これは推計直前の合計特殊出生率の実績を踏まえているのだが、12年の推計と比べるとざっくりしている。

だから私は疑っているのだが、安倍晋三《あべしんぞう》総理（当時）が人口１億人まで減った後１億人を維持しようと、例によってまるで根拠のないことを国会で述べた２０１５年４月の後に、おそらく総理に忖度《そんたく》した社人研が推計を多少甘くしたのではないか。２０１０年の国勢調査を基にした推計が12年に出ているのに、15年の国勢調査を基にした推計が４年もかかって19年に出たのはそのせいではないか（安倍総理はＧＤＰを６００兆円にするとも言ったが20年度は約５０８兆円である）。

日本は酒と観光の国になるのか

まあ、ゲスの勘ぐりはやめるとしても18年の合計特殊出生率は１・42に低下した。19年はコロナ前なのに１・36とぐっと低下、20年はコロナの影響で出生数が減ったので出生率もさらに下がるだろう。となると19年の推計は早速下方修正されねばなるまい。

なので、仮に４２８６万人のほうが正しい予測だとすると２１００年の順位は55位である。２０２０年の55位はコートジヴォワール。国連推計に従うとしても２０２０年の44位はペルーでウズベキスタンの次である。２０６０年の44位はイエメンでブルキナファソ（注３）の次である。

30年以上前、日本は将来ポルトガルのようになるのかなと私は思った。大航海時代に世界を制覇した国のひとつであるポルトガルも２０２０年時点の人口は１０２０万人に過ぎず93位である。それでもポルトガルに旅行をしたい人は世界中にたくさんいる。ゆったりとした時間の流れが魅力なのだ。だから観光客とポートワインで稼いでいる。

しかしポートワインの醸造企業の多くは外資に買われたという。日本酒の酒蔵もこれからどんどん外資に買われ、株式会社化した農業にも外資が参入するのかもしれない。国内需要が減るばかりだから、そうなるのも必然である。

日本もおいしいお酒と観光の国になるのか。イタリアのように食とデザインで勝負する国になるのか。それともロボットとＡＩと医療技術の最先端国になるのか。だが先端技術の競争力がトップレベルであり続けることは難しいだろう。
先端技術を捨てることはないはずだが、私としては食と観光とデザインの国のほうが豊かさを感じる。でも外資に買われるのは正直嬉しくない。さてどうなるのだろうか。

注3：不勉強でブルキナファソという国を知らなかったが、サハラ砂漠の南にある、サバンナの国だと四方田犬彦《よもたいぬひこ》の本を読んで知った（『世界の凋落を見つめて クロニクル2011‐2020』集英社新書）。四方田というからには映画である。四方田によれば1960年の独立以後（独立時はオート・ヴォルタという国名）ずっと汎アフリカ映画祭とも言うべき映画祭を開いてきたというのだ。かつ2100年の人口3位のナイジェリアは1年間に2000本近い映画を制作し、全アフリカを制しているそうだ。アフリカにそんな文化国家があるならば、経済力も低下しコロナになれば映画館も図書館も閉鎖してしまう非文化国家日本の今後のモデルになってほしいものだ。

10歳で「失われた10年」を知った世代はもう30歳

この通り人口規模が縮小していくだけでなく、現在の日本はすでに様々な社会指標においても世界の中で地位を下げている。これは周知の通りなので簡単に述べる。

たとえば学術論文数が減少している。２０１８年１月に各国の科学技術力の分析にあたる全米科学財団（National Science Foundation, NSF）が発表した報告書「Science and Engineering Indicators 2018」（２０１６年の実績をまとめたもの）によると、中国の科学技術の論文発表数が初めてアメリカを抜いて世界首位となった。

論文数ランキングは１位中国、２位アメリカ、３位インド、４位ドイツ、５位イギリス、６位日本、７位フランス、８位イタリア、９位韓国、10位ロシアの順。日本は２０１６年の３位からランクが落ちた。自然科学系の学術論文数は、２０００年代になって世界で日本だけが論文数を伸ばさなかったそうである。科学技術立国としての日本の研究力の低下が憂慮される事態となっている。

日本を出て海外で学ぶ留学生数も減っている。94年には８万２９４５人だったが18年は５万８７２０人（ＯＥＣＤ、ユネスコ、米国国際教育研究所等の２０１８年統計）。

また米国への外国人留学生の博士号取得状況を見ると、中国の博士号取得者が２０１７年で５５６４人と最も多く、伸びも著しい。次いでインドが１９７４人。対して日本は２００７年をピークに大きく減少し、17年は１１７人のみである（**図表１‐５**）。

ジェンダー分野での遅れも大きい。男女平等の指標であるジェンダーギャップ指数では日

図表1－5　米国における国・地域別外国人留学生の博士号取得者

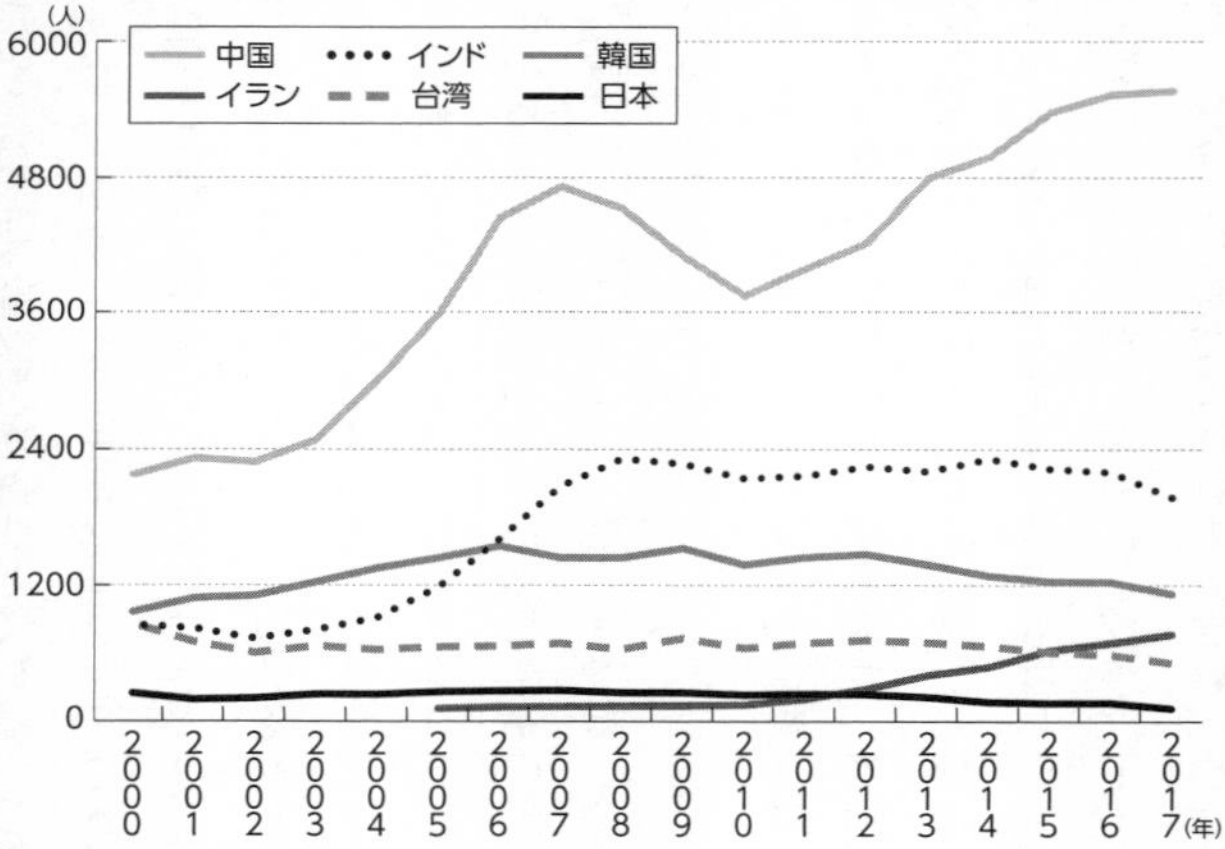

出所：NSF, “Survey of Earned Doctorates”

本は121位である（2020年）。2006年は80位だったので、むしろ悪化しているのだ。

加えて、国連の幸福度調査でも日本は56位である。

また、国際ジャーナリストNGO「国境なき記者団」による「世界報道自由度ランキング」の2021年版でも日本は180カ国中67位となっている。ちなみにドイツ13位、カナダ14位、英国33位、フランス34位、イタリア41位、米国44位、韓国42位、台湾43位、香港80位である。中国の支配が強まる香港と日本はあまり変わらないのだ。そしてよく言われるように日本の報道の自由度ランキングは第二次安倍政権成立後の2013年以降に激しく低下している。

北欧諸国はＧＤＰこそ低いがジェンダーギャップは少なく（フィンランドの首相は女性で36歳！）幸福度も高い。日本もそういう国を目指すのがいいのか、どうなのか。ひとまず、政府や財界にそのつもりはなさそうである。

子どもの学力も伸び悩んでいる。ＯＥＣＤによる学習到達度調査（ＰＩＳＡ）によると、２０２１年の結果は数学的リテラシー６位、科学的リテラシー５位、読解力10位だった。各分野とも１位はすべて中国だった。

日本は人口が減るのだから、量ではなく質で勝負できる国にならないといけないのだが、大学共通試験をどうするかとか、英語教育はいつから始めるべきかなどと、いつまで同じような議論をしているのだろうか。富裕層はとっくに小さな子どもを英語塾に行かせ、中学になれば海外留学させている。日本が没落しても自分たちは生き残るためだ。

富裕層でなくても、高校からいきなりアメリカの大学に進む若者も出てきた。大谷翔平でなくても、活躍の場はすでに日本ではないと子どものころから考えてきた世代が今の若者なのだ。

私が最近会った30歳の男性は、小学１年生のときに「失われた10年」という言葉をテレビで聴いて、ああ、そうなのかと思ったという。考えてみれば当然である。失われた30年の間に赤ん坊は30歳になっているのだ。

1・2 消費における格差の定着〜資生堂、トヨタ、花王などの変化

資生堂がTSUBAKIをやめる

国民の多数は日本がすでに繁栄の時代は終わっていると思っており、繁栄が続いたとしてもせいぜいあと10年か20年だと思っている。日本全体が下流化したのだ。経済大国だった日本が「大下流国家」になろうとしているのである。

では拙著『下流社会』の出た２００５年以降、日本の下流社会化は結局進んだのだろうか。『下流社会』のマーケティング的な関心は、中流向けの商品が売れなくなり、上流向けと下流向けが売れる。特に上流向けに力を入れないと売上げは減り、利益は出ないということであった。

当時、ちょうどトヨタはセルシオをレクサスに転換し、軽自動車の発売も始めるところで

あった。だから『下流社会』初版の帯には「いつかはクラウンから、毎日100円ショップへ」と書かれた。

2021年、資生堂がシャンプーのTSUBAKI、unoなどのパーソナルケア関連事業を外資に売ることを決めた。価格競争の激しい一般向けシャンプーでは利益があまり出ず、今後は高級商品に力を注ぐという。TSUBAKIの売上げは約1000億円で、資生堂グループ全体の9%。対してクレドポーなどの高級品の売上げは5200億円で46%を占めるという。株式市場はこのニュースを好感し、発表翌日の資生堂の株価は5〜6%上がった。

TSUBAKIなどの商品はドラッグストアでの目玉商品にされると実勢価格がどんどん低価格化してしまった。つまり中流向け商品が下流向けになった、とまでは言わないが、下流化した中流向けの商品になったのだ。

ではシャンプー全体が低価格化したかと言うと、そうではない。近年ナチュラル系の「ボタニスト」など、1本1400円以上のハイプレミアム商品のシェアが増え、シャンプー市場の約2割を占めるようになった。

対して800円未満のマス商品はシェアを8割近くから5割程度に落としている。そのため花王、ライオンなどの大手メーカーも、パッケージとイメージだけでもナチュラルにしようと躍起になっている、という現状がある。

たとえば美容室用のシャンプーなどのメーカーであるミルボンはプレミアムブランドと位置づける高価格帯のヘアケア商品が近年好調である。「ディーセス ノイドゥーエ シルキーリュクス シャンプー500㎖」は定価3520円、「オージュア イミュライズ シャンプー500㎖」は8000円もする。しかしそれにより業績は急激に向上した。96年度から2020年度で売上げは5倍、営業利益は8・5倍である。株価は2008年2月の1770円から2021年2月には7080円に上昇した。

実は私は2006年当時、「下流社会」をテーマに年間100回ほど講演をしていたころ、ミルボンにも呼ばれて同社の顧客を集めた東京や大阪などでの総会でも何回か講演をした。そのとき同社がつくったマーケティング資料を拝見したが、とてもレベルが高かった。失礼ながら資生堂などの大手企業ではないのに、ここまで資料がしっかりしているとはびっくりした。だがそれだけのことをしている企業だからこそ、ここまで成長したのだと今になって私は納得している。

日常食品にも格差が広がった

パンが高級化していることは周知の事実だ。一般的なスーパーなら1斤《きん》100円ほどだが、今は300円台、400円台の店がどんな街にも1つや2つできるようになり、どこも客が行列をつくっている。

高級パンの売上げデータはないが、日経新聞は実質消費支出の伸びとパンの支出の伸びを比較すると、消費支出全体では2015年以降マイナスなのに、パンは近年105～110であることから、パンの高価格化が裏付けられるとしている（2018年7月4日）。私もそう思う。パンを食べる量も増えたが、高価格化も間違いなく起きているはずだ。

また、東京メトロ日比谷線・広尾駅近くにフランスプロヴァンスのパティスリーJOUVAUD（ジュヴォー）の日本1号店があるが、これは井村屋株式会社が2003年から輸入販売をしているものだ。他には京都祇園《ぎおん》、新宿伊勢丹などにある。

井村屋と言えば1896年の創業以来、ロングセラー商品のゆであずきの他、カステラ、あんまん、肉まんなど幅広い商品を製造してきた。明らかに大衆向けの商品を作ってきた会社である。外食では一世を風靡したアンナミラーズも井村屋がアメリカから日本に導入し1973年に青山に1号店を開いたものだ。73年にはアンナミラーズもおしゃれだったに違いないが、やはりアメリカ的な大衆向けの店だ。73年のアンナミラーズと2003年のパティスリージュヴォー。30年を経たその対比が、そのまま日本の中流化のピークの時代と格差社会定着の時代の対比であるように思える。

ヨーグルトも健康食として機能の追加が進み、生産量が伸びている。「家計調査」の2人以上の世帯では2015年の年間平均支出1万2315円から19年は1万3157円に伸びている。特に単身世帯の女性では伸びが大きく、34歳以下では3466円から5353円、35〜59歳では6426円から7411円、60歳以上では7800円から8849円と増えている。

価格帯でも200円以上が25％ほどを占めるようになっており、一般的なスーパーなら100円程度のヨーグルトが主流だが、高級スーパーには最低でも230円くらい、中には800円ほどのヨーグルトも売っている。

「いつかはクラウン」の時代が完全に終わる

言うまでもなく自動車も二極化した。自動車販売台数のトップは軽自動車やコンパクトカーが占めるようになり、他方では2000万円以上の高級外車の売上げが増えている。港区内を観察すると、かつてのスーパーカーブームの再来かと思うほど、フェラーリやカウンタックやマイバッハなどの超高級車がぞろぞろ走っている（図表1-6）。

対してトヨタは2020年11月11日、クラウンのセダンの生産をやめるという新聞報道が出た。高級セダンはレクサスに移行。「いつかはクラウン」の時代が完全に終わるのだ!!

クラウンの発売は1955年、まさに日本の中流化が本格的にスタートするころである。若い読者向けに簡単に解説すると、中流階級が増え、豊かになっていくのに対応して、まず700ccのパブリカを買い、給料が上がったら1000ccのカローラに買い換える（実際、発売当初のカローラは課長が乗る車として宣伝されていた）。さらに部長になったらコロナ、役員になったらクラウンというように、出世魚《しゅっせうお》みたいに役職と年収の上昇と共に車を高級なものに買い換えていく、という時代が1980年代まで続いたのだ。

今後クラウンはSUVなどスポーティブなものだけになるらしいが、そうなればクラウンという名称は使われなくなる可能性も高い。

スーツは5000円

また『下流社会』で私はこういう例を出した。

図表1－6　車両価格別　輸入乗用車新規登録台数の推移

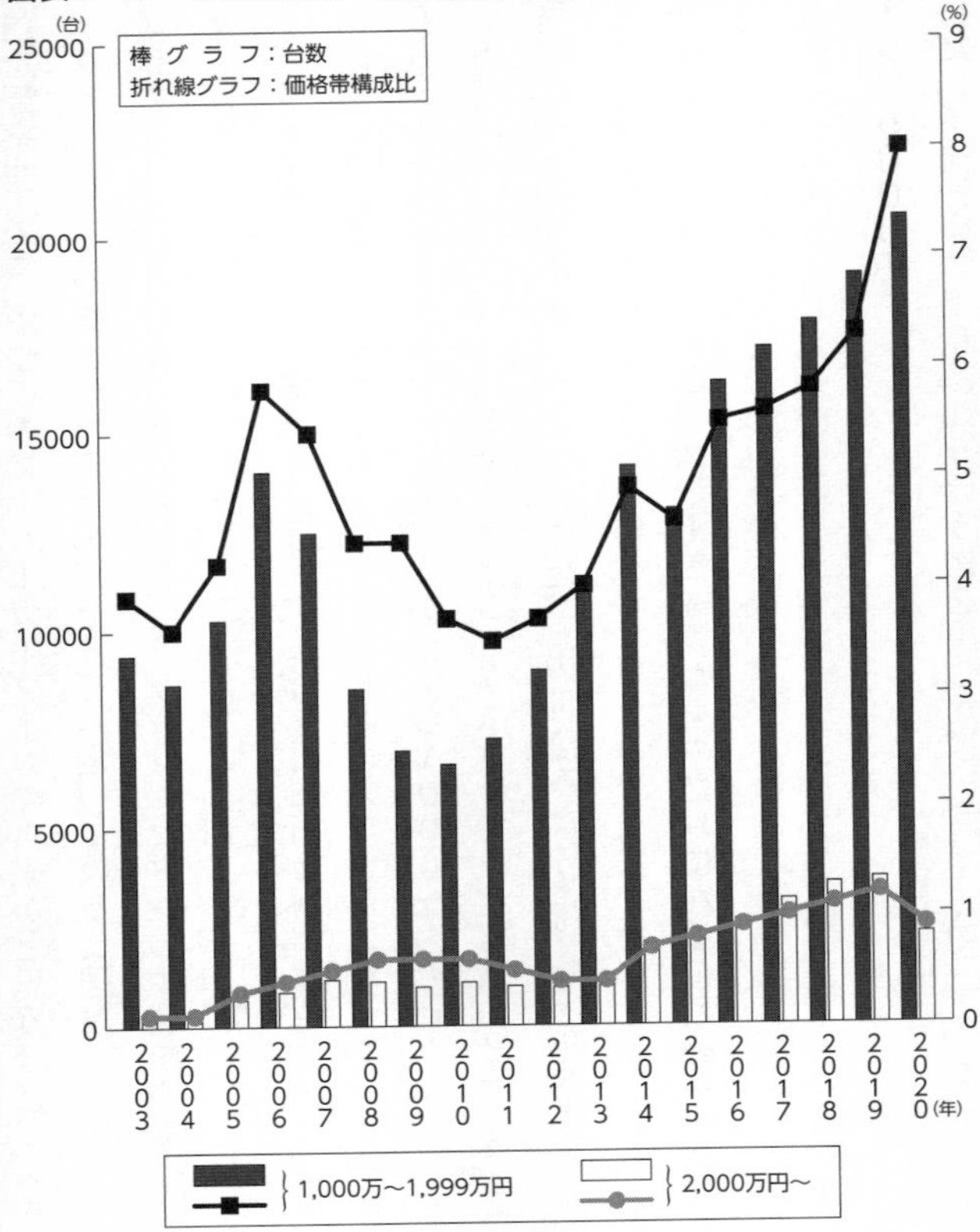

出所：日本自動車輸入組合

――1万人の男性がいて、そのうち上流が4％、中流が41％、下流が55％いたとする（この割合は1958年の「国民生活世論調査」に基づいている）。百貨店のスーツ売り場が彼らに1年間1人平均で、上流に10万円、中流に7万円、下流に3万円のスーツを売ったとすると、売上げは合計492億円である。

それから中流化が進み、中流社会全盛期の1973年だとどうか。上流が8％、中流が64％、下流が29％である。するとスーツの単価は変わらないとして売上げは615億円に増加する。

しかし格差社会が進み、201X年、上流が15％、中流が45％、下流が40％になると、売上げは585億円に減る。

さらに所得減少やデフレのために中流が5万円、下流が3万円のスーツしか買わなくなると、売上げは495億円にまで減る。1958年とほぼ同じ額である。

それを補うべきは上流である。上流には10万円ではなく20万円のスーツを買ってもらおう。そうすると売上げは645億円になる。これでやっと中流全盛期の73年を超える。それくらい中流の衰退は怖い、という話である。

実際『下流社会』刊行から10年後の2015年、伊勢丹の社長（当時）の大西《おおにし》洋《ひろし》氏が8万円前後の紳士服は売上げの回復が鈍いが13万円前後のものは快調だ、婦人靴も中心価格帯の2万6000円ではなく3万3000円以上のものを買う人が増えていると語っている（日本経済新聞2015年6月30日付）。中流の一部が上流化したのである。中流全体が上流化するなら伊勢丹としては嬉しいだろうが、そうではない。大多数の中流は下流化した。

同じく日経新聞（2021年1月20日付）には、スーツ小売りの青山商事が全店舗の6割にあたる400店舗で売り場面積を最大で半分に減らすという記事が出た。その記事中に「家計調査」に基づく男性スーツの年間消費金額の推移が出ているが、それによると1991年から2019年にかけて2万円弱から5000円ほどと4分の1に減少している。『下流社会』のモデルでは1973年の中流社会モデルから201X年のデフレ格差社会モデルでのスーツ売上げの減少率は2割に過ぎない。ところが現実は4分の1に減ったのだから、現実のほうがはるかに厳しい。カジュアル化が進んでスーツを買わない人も増えた。コロナ禍でますますそうなった。大変なことである。

中国、アジアも格差拡大、高級化志向強まる

こうした大衆商品の高級化志向は、発展著しい中国やアジアでも顕著になってきた。コロナで日本に来られないそれらの国々の中高所得者層は日本のおいしいイチゴやメロンやリンゴや和牛が食べたいと、輸入を増やしている。農水省によると、２０２１年１～３月期の農林水産物の輸出は前年同期比30％増。香港向けは34％増、中国向けは48％増、台湾向けは45％増だという（日本経済新聞21年５月30日）。中国、アジアの経済成長により、それらの国々でも今後ますます高額商品が伸びていくのであろう。

私の友人は新潟県の地酒を世界に売る仕事をしているが、コロナを制圧した中国で需要が急拡大し、注文が殺到したが、酒を送る船便が足りずに困っているという。

このように日本の消費市場を見れば、中国などの新興勢力と比べて、下流社会化、格差社会化が歴然と進行し、同時に格差の拡大が進んできたと言える。そこで第２章では三菱総合研究所のアンケートなどを基に、日本人の過去10年の「意識」の下流化の実態を検証する。

〈調査概要〉

調査名　「日本人の意識と価値観調査」

調査主体　下流社会15年後研究会（株式会社カルチャースタディーズ研究所と同社が募った企業、個人から本調査のために構成された）

調査目的　『下流社会』の発行された2005年以降15年間の日本人の意識と価値観の変化を探る

調査日時　2020年11月

調査対象　日本在住の25～54歳男女2523人

調査方法　三菱総合研究所「生活者市場予測システム」の2020年6月調査のサンプルに追加質問

※なお階層意識については、全体では「上」0・4%、「中の上」14・7%、「中の中」39・7%、「中の下」29・5%、「下」10・7%、「わからない」4・9%であるが、本当の「上」はほとんどいないので、本書の分析では原則として次の4段階で分析する。

「上」（＝「上」＋「中の上」）、「中」（＝「中の中」）、「中の下」、「下」

また、必要に応じて次の3段階で表現し、集計分析を行う。

上流（＝階層意識が「上」と「中の上」の合計）、中流（＝階層意識が「中の中」）、下流（＝階層意識が「中の下」と「下」の合計）

第2章

「ニセ中流」の出現と日本の「分断」――デフレに慣れた人々

2-1 「平均点」の低下

中流意識が回復しているという謎

前章で見たように消費においては下流化(低価格化)と上流化(高級化)が同時に進み、格差が拡大し、上流向けと下流向けに分化するという事態が進んでいる。

だが、それにもかかわらず、2000年代において人々の意識は下流化していない。

内閣府の国民生活世論調査でも、三菱総研の3万人調査「生活者市場予測システム」(以下、mif)でも、過去10年から15年の間に階層意識において下流が増えたという事実はない。むしろ下流は減って上流が増えている(図表2-1)。

年齢別に推移を見ても、ほぼどの年齢も上流が増えて下流が減っており、特に若い世代でその傾向が強めである。20代男女では階層意識4段階で「上」が12%から20%に大きく増加(図表2-2)。特に男性は2015年の11%から20年は22%に倍増している。

若い世代のこうした「上流化」については、後述する生活満足度の増大傾向とも並行する

図表2－1　日本人の階層意識推移（20～69歳男女）

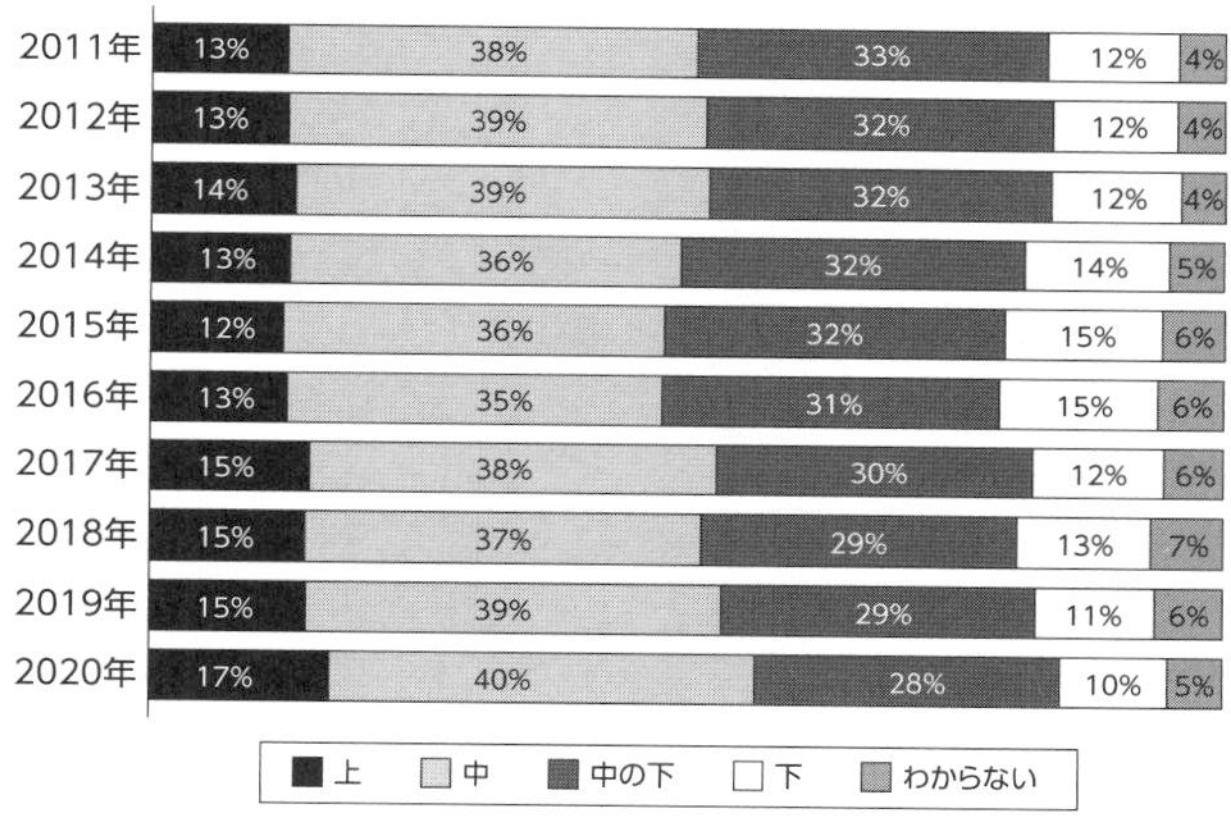

出所：三菱総合研究所「生活市場予測システム」

傾向である。

なぜこうした「上流化」が起きたのか。過去10年、人数で言えば正規雇用は増えていない。年収の低い非正規雇用だけが増えたのだから、中流が減って下流が増えるはずである。しかし内閣府の国民生活世論調査でもｍｉｆでもそうなっていない。

むしろ後で見るように、非正規でも低年収層でも階層意識は「下」が減っているのである。なぜか。理由としては、

① 非正規であること、低年収であることに慣れてしまった人が増えた

② 低年収でもデフレなどで暮らしは楽になった

図表2−2　20代男女の階層意識推移

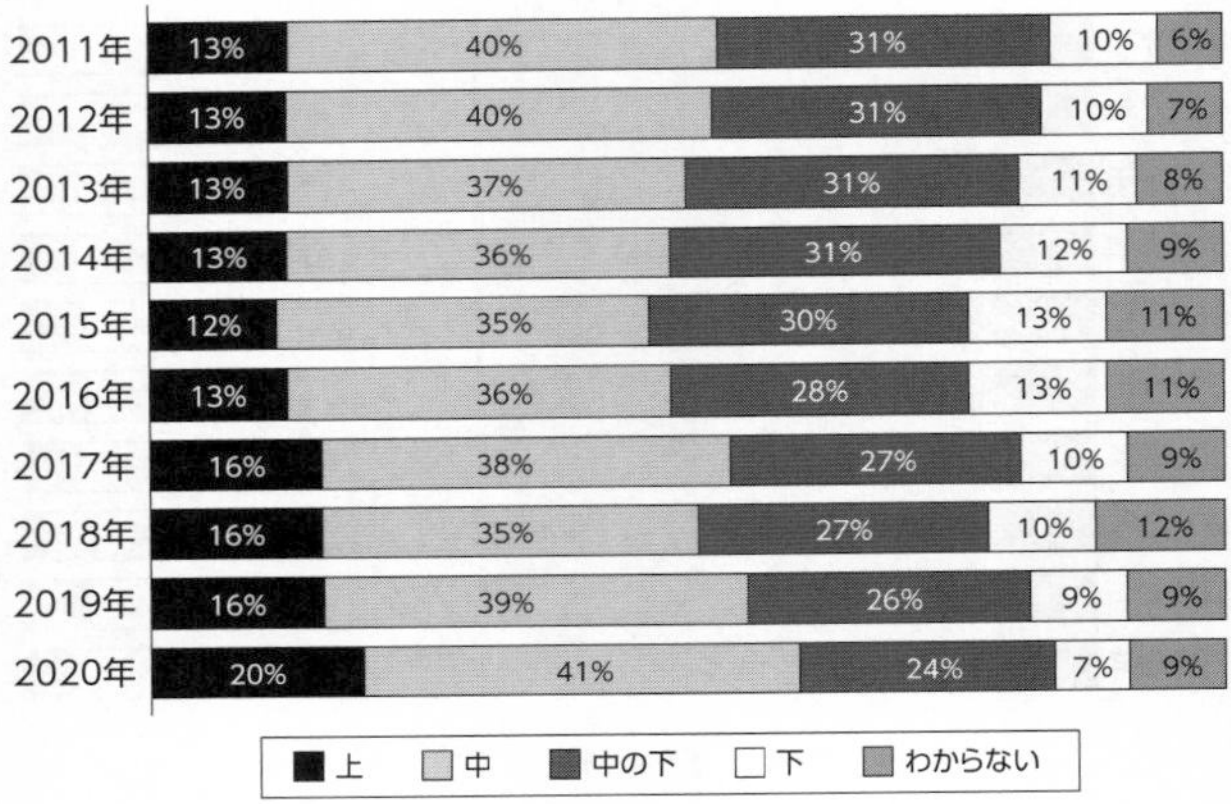

出所：三菱総合研究所「生活者市場予測システム」

③　低年収なりに少しは時給が上がった

などであろう。

また20代で特に階層意識が高いことについて、こうした経済的要因だけでなく、SNSなど各種の新技術を使いこなし、スマホなどで手軽に娯楽を楽しめるようになったこと、ユーチューバーのような新しい「職種」が現れたことなど、若い世代が時代をリードしているという感覚を持てるということも一因かもしれない。

「45〜54歳」の公務員は中流以上が88%、男性パートは下流が82%

就業形態別の階層意識を見ると、男女全年

齢全体では正規雇用で「上」が19％に対して「公務員」が28％と高い（図表2－3）。公務員は「上」と「中」を合計すると78％。45～54歳では88％。公務員の「上級国民」ぶりが驚くほど明らかである。

「上」と「中」の合計78％という数字は民間正規雇用者だと年収700万円くらいの人と同じである。そして同じ年収400万円台で比較しても公務員の「上」と「中」の合計は78％だが、民間正規雇用では58％と20ポイントの差がある。500万円以上800万円までは公務員のほうが「上」が多い。

公務員は民間正規雇用者の平均と比べて学歴が高いので（4大卒以上が民間正規雇用者で61％、公務員で75％）、階層意識が高まるのは当然だという見方もできる。しかし**同じ4大卒の年収400万円台でも民間正規雇用者は「上」と「中」の合計が61％だが、公務員は80％である**。年収500万円台でも500万円以上700万円未満でも同様に公務員のほうが「上」が多い。民間正規雇用者の「上」が公務員より増えるのは年収1000万円を超えたときである。

このように公務員の階層意識が高い最大の理由は、年金が確実にもらえるので老後が安心な点にあるのだろう。またこの調査の公務員は正規雇用だけである。近年公務員も非正規が

図表2－3　就業形態別の階層意識推移

	年	人数	上	中	中の下	下	わからない
正規雇用	2012	8830	14%	42%	32%	9%	3%
	2013	8984	15%	41%	32%	9%	3%
	2014	8888	14%	40%	32%	10%	4%
	2015	8910	15%	39%	31%	11%	4%
	2016	8881	15%	39%	30%	11%	5%
	2017	9640	17%	41%	29%	9%	5%
	2018	9757	16%	41%	28%	9%	6%
	2019	10382	16%	42%	29%	8%	6%
	2020	10740	19%	42%	28%	6%	4%
公務員	2012	1002	19%	54%	24%	2%	2%
	2013	993	21%	51%	23%	3%	3%
	2014	1044	23%	49%	21%	4%	3%
	2015	961	22%	50%	22%	4%	3%
	2016	991	24%	46%	23%	4%	3%
	2017	1028	24%	51%	18%	4%	3%
	2018	998	25%	50%	19%	3%	3%
	2019	1140	26%	48%	19%	3%	4%
	2020	1276	28%	50%	17%	2%	3%
パート・アルバイト	2012	3662	10%	36%	34%	15%	5%
	2013	3816	9%	37%	34%	16%	5%
	2014	3812	9%	33%	35%	17%	6%
	2015	3962	9%	31%	34%	20%	6%
	2016	3838	9%	32%	33%	19%	7%
	2017	4091	12%	36%	31%	16%	6%
	2018	4111	11%	32%	33%	16%	8%
	2019	4147	11%	36%	31%	15%	7%
	2020	4089	13%	38%	31%	14%	5%
派遣社員	2012	526	8%	32%	36%	18%	5%
	2013	511	7%	34%	34%	20%	5%
	2014	550	7%	31%	35%	22%	7%
	2015	539	6%	27%	36%	25%	8%
	2016	581	6%	26%	37%	24%	7%
	2017	591	9%	31%	34%	20%	6%
	2018	619	7%	28%	36%	23%	7%
	2019	600	8%	28%	38%	19%	8%
	2020	565	9%	31%	38%	17%	6%
会社役員・団体役員	2012	385	31%	36%	22%	9%	2%
	2013	360	34%	36%	21%	5%	3%
	2014	340	37%	33%	22%	5%	3%
	2015	298	34%	34%	23%	6%	4%
	2016	287	38%	28%	24%	7%	2%
	2017	350	46%	32%	16%	4%	2%
	2018	329	44%	33%	14%	7%	2%
	2019	319	45%	34%	16%	3%	3%
	2020	320	45%	32%	18%	3%	3%

出所：三菱総合研究所「生活市場予測システム」

増えており、国家公務員で全体の36%、地方公務員で23%ほどと言われる。非正規公務員の年収は低く、200万円未満が53%を占める。また非正規の75%が女性である。そこで削った人件費が正規雇用の公務員に回っていると見ることもできる。

しかも**公務員の上流意識は過去ずっと上昇している**。20～60代の公務員で階層意識「上」の人は2012年には19%だが2020年は28%である。特に夫婦とも公務員の「上」は12年の25%から19年は40%に増えている！　これは恐るべき格差ではないだろうか。

こうした公務員の「上級国民」ぶりに対して、パート・アルバイトは「中の下」「下」が50%、自由業や会社代表・役員・自営業は45%、嘱託・契約は42%と下流度が高い。特に**45～54歳男性のパート・派遣は「下」が82%である**。

とはいえ、15年から20年の推移では、パートも「上」が増え、「中の下」や「下」が減るという不思議なことが起きているのである（図表2－4）。

非正規雇用や年収300万円未満でも下流が減った!?

次に年収別階層意識の推移を見てみる。すると、正規雇用も非正規雇用も下流がやや減り、中流がやや増えている。最も多数派である年収400万円台の男性は、「中の下」が減り、

図表2−4　夫婦とも公務員の階層意識推移

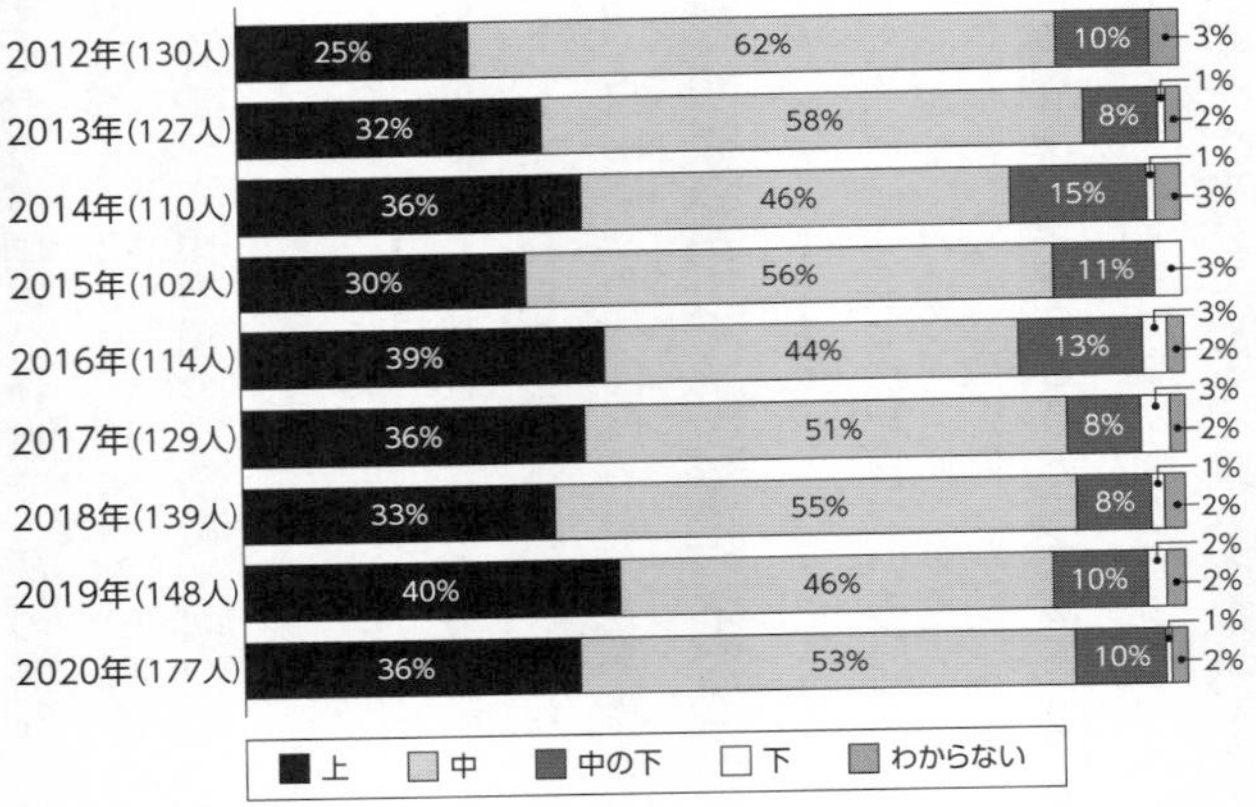

出所：三菱総合研究所「生活市場予測システム」

「上」が増えている。これは主に25〜34歳の若い世代での傾向が影響したものである（**図表2-5**）。なお25〜34歳では年収３００万円台でも似たような傾向がある。

　中年層の割合が増す男性の年収５００万円以上の層になると、12年から19年で「上」が増えて「中の下」が減るという傾向はない。ほぼ一定である。ただし７００万〜９００万円の層では「中の下」が減って「中の中」が増える傾向はある。

　つまり全体として、**同じ年収なら階層意識が上がる傾向にある**のだ。日本人全体の近年の意識の「階層上昇」は、主に若年層の多い年収４００万円台ないし３００万円台の層で「中の下」が減り「上」が増えていることに

図表2−5　年収400万円台の25〜34歳男性の階層意識推移

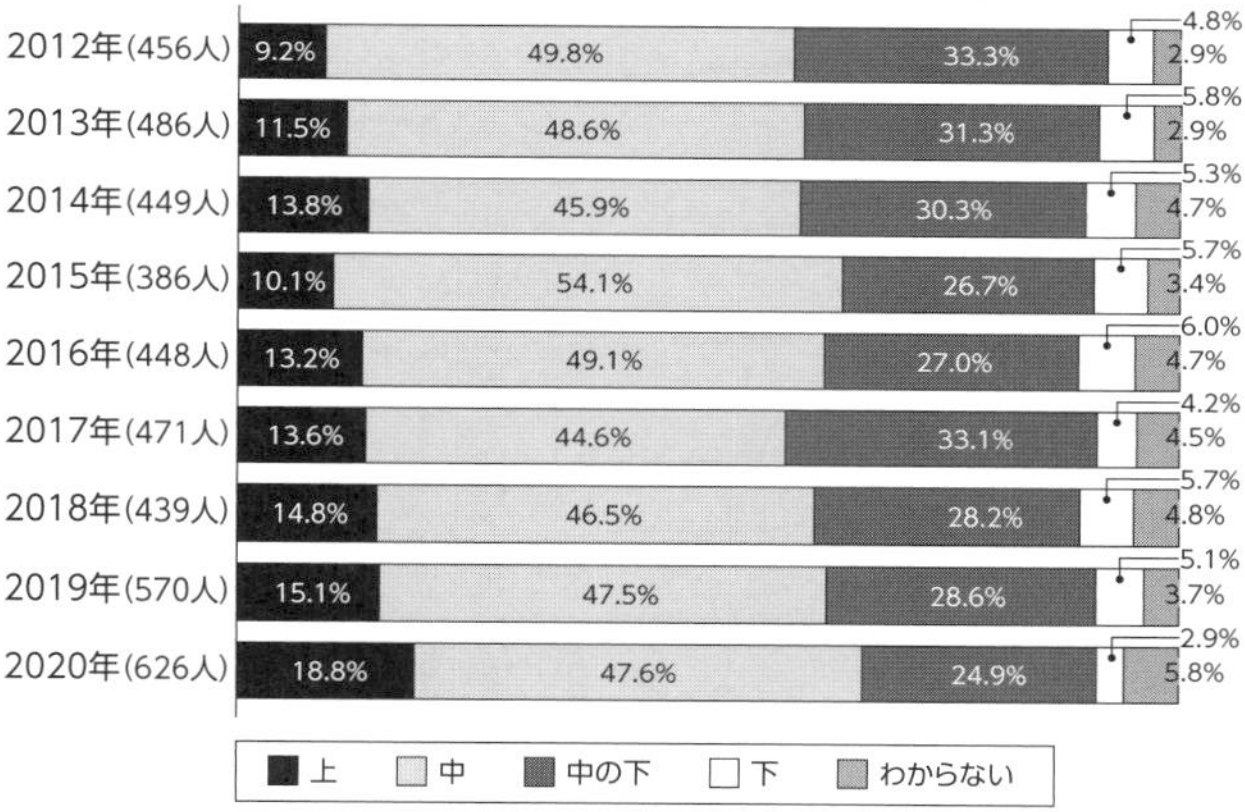

出所：三菱総合研究所「生活市場予測システム」

よる、と思われるのである。

年収４００万円というのは男性にとって結婚がかなり可能になる年収であり（拙著『下流社会』参照）、中流らしさのほぼ最低条件と言えるラインである。そのラインで「中の下」が減り「上」が増えたのだから、この10年弱の間に日本人の中に**年収が５００万円なくても、４００万円前後でも中流であるという意識の変容**が起こったと言えるのではないか。

国税庁の「民間給与実態統計調査結果」によると、男性の１年勤続者の平均給与額は１９９７年の５７７万７０００円をピークに下がり続け、２０１２年には５０２万円にまで下がった。しかし13年からは回復し19年は５

図表2－6　民間企業における男女別平均給与額（年間）の推移

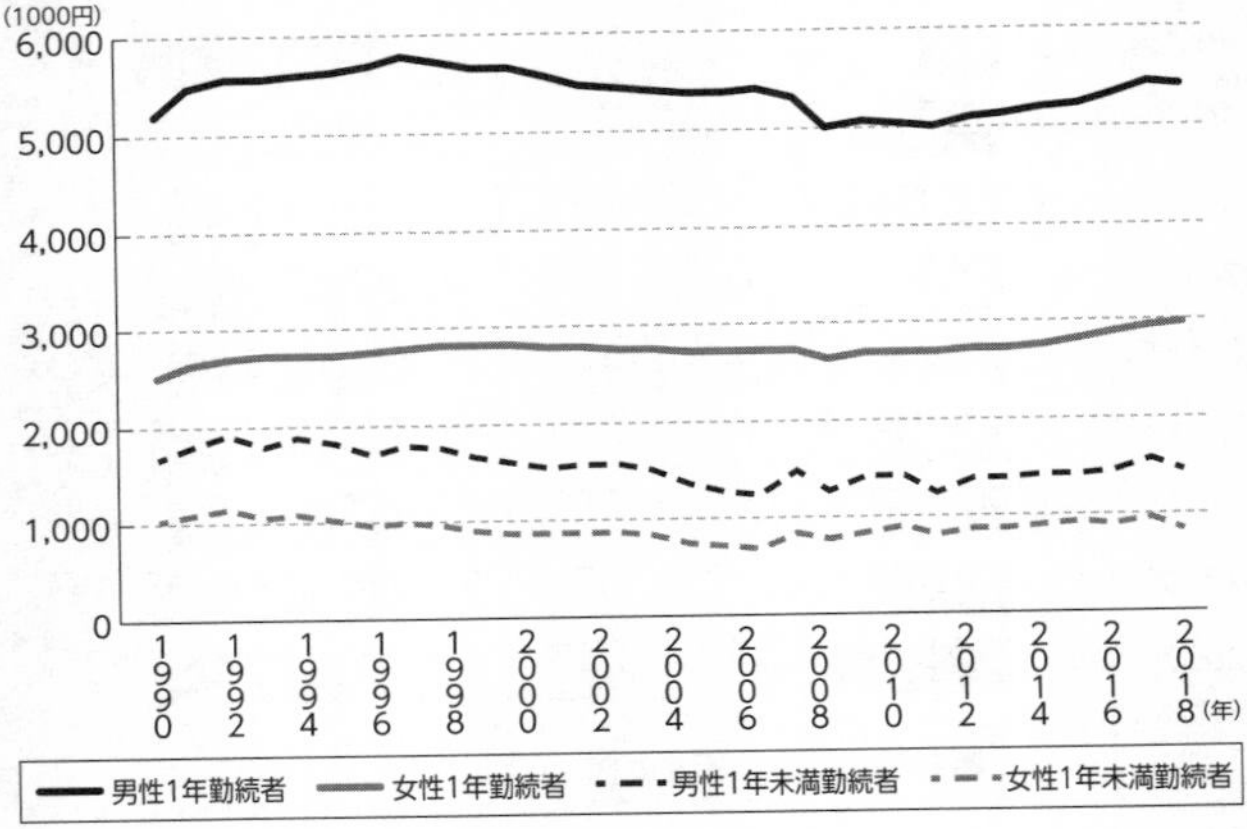

出所：国税庁「民間給与実態統計調査」

３９万７０００円である（**図表２－６**）。とすると２０１２年から19年にかけて、年収４００万円台の男性の階層意識は低下してもよさそうなものである。ところが、実際は逆に階層意識は上昇した。おかしな話であるが、年収４００万円台でも中流だという意識が広がったと言えるのではないか。

ニセ中流・デフレ中流＝給料が上がらなくても階層意識が上昇

ちなみに「民間給与実態統計調査結果」では男性１年勤続者の給与は、13年以降やや回復基調にあるものの、90年代と比べるとほぼ20年間横ばいだと言える。さらに１年未満勤続者は男女とも90年代前半よりも低い。比較的上昇したのは1年勤続の女性だけである。なのになぜ階層意識が上昇するのか。

また昨今、中国企業の初任給は40万円だとか、ドイツやスイスの初任給も35万円だといった情報が流れている。サンフランシスコでは年収1400万円でも低所得に分類されるそうだ。

だが日本でも1990年以降毎年2％ずつ賃金が上昇していれば、2019年の男性の1年勤続者の平均給与額は932万4000円になったのだ。1％でも693万9000円である。

初任給も90年の大卒男子が16万9900円だったので（賃金構造基本統計調査）、毎年2％の伸びなら2019年には30万1716円になったはずだ。バブル崩壊後、ずいぶん日本人は貧しくなったのだ（**図表2-7**）。なのに所得低下に合わせて物価が下がったので、あまり生活水準が下がったという実感を抱かずにやり過ごしてきたのである。

このように見ると、現代の中流、特に若い世代の中流はいわば**「ニセ中流」**であると言える。あるいは**「デフレ中流」**である。中流の内実がデフレ化したのである。年収が大して高くないのに、ユニクロどころかGUやワークマンを着て、100円ショップやネットオーク

図表2-7　実質賃金指数の推移の国際比較

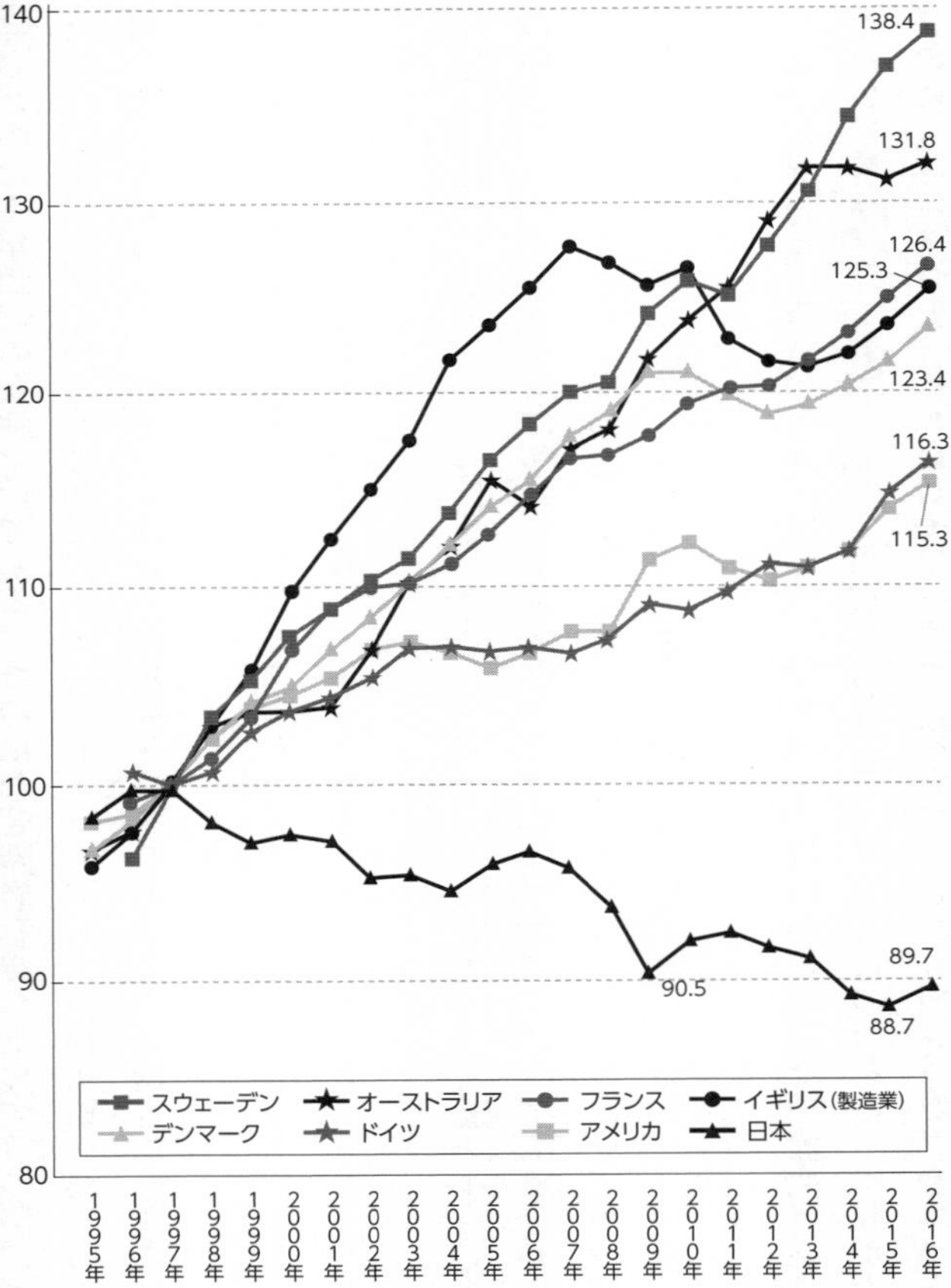

出典：oecd.statより全労連が作成（日本のデータは毎月勤労統計調査によるもの）。
注　：民間産業の時間当たり賃金（一時金・時間外手当含む）を消費者物価指数でデフレートした。
　　　オーストラリアは2013年以降、第2・四半期と第4・四半期のデータの単純平均値。
　　　仏と独の2016年データは第1～第3・四半期の単純平均値。英は製造業のデータのみ。

ションやネットフリマを使えば、安く暮らせる。そのことがデフレ化した中流を生み出したのである。

ただし女性では、2012年から19年にかけて同じ年収の人で下流が減り上流が増えるという傾向は弱い。女性はまだまだ社会進出の途上であるから、10年前と比較して年収が減ってもまあいいやと妥協する段階にはないのかもしれない。

アベノミクスで食料費が増えたのに

デフレの実態を見るために消費者物価指数の推移を見てみる。『下流社会』が刊行された2005年を100とした指数で見たとき、全体は105・1なのに、食料費は116・4である。近年伸びが大きい調理食品は117・5、一般外食は115・8であり、物価全体の伸びと比較して食料費の伸びが大きく、特に2014年以降食料費の伸びが大きい。

この背景にはアベノミクスによる円安政策により、各種輸入品の価格が上がり、食料費も上がったことがある。

対して衣料品は106・4であり、全体とほぼ同じである。つまりデフレと言ってもファストファッションなどが台頭したことで衣料品の価格が下がり、100円ショップやドラッグストアの競争によって日用品の価格が下がったのであり、それがないと生きていけない食料費は円安の影響を受けて上がったのである。

よって「家計調査」で二人以上の世帯の消費支出を見ると、全体では2000年の380万7937円から2019年は352万5547円、20年はコロナもあり333万5114円と50万円近く減少、食料費は97万3680円から2011年は87万2850円にまで下がった。にもかかわらず、12年から上昇に転じ、20年は96万2373円である。つまり近年エンゲル係数が上がったのである。

だとしたら生活が苦しい人が増えて、自分の階層が下がっていると感じる人が増えるはずだ。

だが、そうした**生活水準の低下が決定的に生活への不満に結びつくとは限らない**ところに現代の日本の不思議なところがある。

なぜなのか。食費が上がったといっても米が食えなくなったわけではない。とんかつ屋やうなぎ屋や天ぷら屋に行けなくなったが、コンビニでとんかつ弁当やうな重は買えるし、ファストフードの天丼屋には行ける（最近はうな丼もある）。空腹を満たすことはできるのである。おいしいものを食べるという満足感は下がるかもしれないが、空腹を満たすという食べ物の使用価値だけなら十分すぎるほど（年間６００万トンの食品ロスが出るほど）社会が提供しているからであろう。

自分の点数が下がっても平均点も下がれば問題ないという心理

こうした全体的な「上流化」あるいは「階層上昇」の意識は、自分のテストの点数が70点から60点に下がっても、クラスの平均点も60点から50点に下がっていれば安心だという心理なのだと私は思う。

つまり、客観的に（経済面などで）下流化した場合、15年前なら自分は下流だと嘆いたはずなのに、今は、まわりと比較するとみな同じように落ちたのだから自分は中流だと安心する、ということではないか。

たとえ自分の点数が下がってもクラスの平均点が下がっていれば気にならないのだとしても、他のクラスの平均点が上がっていれば問題だし、ひいては学校全体のレベルが下がり、有名大学進学者数が減れば、その学校の経営は厳しくなるだろう。それが今の日本の状況なのではないか（私は偏差値教育を奨励しているわけではなく、わかりやすい例を書いただけである）。

特に若い世代は生まれた時から景気の良い時代を知らないので、所得が低くてもＧＵやワークマンばかり着ていても自分を下流だとは思わないだろう。実際そうしたブランドはかなりトレンドを取り入れておしゃれだから、着ても気後れしない。そういう安いブランドでも着こなしが良ければ、むしろ「いいね」と言われるくらいだ。

また物はメルカリやヤフオクで中古品を安く買える。所得が伸びなくても生活水準を下げなくて済む。15年前だったら中古品なんて買うのは貧乏くさかった、中流らしくなかったが、今はそんな意識はなくなった。むしろ中古を買うほうがおしゃれだしエコである。20年前に私が、若者が「古着が好きです」と企業に対してレポートすると疑われた時代とは隔世《かくせい》の感がある。近年は大手百貨店が古着売場をつくるようにすらなっている。売れ残りの服を廃棄することがＳＤＧｓに反すると言われる現代では、むしろ古着を売買することが企業イメージの向上にもつながるわけだ。

音楽も映画もドラマもネット配信サービスを使えば安くたくさん視聴できる。お金がなくても、かつての中流以上に豊かに暮らせるかもしれないのだ。

逆に言えば、何にお金をかけることが中流なのかがわからない時代になったのだ。中流かどうか知らないが、もしかして下流ってやつかもしれないが、でもこの状態が、今時の言葉で言えば「フツーに」という感覚なのであろう。

「中流」という概念がもう古い

実際、若い世代へ階層意識をたずねても「わからない」という人が増えている。マイホーム、マイカー、三種の神器といった中流のシンボルはすでに今の20代にとってはおじいちゃんの世代のものである。そもそも「中流」という概念が昔のものなのだろう。

今、仮に中流のシンボルがあるとすれば何なのか。たしかにわからない。格安スマホではない普通のスマホだろうか。ベンツやレクサスではないが軽自動車でもないエコカーであろうか。持ち家でもなく賃貸アパートでもなく、古い団地をかっこよくリノベすることだろうか。アイリスオーヤマの家電ではなくダイソンやバルミューダの家電だろうか。いずれにしろ、みんなが「これが中流の必須アイテムだ」と共通に思えるものは今ない。だから「わからない」のだろう。

ただし、これから詳しく見るが、おそらく、**大学を出ている、正社員である、30代で結婚している、といったあたりは今でも根強く中流らしさの条件**なのだとは思う。

図表2−8　自分の所属する階層

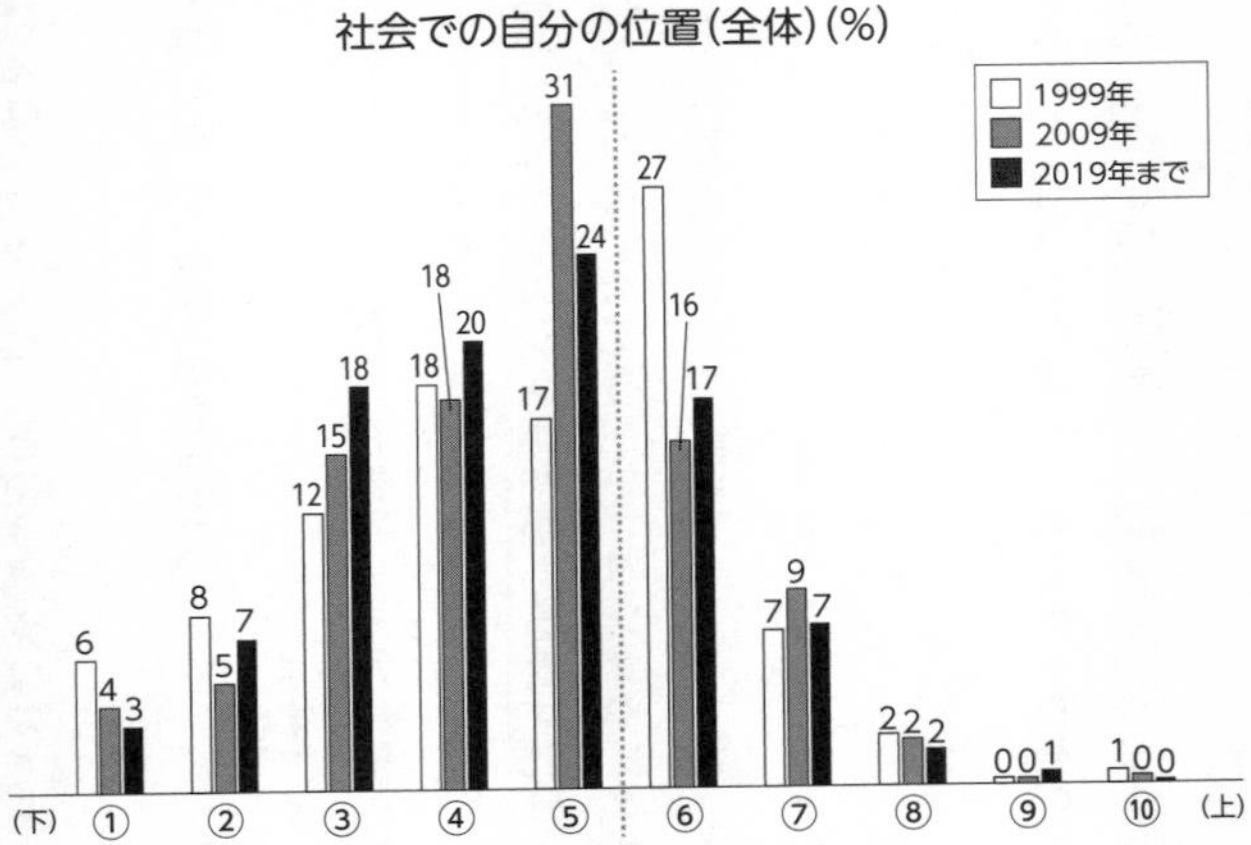

出所：NHK放送文化研究所「社会的不平等に関する意識調査」

典型的下流と典型的中流が減少し、「ニセ中流」が増加

ただし、過去10年の日本人の下流化を示すデータもある。ＮＨＫ放送文化研究所が参加している国際比較調査グループＩＳＳＰの調査結果である（図表２‐８）。

まず、社会の階層を10段階に分けて自分がどこに所属するかを聞いた質問によると、１９９９年には「６」が27％いて、最多だった。これが２００９年には「５」が最多となり31％。「６」は16％に減った。さらに２０１９年は「５」は24％に減り、「４」「３」が少し増えている。このように過去20年で日本人の階層帰属意識が次第に下にシフトしている。

ＮＨＫ放送文化研究所のレポートでも「階層

意識も『下流』にシフト」と小見出しをつけており、明らかに「下流社会」の予測が現実になったことを認めている。

ただし面白いことに、自分が「1」「2」という最下層だと思う人は20年間でやや減っているように見える。「1」「2」が減り「5」「6」も減り、「3」「4」が増えたのだ。つまり典型的下流と典型的中流が減少し、「中の下」あるいは「下の上」という階層に自分は所属すると考える人が増えたのである。

また「5」と「6」を合計すると99年は44％。２００９年は47％、19年は41％である。「1」～「4」の合計は99年が44％、２００９年が42％、２０１９年が48％である。ちょうど中流と下流が入れ替わって、下流が多数派になったと言える。そして「7」以上は10～11％で一定である。上流の人たちは安定して上流のままでいられるが、中流は下流化したと解釈できる傾向である。

もちろんこの20年間で、現実には中流から上流に上昇した人、上流・中流から中流・下流に下降した人など、多様な可能性がある。だが全体の傾向としては安定した上流と下流化した中流（デフレ中流、ニセ中流）という現象が起こったと言えるのではないか。

図表2－9　社会構造の理想と現実

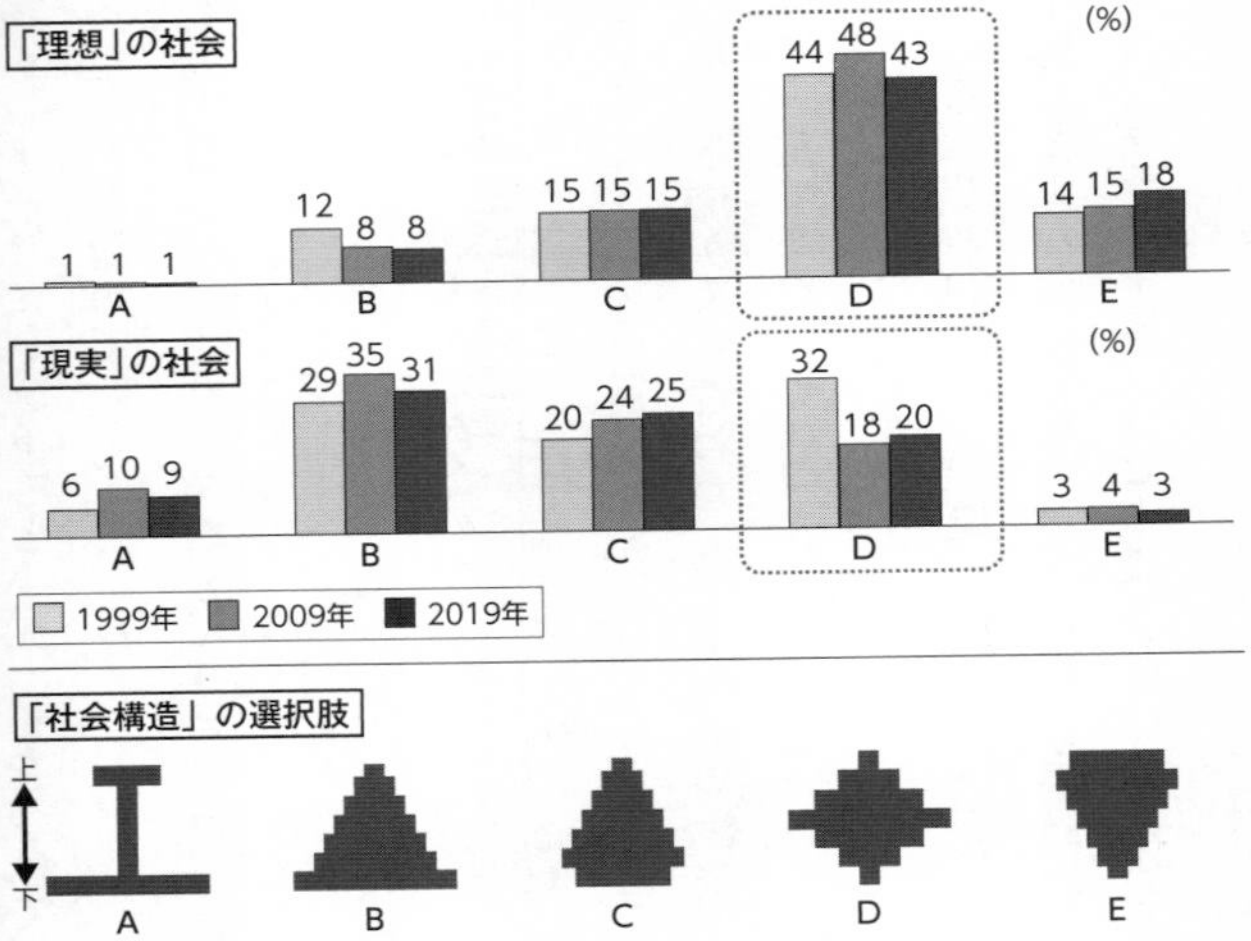

出所：NHK放送文化研究所「社会的不平等に関する意識調査」

分厚い中流のいる社会を望んでいるが

またＩＳＳＰでは図形を使って、階層がピラミッド型のＢや、分厚い中流がいるＤなど５つの類型から「理想」の社会と「現実」の社会を選んでもらっている（**図表２－９**）。

すると「理想」はＤであるという人が毎回45％前後いる。中流が分厚い社会を希望しているのである。「現実」もＤだという人は99年には32％いたが、２００９年や19年は２割ほどに激減している。

代わってＣのような、ややピラミッド型であるという人が20％から25％に増えている。

こうしたことからも、日本人が日本の社会を、分厚い中流が存在する社会から、ややピラミッド型の階層社会に移行していると考えていることがわかる。

以上のことから総合すると、内閣府や三菱総研のデータにおいて、過去10年ほどの間に上流が増えて、下流が減るという傾向は、主として若年層の「ニセ中流」「デフレ中流」の増加による影響が大きいのではないかと思われる。

理想の社会構造と現実の社会構造にギャップがあることを自覚している。だが、みんなが10段階ピラミッドの下から５番目、６番目から３番目、４番目に落ちてきたので、自分の回りだけ見ているぶんには格差の拡大は感じない。下から３番でも４番でも中流だと思えるということである。

2・2　生活満足度・人生観・日本認識

減少する不満

では、日本人の生活満足度は上がったのか下がったのか。

まず、内閣府がほぼ毎年行っている「国民生活に関する世論調査」によって「現在の生活に対して満足しているかどうか」の長期推移を見る（図表2－10）。

66年以降の傾向としては以下のようなサイクルで不満の増加期と減少期がある。

不満多い　１９６６年から74年　ＧＤＰが世界2位になるころからオイルショック後
不満減少　１９７４年から85年　オイルショック後からバブル前
不満増加　１９８５年から89年　バブル期
不満減少　１９８９年から95年　バブルピーク時から数年

不満増加　1995年から2003年　バブル崩壊後の失われた10年
不満減少　2008年から19年　　リーマンショック以後の10年

高度成長期末期とバブル期という好景気時代は、実は不満が35％以上と多いか、または不満が増えた時期である。経済成長したが、それによる矛盾も拡大したからである。高度成長期には交通事故、公害、通勤地獄、住宅難などの問題が大きくなったし、バブル期には地価高騰《こうとう》で都心50キロ以遠でないと家が買えなくなり、通勤時間が２時間を超えることも珍しくなくなっていた。

95年から２００３年の不満増加の理由はバブル崩壊、金融危機、構造改革といった消極的な変革期だったからであろう。

対して不満が減少した74年から85年にかけては、ジャパン・アズ・ナンバーワン時代である。89年から95年は、バブルは崩壊したが、地価が下がり生活が安定を取り戻した時期である。

２００８年から19年はリーマンショック後にもかかわらず不満が減少し、満足も少し増加している。この10年は完全にデフレ定着時代である。給料は上がらないが物価も下がったの

もいえない」「やや不満だ」「不満だ」「わからない」となっている。

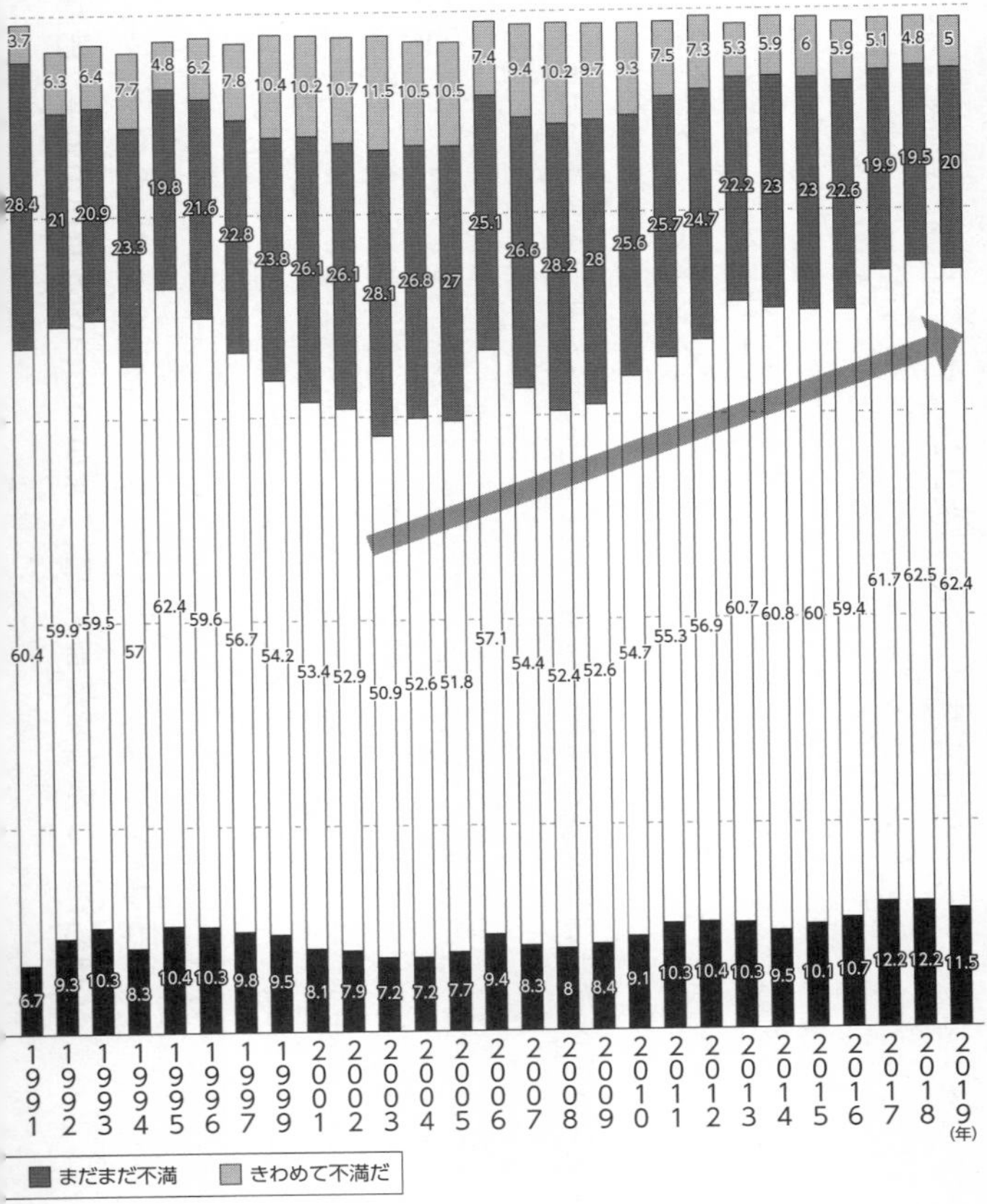

図表2−10　国民の生活満足度の推移

※1992年からは選択肢が変わり「満足している」「まあ満足している」「どちらと
図では「どちらともいえない」「わからない」は割愛した

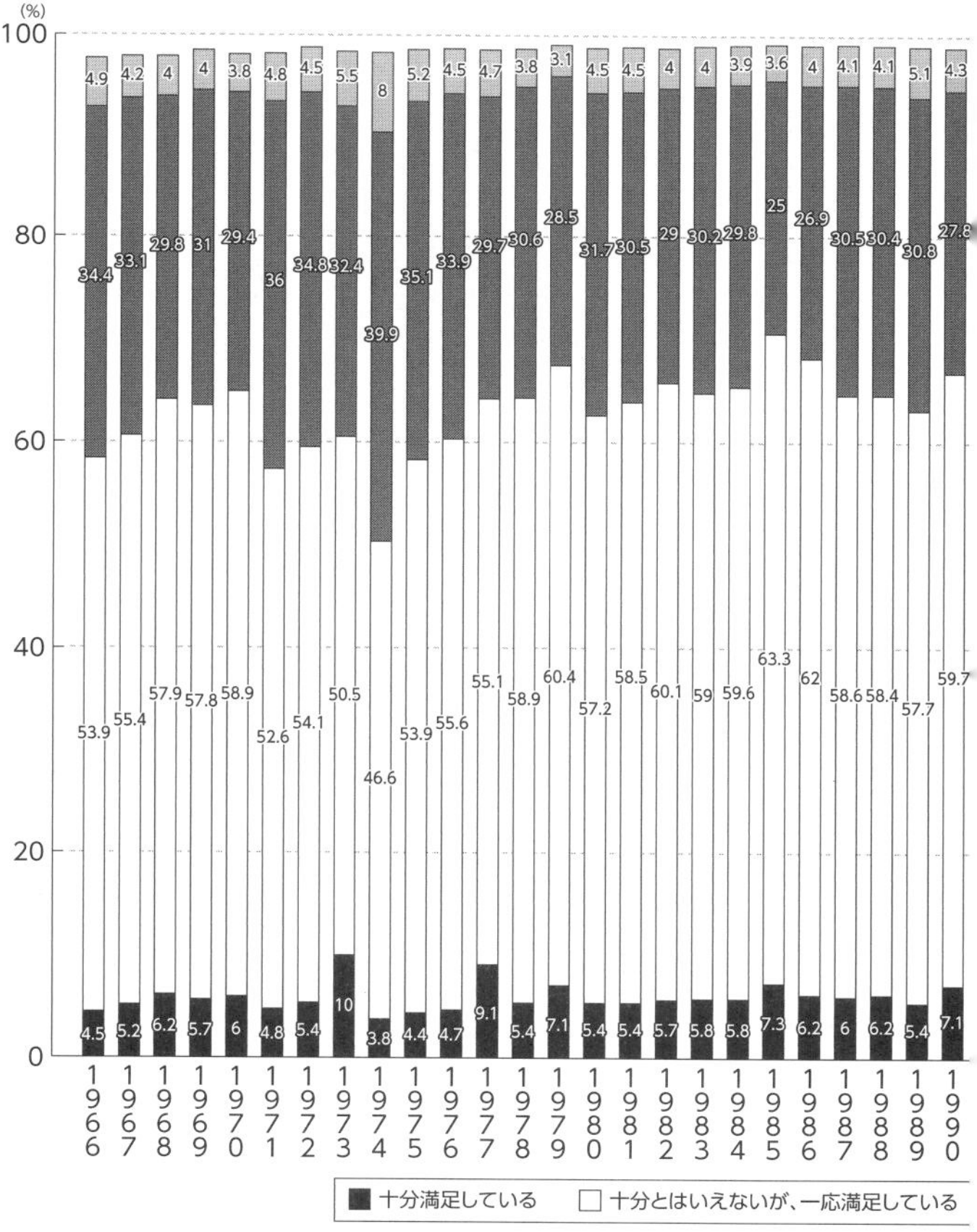

出所：内閣府「国民生活に関する世論調査」より三浦展作成

で生活はそこそこ安定したという時期である。

グラフを見ると明らかだが近年国民の不満は減少しており、しかも不満が24～25％と統計史上最も低い（5段階で「まだまだ不満」「きわめて不満だ」の合計）。

年齢別では特に20～30代の男性の不満の減少が顕著である。たとえば20代の男性の不満は1966～70年はだいたい42％ほどだった。これが71年から75年は50％前後に増加している。それが76年から減り、80年には44％、85年には40％にまで減る。86年から91年はバブル経済のために地価高騰があったためだと思うが不満が増加し、91年は45％になる。だが5年後の96年には27％に急減。97～98年の金融危機の余波であろうが99年には38％にまた増えるが、2004年以降は減少。08年のリーマンショックの影響か、09年はやや不満が増えたが、その後はおおむね減少傾向にあり、19年にはなんと13％しかない。30代も20代と似たような傾向である。

不満増大の理由は団塊世代だった

こうして見ると、70年安保から浅間山荘事件、第一次オイルショック後までの間の20代男性の不満が異様に高いのであり、その後もバブル期まではおおむね不満が40％以上であった。

これが90年代末と2000年代末の金融危機を除けば、今日までおおむね着実に不満が減ってきたのである。

1973年の20代とは、1944～53年生まれであり、団塊世代を中心とする。団塊世代は社会への不満を表明することがかっこいいという時代の若者だった。また当時は高度経済の矛盾が露呈した時代であり、交通事故、公害、住宅難などが社会問題化していた。こういう時代に若者の不満が高いのは当然である。

1967年から79年まで東京都は革新系の経済学者である美濃部《みのべ》亮吉が都知事を務めたが（注4）、この12年間はまさに47～49年生まれの団塊世代が20歳になり始めてから30歳になりきるまでの12年間である。その間、団塊世代は結婚・出産を経験して東京都から郊外へと流出する。結果、東京都内における若者反乱の時代が終わるのである。

注4：美濃部の他にも当時は革新系の知事や市長が非常に多く、代表的な人物として黒田了一大阪府知事（1971～79年在任）、蜷川虎三《にながわとらぞう》京都府知事（1950～78年在任）、長洲一二《ながすかずじ》神奈川県知事（1975～95年在任）、飛鳥田一雄《あすかたいちお》横浜市長（1963～78年在任）らがいた。

若者の不満から中高年の不満へ逆転

次に、40代は第一次オイルショックで不満が50％を超え、その後もほぼ不満が40％以上であったが90年代に不満が減少している。しかし金融危機からリーマンショック後までの間はほぼ40％台であったのが２０１０年以降は不満が減少している。

50代は40代と似ているが１９７５年あたりから90年あたりまでは不満が40代より少ないのに、90年代末あたりから不満が40代と同じくらいになり、近年まで年齢別で最も不満が多い世代となった。

60代は50代より不満が少ないままずっと推移してきたが、２０１０年以降の不満の減少幅が少なく、19年は世代別で最も不満が大きくなっている。その次に50代の不満が大きい。グラフにはないが70代男性はさらに不満が大きい。これはおそらく団塊世代が70代になったからであり、年金・医療などの福祉政策の縮小への不満のためであろう。

このように、全体を見ると、年齢にかかわらず近年、国民の不満は減少傾向にある。だが、**１９８０年代末までは年齢が低いほど不満が大きかったのに、今は逆に年齢が高いほど不満が大きいという**逆転現象が起こったのである。

図表2－11　男性の年齢別不満度の推移

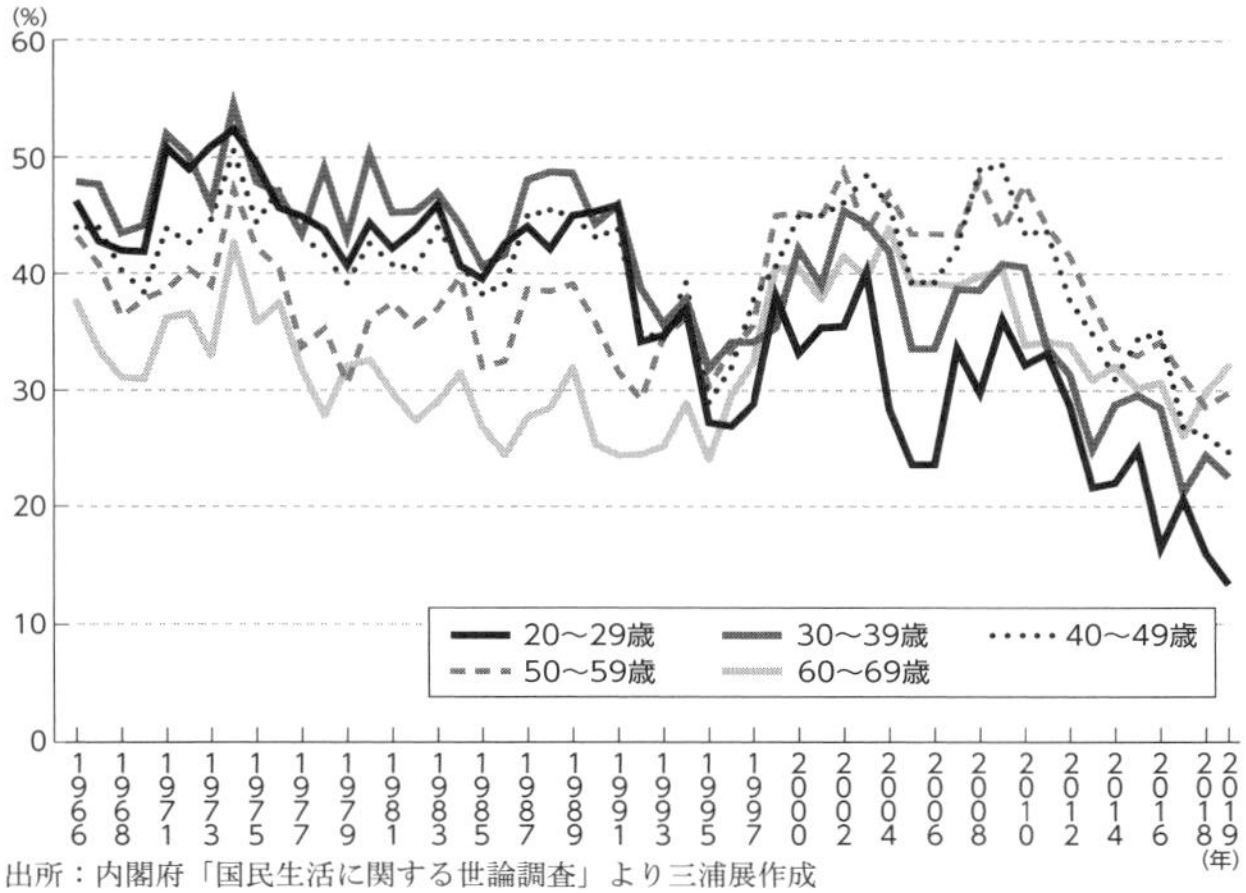

出所：内閣府「国民生活に関する世論調査」より三浦展作成

若い男性は去勢されたのか

特に20代男性が不満を抱く割合は1970年代前半から現在までの45年間、経済的な危機による変動はあるものの、全体としてはほぼ一貫して減少傾向にある（**図表2‐11**）。中高年が、最近の若い奴らはなぜ社会に不満を持たないのだと不思議がる状況が生まれたのだ。

60年代末から70年代前半にかけての政治の季節に若者が不満をたくさん持っていたのは理解できるし、一部の裕福な若者を除けば若者は貧しい暮らしをしていたのであり、だから不満が大きかったというのはわかりやすい。

80年代はバブルもあり、若者の政治への関心も薄れたので、若者が私生活主義的な幸福感の中で暮らせる時代が来ていたのだが、それでも中高年と比べて不満が大きかったというのは、今から考えると少し不思議である。

また払った年金が戻ってこないことが明らかな現在の若者が不満を感じず、まがりなりにも払った分くらいは年金が戻るはずの現在の60代のほうが大きな不満を抱いているのもおかしな話である。

なぜ現代の若者は不満を持たないのか。理由としては次の3つが考えられる。

① 日常生活では不満がない（不満があっても、少なくとも表面的には不満の解消手段がたくさんある）

② 不満を持つこと自体がかっこ悪いと思われるようになった（昔は不満を言うことがかっこ良かった。不良っぽさも含めて）

③ 不満を言ってもどうせ変わらないという諦め

だがコロナで若者も少し変わった可能性もある。それは今後の調査を待ちたい（2020年はコロナのため内閣府はこの調査を実施していない）。

図表2－12　女性の年齢別不満度の推移

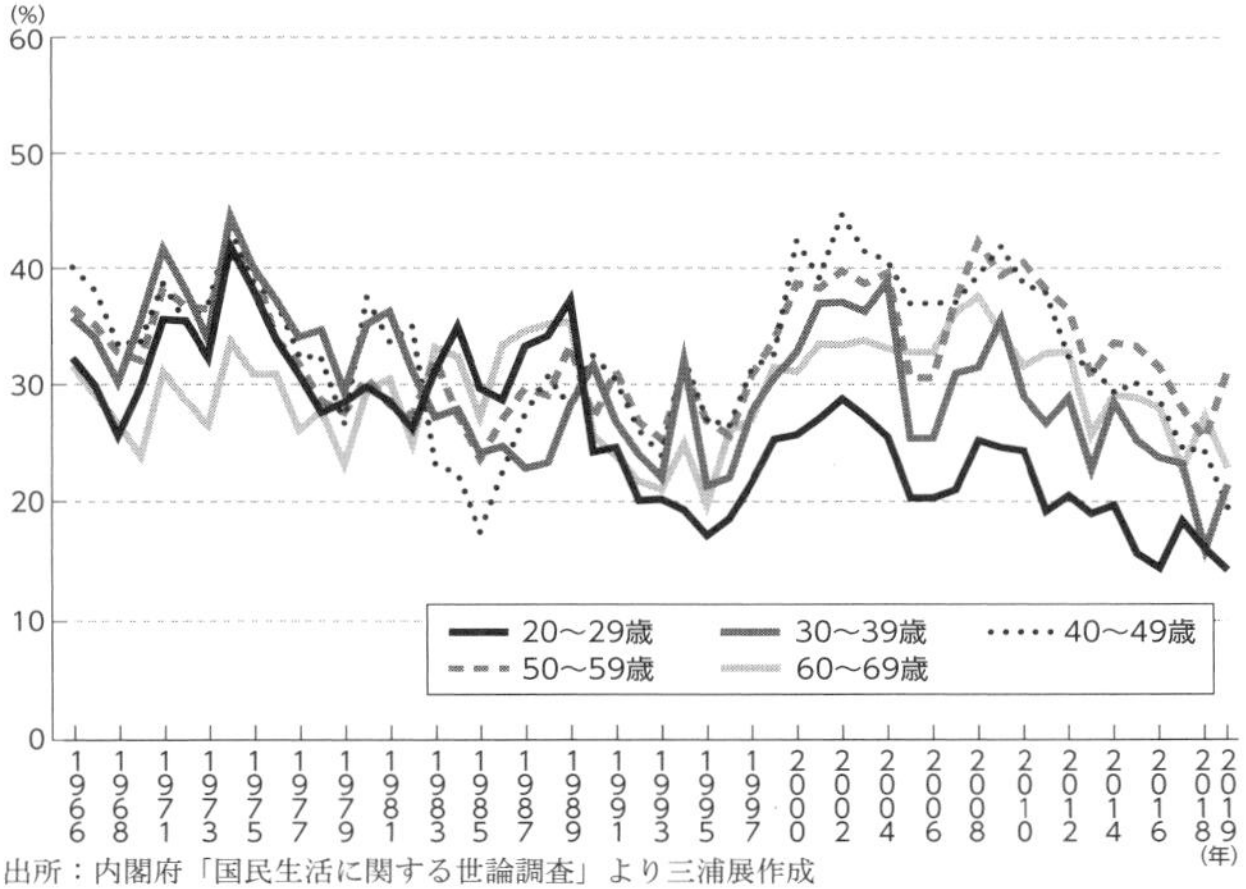

出所：内閣府「国民生活に関する世論調査」より三浦展作成

女性は男性よりも常に不満が少ないが、長期的傾向は似ている（図表2－12）。しかし男性の不満の減少幅のほうが大きいため、男女の差が縮小している。男女の差をグラフにすると、おおむね1966年から95年までの30年間は男性のほうが女性よりもずっと不満が多い。特に1980年代の20〜40代の差は大きい（図表2－13）。

だが95年から2019年までは20〜40代の男女差が減少している。これは主として20〜40代の男性の不満が減ったためであり、近年は男性よりも女性の不満のほうが大きい年もある。

いわば社会の不満分子だった若い男性が去勢されて、不満を持たなくなったようなので

図表2−13　不満度の男女差推移

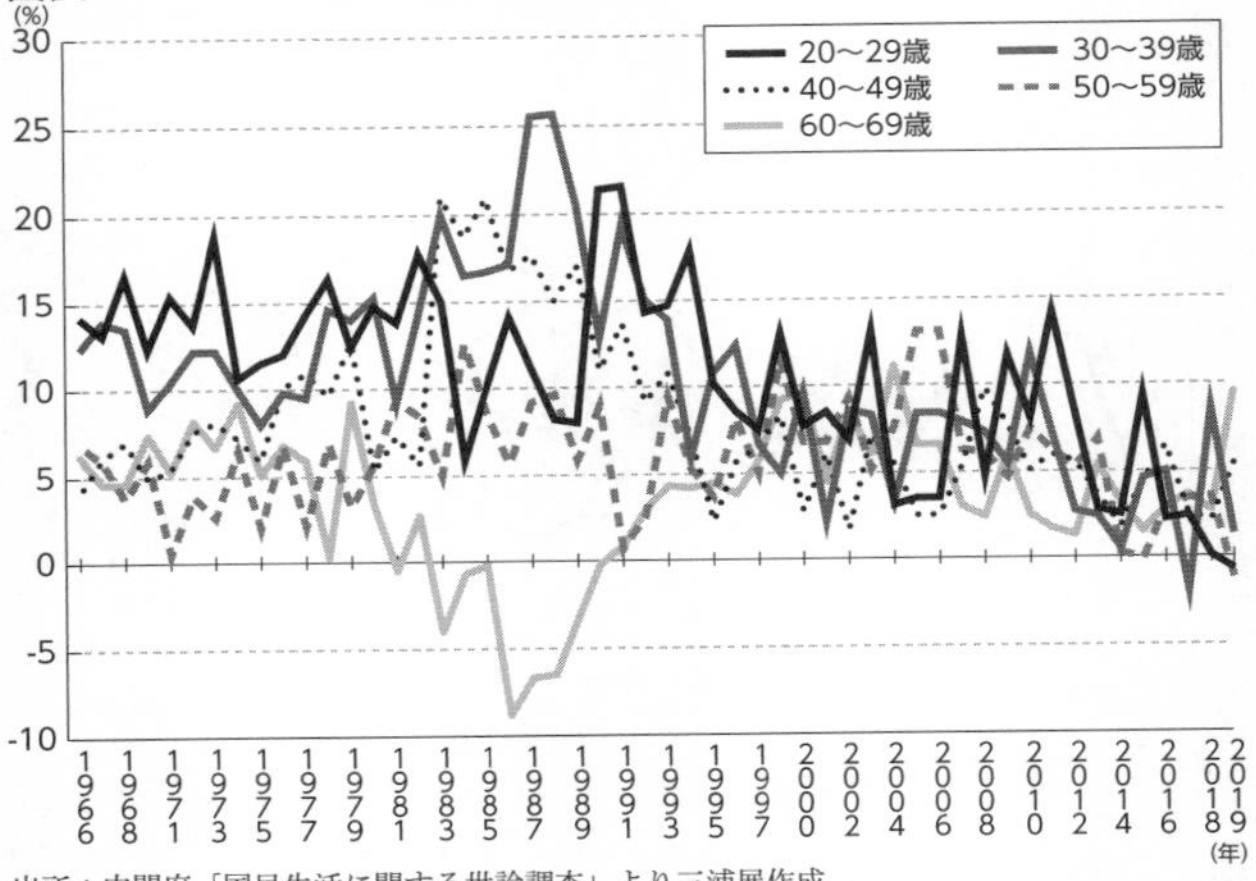

出所：内閣府「国民生活に関する世論調査」より三浦展作成

ある。逆に女性は社会進出が進んだために各種のジェンダー問題を不満に思うことが増えたのであろう。

20〜30代の年収300万〜400万円台の満足が増加

次にｍｉｆによって２０１１年から20年の全体の生活全般への満足度推移を見ると男性は「満足」「どちらかというと満足」の合計が、２０１６年以降やや増加している（図表2-14）。しかし女性はそれほどではない。

年収別に生活全般満足度の推移を見ると、５００万円台以上の階層ではほぼ横ばいであるが、１００万円から４００万円台の層では満足度がやや上昇する傾向がある（図表2-

図表2－14　生活全般満足度　男女別推移

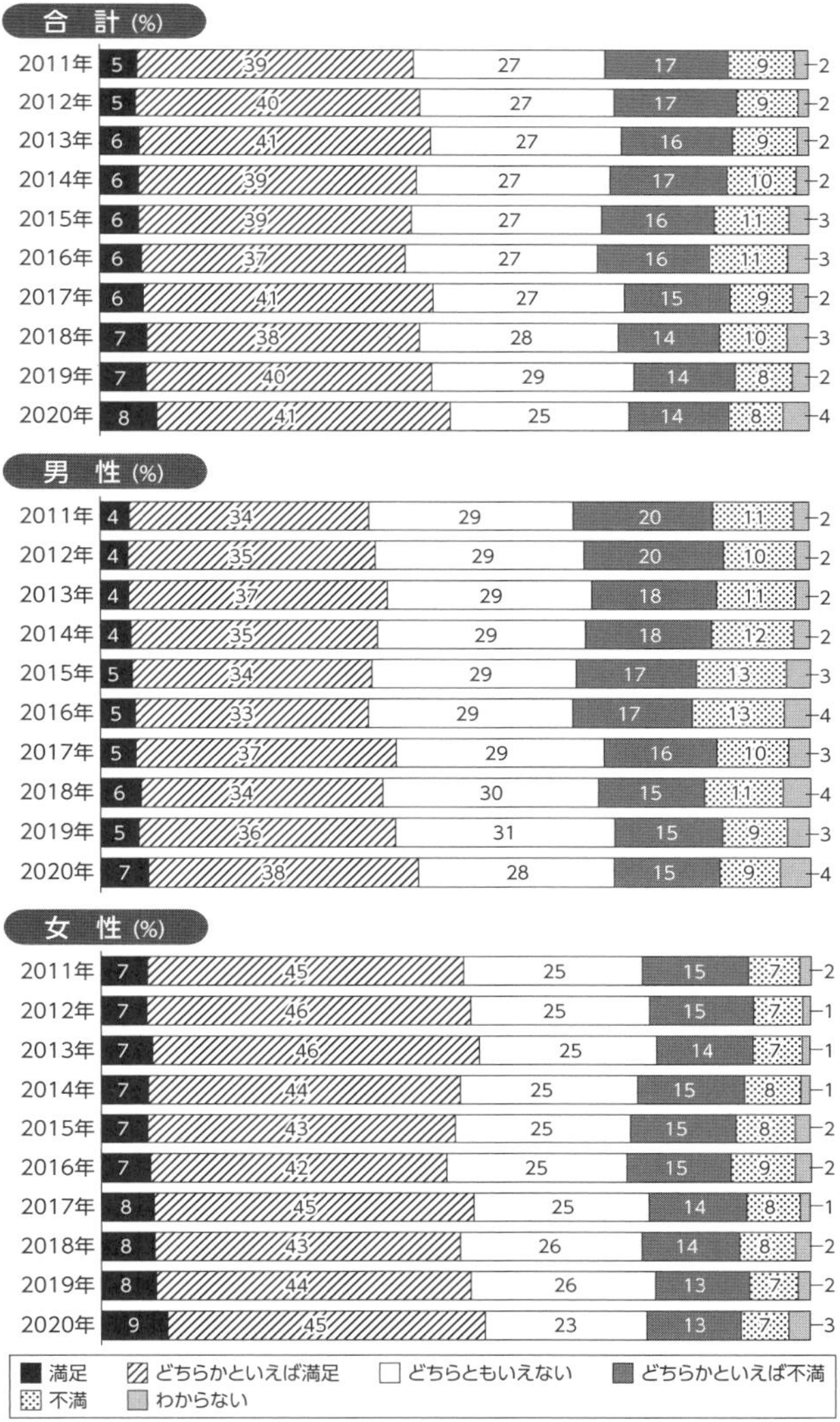
合　計 (%)
2011年 5 39 27 17 9 2
2012年 5 40 27 17 9 2
2013年 6 41 27 16 9 2
2014年 6 39 27 17 10 2
2015年 6 39 27 16 11 3
2016年 6 37 27 16 11 3
2017年 6 41 27 15 9 2
2018年 7 38 28 14 10 3
2019年 7 40 29 14 8 2
2020年 8 41 25 14 8 4
男　性 (%)
2011年 4 34 29 20 11 2
2012年 4 35 29 20 10 2
2013年 4 37 29 18 11 2
2014年 4 35 29 18 12 2
2015年 5 34 29 17 13 3
2016年 5 33 29 17 13 4
2017年 5 37 29 16 10 3
2018年 6 34 30 15 11 4
2019年 5 36 31 15 9 3
2020年 7 38 28 15 9 4
女　性 (%)
2011年 7 45 25 15 7 2
2012年 7 46 25 15 7 1
2013年 7 46 25 14 7 1
2014年 7 44 25 15 8 1
2015年 7 43 25 15 8 2
2016年 7 42 25 15 9 2
2017年 8 45 25 14 8 1
2018年 8 43 26 14 8 2
2019年 8 44 26 13 7 2
2020年 9 45 23 13 7 3
満足
どちらかといえば満足
どちらともいえない
どちらかといえば不満
不満
わからない

出所：三菱総合研究所「生活市場予測システム」

15）。
また年収別満足度を年齢別に見ると、20代の100万〜300万円未満の階層では、2012年に満足合計が38％だったのが17〜18年は42％、19年は44％、20年は47％である。300万円未満の階層は13年に満足合計が44％だったが19年は49％、20年は50％。400万円台では12年の満足合計が46％だったが19年、20年ともに54％である。30代でも同じような傾向が見られる（図表は割愛）。

このように20〜30代では、年収400万円台までの階層で満足度が上昇している。階層意識の場合と同じように、これはやはり年収が低くても自分が好きなことができる生活が享受できるようになったと感じている人が増えたということだろう。

2011年以降消費税が5％から8％、さらに10％と上がり、東日本大震災のための復興税も加わったのだから、消費生活の実態は金額的には貧しくなったはずである。それなのに年収が低い階層でも満足度が上がったのである。

次に階層意識別の満足度（「満足」「どちらかというと満足」の合計）を見ると、「中の下」や「下」の人で同様の傾向がやや強めである（図表2-16）。特に「中の下」はほぼ一貫して満足度が上昇している。下流であっても生活に満足できる社会になったようなのだ。これ

図表2－15　年収別生活全般満足度の推移

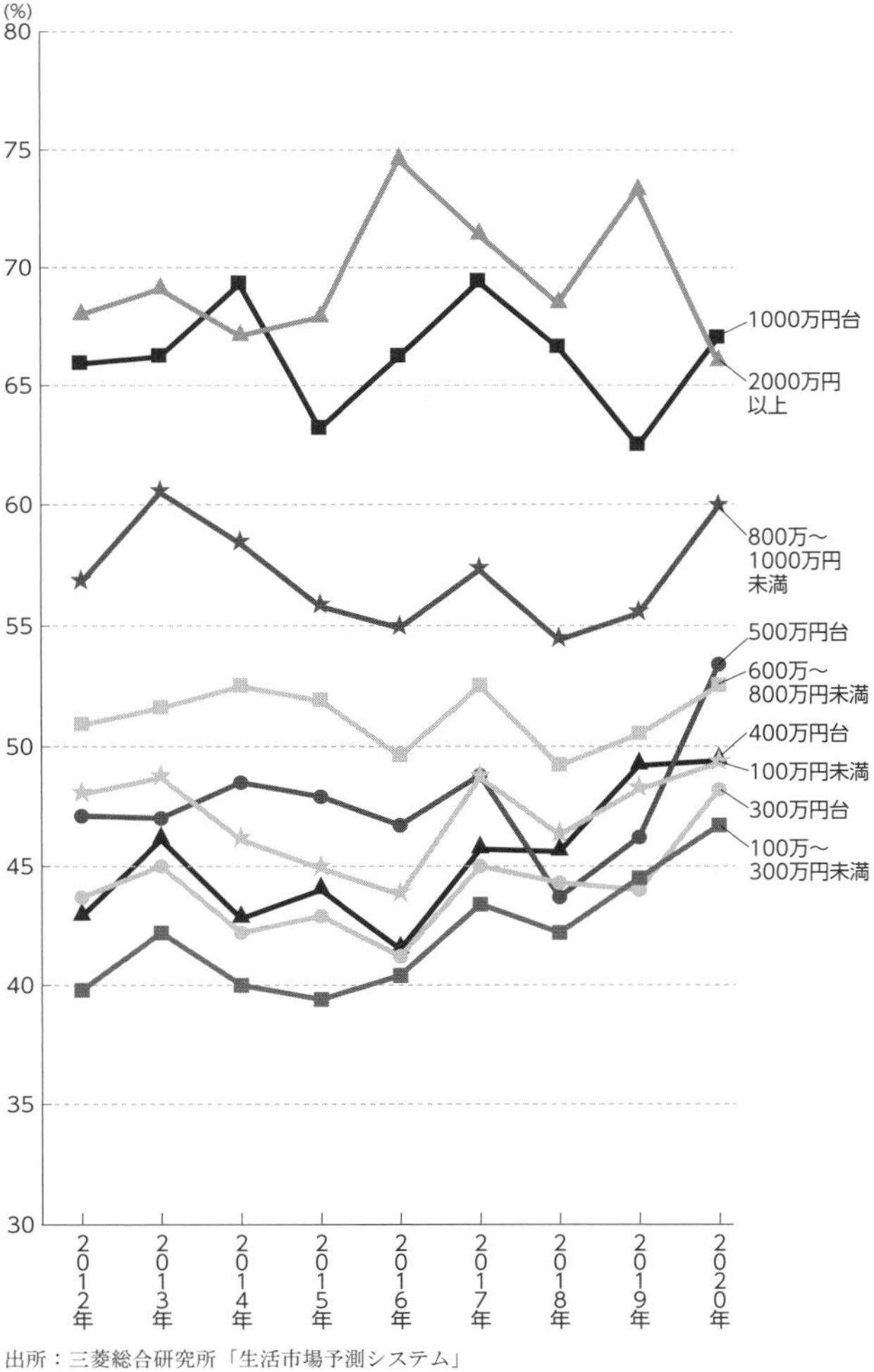

出所：三菱総合研究所「生活市場予測システム」

図表2－16　20～60代 階層意識別生活全般満足度の推移

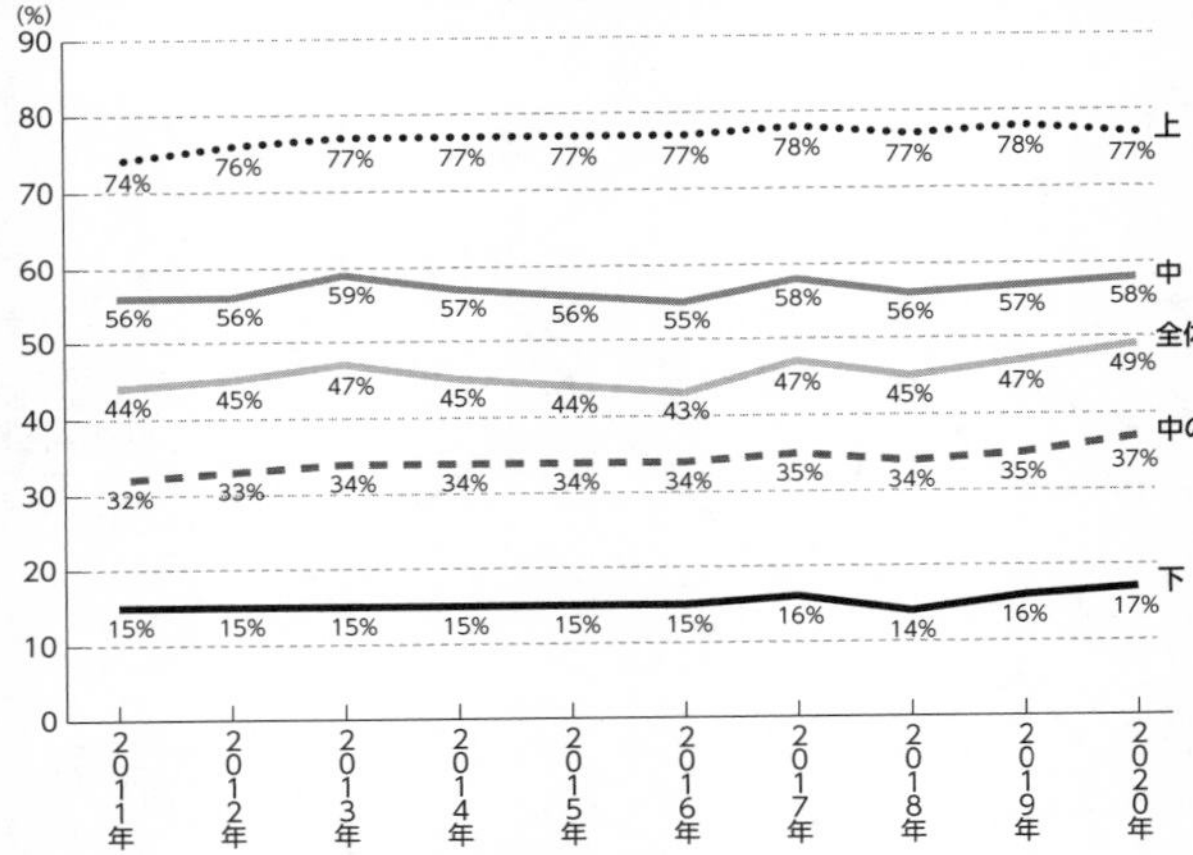

出所：三菱総合研究所「生活市場予測システム」

は先ほどの年収300万円台、400万円台の層で「中の下」が減っていることと対応した現象かもしれない。

20代に限ると、「上」は2011年からほぼ着実に満足度が上昇しており、11年の62%から20年は71%である（**図表2－17**）。「中」「中の下」も16年から上昇傾向にある。「下」は14年から上昇し続けている。20代についてはあまり階層意識に関係なく、生活全般満足度が上がっているのである。

不満の解消自体は良いことである。菅直《かんなお》人《と》が総理大臣時代「最大多数の最小不幸」という、ちょっとわからない言葉をスローガンにした。できるだけ多くの人の不幸をできるだけたくさん減らしていく、ということである。

図表2－17　20代 階層意識別生活全般満足度の推移

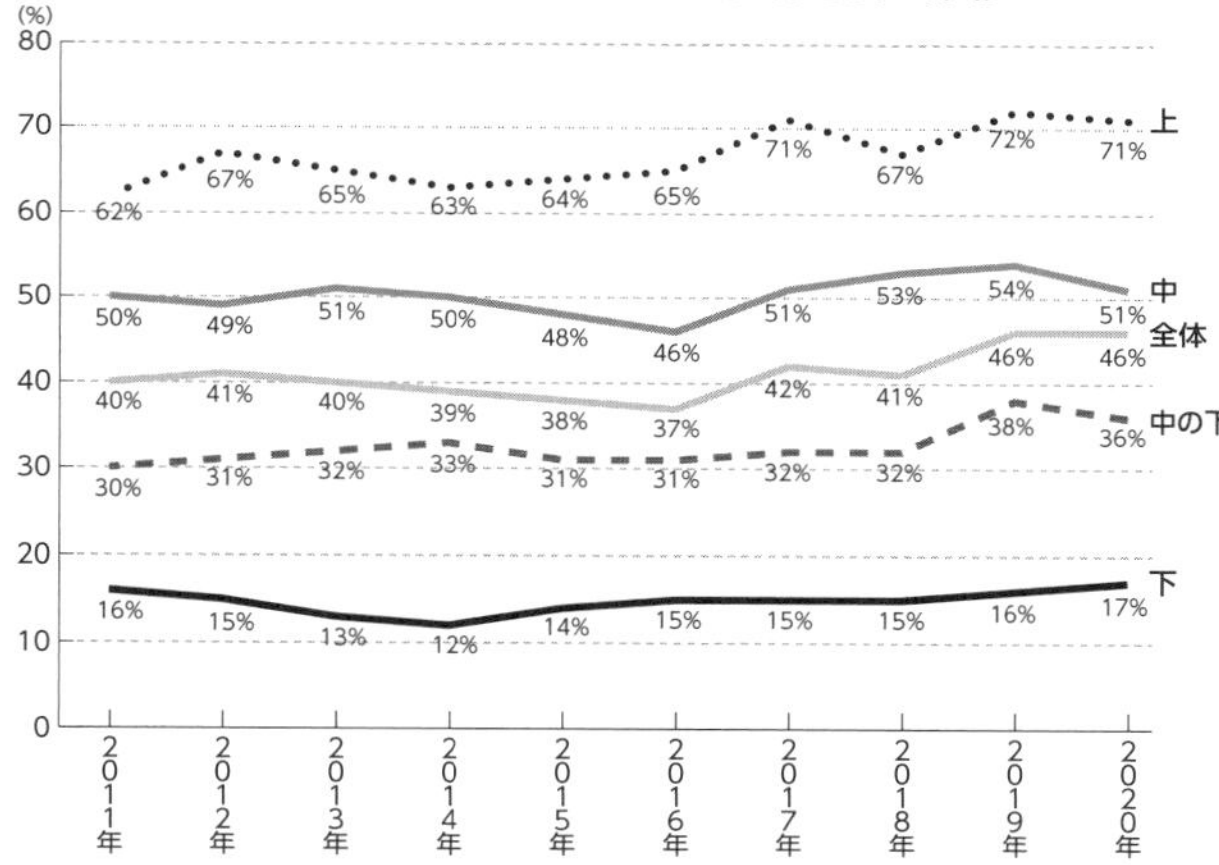

出所：三菱総合研究所「生活市場予測システム」

菅直人の貢献があったとは思えないが、どうも近年の日本は「最大多数の最大満足」を実現するというより、**「最大多数の最小不満」**を実現する方向に向かってきたようである。

親子揃って楽しく食事ができれば生活に満足

では、人々は生活のどんなことに満足することで満足度を上昇させているのか。家族、食生活、ファッション、住環境、生活安全度などの項目別に満足度を聞くと、どれも特に満足度が増えているわけではない（**図表2－18**）。むしろ仕事・学業への満足度は11年から20年までやや減少傾向にある。だが全体として2020年のコロナの影響を除けば、横ばいである。

図表２－18　20〜60代 各種満足度の推移

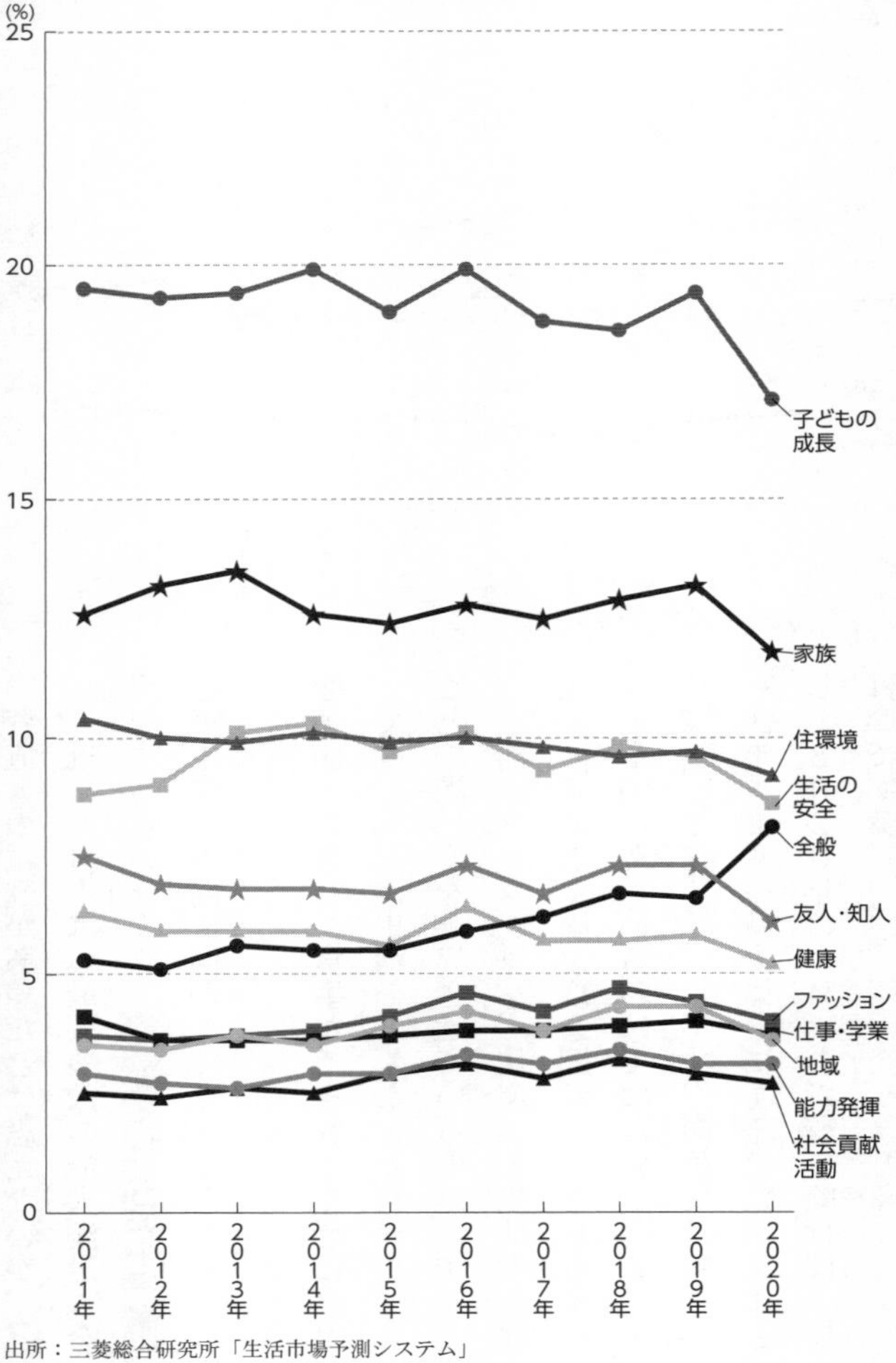

出所：三菱総合研究所「生活市場予測システム」

図表2－19　25～54歳 生活満足度に対する各種満足度の割合　階層意識別

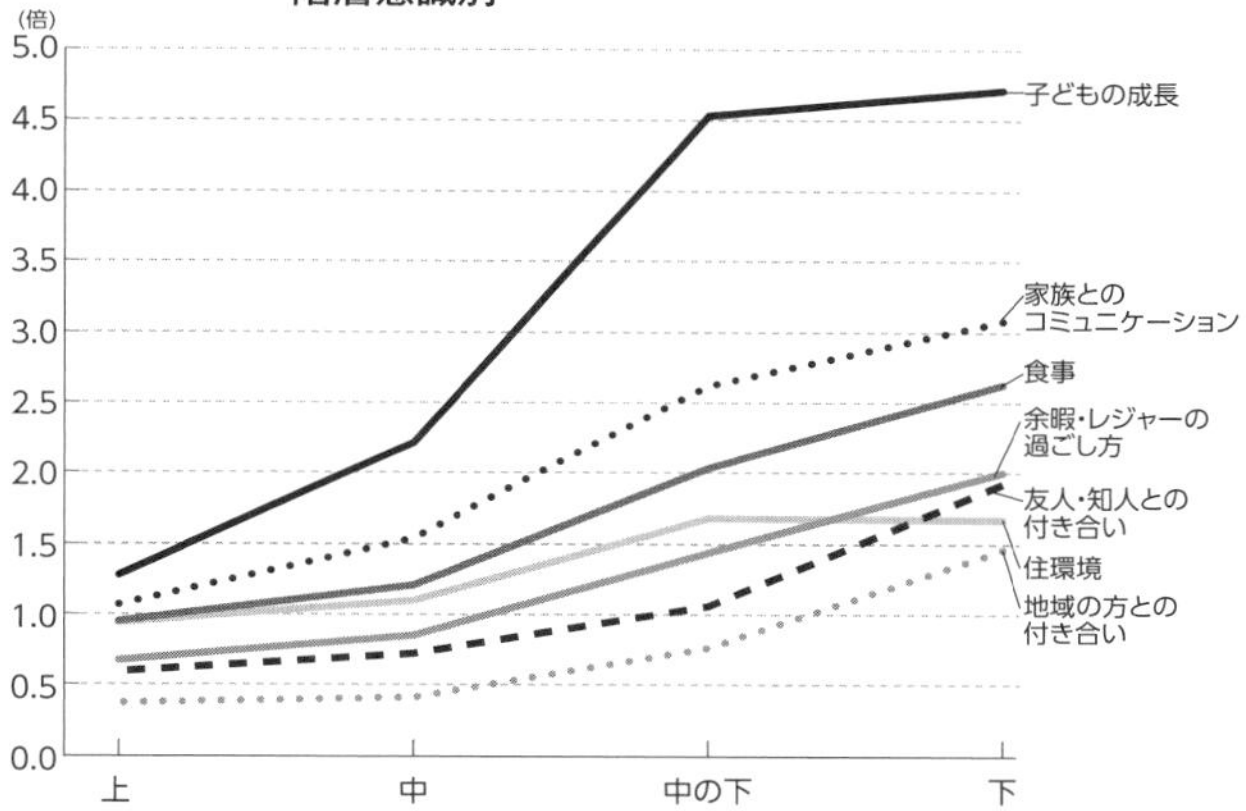

出所：三菱総合研究所「生活市場予測システム」

そこで、生活全般満足度についての5段階の質問で一番上の「満足している」の値を100としたとき、食事、ファッション、住環境、余暇・レジャーの過ごし方などの個別の項目での「満足している」はどれくらいなのかを階層意識別に比較してみた。（**図表2-19**）。これを見ると、中流から下流の人になるほど、子どもの成長、食事、家族とのコミュニケーション、余暇・レジャーの過ごし方、友人・知人との付き合い、住環境、地域の方との付き合いへの満足度が生活全般満足度よりもかなり高いことがわかる。

特に下流の人の子どもの成長への満足は全体平均の4・5倍以上ある。家族とのコミュニケーションも2・6倍以上である。食事も

2倍以上である。そして「中」から「中の下」にかけての上昇率が激しい。親子そろって楽しく食事ができれば生活に満足であるという、実に庶民的な幸福像がここに見える。それはとても健全な価値観だと私は思う。

対して上流の人は、家族とのコミュニケーション、食事、余暇・レジャー、友人・知人との付き合い、住環境、地域の方との付き合い、いずれも1倍前後であり、生活全般満足度に特に影響を与えない。さすがに子どもの成長や家族とのコミュニケーションへの満足度は生活全般満足度よりも高いが、下流の人たちのそれと比べると、生活全般満足度を引き上げる力はずっと弱い。

逆に言えば、特に「中」から「中の下」の人たちにとっては、子どもがいないこと、結婚しないことが、生活満足度を引き下げるのである。

こうして見ると、国民のできるだけ多くが結婚し、子どもをつくり、子どもが順調に成長することがいかに国民全体の満足度を上げるのかがわかる。少子化問題や未婚化の解決は考える以上に重大だったのだ。

「第四の消費」が満足度を高める

現代の若者における中流のシンボルをもう少し細かく把握するため、20代の満足度上昇の理由をいろいろな行動をする人の生活全般満足度から比較してみる。20代全体の生活満足度である9・6％よりも3割以上多い13％以上となる行動を選んで、11年から20年までの「満足」の推移をグラフにしてみた**（図表2－20）**（「どちらかといえば満足」は含まない。原則として各年のサンプル数が最低100になる項目を選んだ）。

特に満足度が高いのは「ブログ・SNSで情報を発信している、他人のブログ・SNSによく書き込みをする」「自宅で飲むお茶やコーヒーは、葉や豆から入れる（にあてはまる）」「ものを増やさない生活をしたい（とても思う）」「流行よりも機能性を重視した商品を買いたい（とても思う）」であり、16％以上だ。また「民泊を利用したことがある」は過去3年だけのデータしかないが、満足度が高い。

つまり、ここ10年ほどの間に広がった行動を支持することが生活全般の満足度につながっているのだ。これらは、**田舎志向、人間関係志向、シンプル志向、エコ志向、ていねいな生活志向**といった、私の言う「第四の消費」的なものである（拙著『第四の消費』参照）。

図表2−20　20代 行動別生活全般満足度の推移

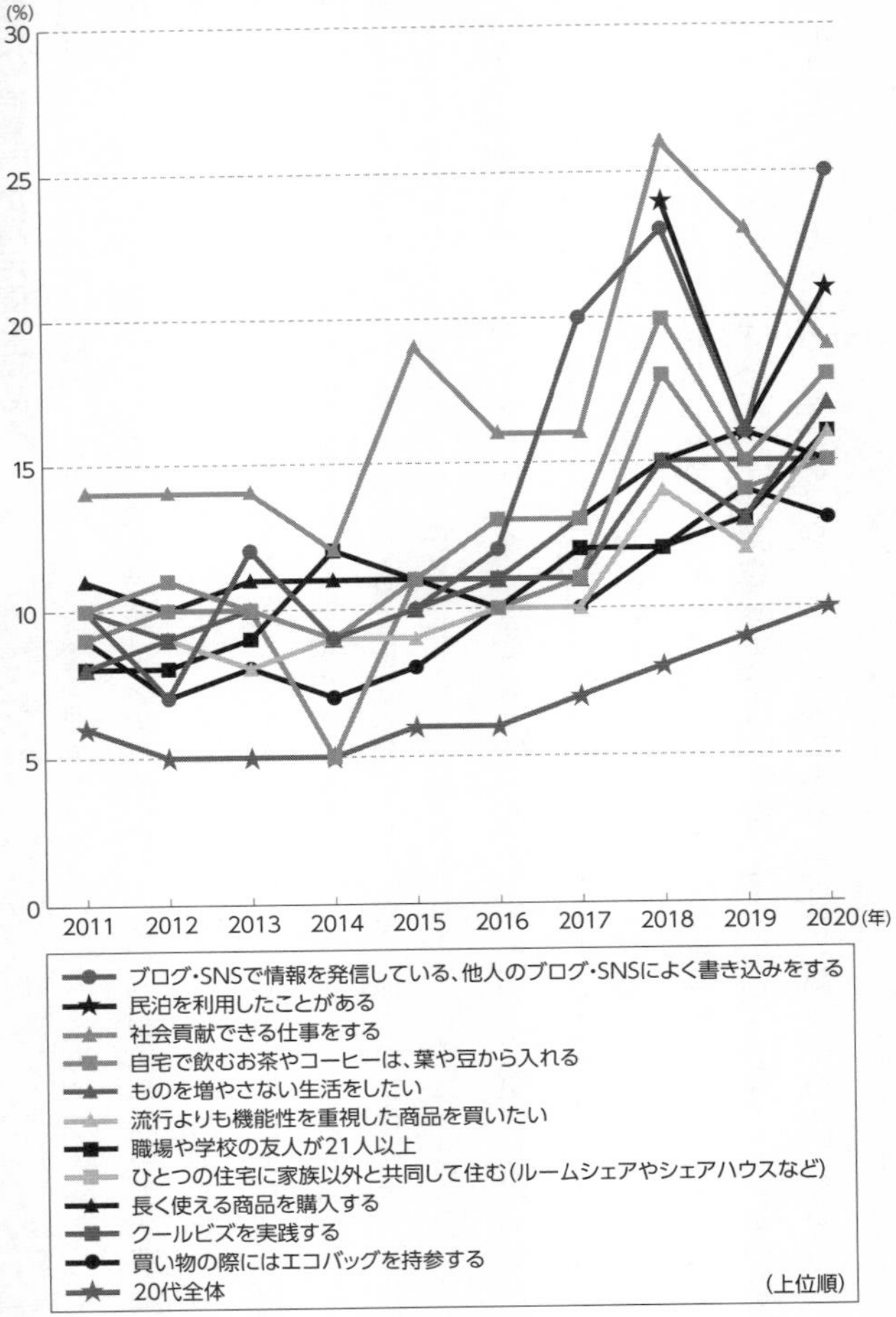

出所：三菱総合研究所「生活市場予測システム」

「個人志向」の強さ

次に、人生観についての質問を分析する。

「あなたは人生において何をいちばん大事な価値観として暮らしていますか」という質問に6つの選択肢から回答してもらった（以下「人生観」とする）。

これはNHK放送文化研究所が1973年から5年おきに行っている『日本人の意識調査』を参考にして、そこから選択肢を2つ増やしたものである。

『日本人の意識調査』では、

快志向（現在志向×個人志向）　その日その日を、自由に楽しく過ごす
愛志向（現在志向×社会志向）　身近な人たちと、なごやかな毎日を送る
利志向（将来志向×個人志向）　しっかりと計画をたてて、豊かな生活を築く
正志向（将来志向×社会志向）　みんなと力を合わせて、世の中をよくする

の４つを選択肢にしている。

だが「身近な人たちとなごやか」という価値観が「社会志向」というのはちょっと今の時

代にそぐわない気がした。1973年時点ではまだ封建《ほうけん》的な価値観も根強く残っており、見合い結婚も多かったため、家族や友人となごやかに暮らすことが若い世代にとって新しい社会の理想であり、その意味で「社会志向」であると言うこともできた。

だが今回の調査サンプルは25〜54歳であり、73年時点で7歳以下。ほとんどの人は生まれておらず、「愛志向」の増大する社会の中で育った（1973年の国民全体の愛志向は31%、2018年には46%）。友だちのような夫婦に育てられ、親子の関係性も友だち的なのである。だから現在の国民にとっては、「身近な人たちとなごやか」という価値観は社会志向というより個人志向に近づいているはずである。

そこで、NHKの「社会志向」を「家族志向」と「社会志向」に分け、家族関連の選択肢についてはNHKの「愛志向」に近い選択肢として「家族や友人などと仲良くできること」を用意した。

また「家族志向」的だが「将来志向」的な選択肢として「結婚し子どもをつくり子どもに良い教育を与えて一家が発展すること」という選択肢を用意した。いわば「イエ志向」的な価値観である。

すると「将来志向×社会志向」についても2つに分割する必要があるので、NHKの「正志向」に近い「社会をできるだけ正しい方向に変えていくこと」のほかに、「現在志向」が強い「社会全体が平和であること」という選択肢を用意し、「平和志向」とした。

まとめると、選択肢は次の通りである。

快志向（現在志向×個人志向）……自分が好きなことを優先して毎日楽しくいられること
愛志向（現在志向×家族志向）……家族や友人などと仲良くできること
平和志向（現在志向×社会志向）……社会全体が平和であること
利志向（将来志向×個人志向）……収入を上げ貯蓄・資産を増やすこと
イエ志向（将来志向×家族志向）……結婚し子どもをつくり子どもに良い教育を与えて一家が発展すること
正志向（将来志向×社会志向）……社会をできるだけ正しい方向に変えていくこと

そして、全体の結果は次のようになった（図表２－21）。

快志向……36％

愛志向………30％
平和志向………10％
利志向………12％
イエ志向………8％
正志向………3％

圧倒的に「個人志向」的な人生観（「快志向」・「愛志向」）が多い。結果論で言えば「快志向」を二つに分ける選択肢も用意すべきだった。「愛志向」から分離した「イエ指向」も8％だけだったので、もう少し言葉を考えるべきだっただろう。

また「平和志向」がもう少し多くなるかと思ったが、10％にとどまった。日本の社会が平和であることは当然すぎるのだろうし、人々は、その平和を社会的なものとしてというより家族や身近な友人などとの平穏な暮らしで実感しているということでもあろう。

戦後日本社会の最大の価値はまさに社会の平和を実現、維持したことである。それがいかに大変なことかは、世界情勢を見ればわかる。世界中から日本へ来た人々も平和さ、日本人の親切さに感心する。実はインバウンドにおける日本の価値は、モノや飲食店の値段の安さ

図表2−21　男女属性・年収別の人生観

		人数	快	愛	平和	利	イエ	正
男性	合計	1,282	36%	26%	11%	15%	9%	4%
女性	合計	1,241	36%	35%	10%	9%	8%	2%
男性未婚	合計	628	48%	14%	13%	17%	2%	5%
	200万円未満	233	52%	12%	15%	15%	2%	4%
	200万~400万円未満	183	43%	16%	9%	20%	3%	9%
	400万~600万円未満	124	44%	15%	15%	20%	2%	4%
	600万円以上	57	56%	12%	18%	12%	0%	2%
男性既婚	合計	615	22%	39%	8%	12%	16%	4%
	200万円未満	22	23%	41%	18%	18%	0%	0%
	200万~400万円未満	98	28%	32%	5%	16%	15%	4%
	400万~600万円未満	208	24%	38%	7%	12%	14%	5%
	600万円以上	262	20%	42%	9%	9%	18%	3%
男性離別	合計	37	51%	5%	14%	14%	8%	8%
女性未婚	合計	458	52%	24%	9%	11%	2%	2%
	200万円未満	189	50%	26%	13%	8%	1%	3%
	200万~400万円未満	161	56%	23%	6%	11%	3%	3%
	400万~600万円未満	43	35%	26%	5%	30%	5%	0%
	600万円以上	28	68%	11%	7%	14%	0%	0%
女性既婚	合計	708	25%	43%	11%	7%	13%	2%
	200万円未満	520	23%	43%	12%	6%	14%	2%
	200万~400万円未満	95	34%	45%	7%	8%	3%	2%
	400万~600万円未満	42	19%	41%	10%	14%	17%	0%
	600万円以上	19	32%	47%	0%	0%	21%	0%
女性離別	合計	69	46%	29%	6%	15%	1%	3%

出所：下流社会15年後研究会「現代日本人の意識と価値観調査」2020

以上にここにあると私は思う。いくら値段が安くても日本が平穏でなく、日本人が野卑《やひ》であったら、こんなに観光客は来ないはずだ。

おそらく値段の安さは今後是正されて、もう少し上がっていくと私は予想する。だが仮にあと3割から5割値段が上がっても、社会の平穏さと日本人の親切さ、丁寧さ、やさしさがあれば、インバウンドは減らないだろう。

配偶関係による人生観の違い

また人生観を男女別に見ると、女性では「愛志向」が多く35％（男性26％）で、男性は「利志向」が多く15％（女性9％）。ここには主に男性が稼ぎ、女性が家庭を安らかに保つというジェンダー観が見える。

年収別では男性の200万円未満で「快志向」が49％と非常に多い。これは若い人が多いせいである。対して600万円以上では「愛志向」が36％、「イエ志向」が14％と多い。これは既婚者が多いためである。

よって配偶関係別では、男女とも未婚と離別で「快志向」が50％前後と多い。また未婚女性は400万～600万円未満の層では「利志向」が30％と最も多い。

対して既婚では男女とも「愛志向」と「イエ指向」が多いが、既婚男性は既婚女性より「愛志向」が少なく（男性39％、女性43％）、「イエ志向」がやや多い（男性16％、女性13％）。

つまり**独身時代は男女とも「快志向」が強く、結婚し子どもができた人は「愛志向」「イエ志向」にシフトする**。もともと「愛志向」「イエ志向」が強い人が結婚するとも言える。また**女性が未婚のまま年収が上がると男性並みに「利志向」が強まる**。また**離別すると「快志向」に戻る**と言える。

なお、読者の中には「利志向」が意外に少ない、こんな金中心の世の中なのに、と思う人もいるだろうが、企業の価値観ではなく、あくまで個人の人生観であり、家族ができることで愛志向、イエ志向が強まるので、こうした結果になるのだろうと思われる。

中高年が「世の中をよくする」ことへの関心をどんどん失った

「正志向＝社会をできるだけ正しい方向に変えていくこと」が全体で3・2％と少ないことにも驚かされる。実はＮＨＫの調査でも「正志向＝みんなと力を合わせて、世の中をよくする」は近年減っている。調査の始まった1973年には14％だったが直近の2018年では4％しかないのである**（図表2‐22）**。

図表2－22　４つの志向の推移

人によって生活の目標もいろいろですが、リストのように分けると、あなたの生活目標にいちばん近いのはどれですか。

	（略称）	73年	78年	83年	88年	93年	98年	03年	08年	13年	18年
その日その日を、自由に楽しく過ごす	快志向	21.0	19.9	22.4	25.0	23.0	25.1	24.1	24.0	25.6	25.6
しっかりと計画をたてて、豊かな生活を築く	利志向	32.5	30.7	31.9	28.5	28.6	25.5	26.0	23.5	22.9	23.5
身近な人たちと、なごやかな毎日を送る	愛志向	30.5	35.2	35.4	38.5	39.7	41.4	41.4	45.1	45.0	45.9
みんなと力を合わせて世の中をよくする	正志向	13.8	12.7	9.1	6.5	6.6	6.5	6.7	5.6	5.3	4.2
その他		0.3	0.2	0.2	0.3	0.3	0.2	0.2	0.3	0.2	0.1
わからない、無回答		2.0	1.4	1.0	1.2	1.7	1.2	1.7	1.5	1.0	0.7

出所：NHK放送文化研究所「『日本人の意識』調査」

特に減り幅が大きかったのは１９８０年代である。73年の13・8％、78年の12・7％から83年は９・１％、88年は６・５％に激減した。「ジャパン・アズ・ナンバーワン」「高度消費社会」「バブル経済」「パックス・ジャポニカ」の「黄金の80年代」と言われた時代に「世の中をよくする」という気持ちが衰退するのはうなずける。

だがバブルが崩壊した90年代以降も正志向は増えず、２００３年以降はさらに微減した。日本人は「世の中をよくする」ことへの関心をどんどん失ったのだ。

「正志向」が年を経て減少してきた理由は、若い世代ほど「正志向」が弱まったためか、それとも全年齢で「正志向」が減ったためか検証したいと思い、データを年齢別に経年で見ようと思い、ＮＨＫ放送文化研究所に連絡したが、データは公開できないと断られたので、ＮＨＫブックス『現代日本人の意識構造』の各年度版で概観する。

これによると16〜29歳の「正志向」は１９７３年には６％だったが２０１８年は３％に減っている。30〜59歳は同じく16％から３％に大きく減っている。60歳以上は23％から６％にこれも大きく減っている。若い人よりも30代以上での減り方が大きい。

こうして見ると、若者の価値観は学生運動世代もいた73年ですらあまり現在と変わっていないことがわかる。もともと「正志向」は低いのだ。

変わったのは中高年なのである。１９７３年の30〜59歳は１９１４〜43年生まれ。大正時代から戦中生まれである。戦争に行った世代、戦争中飢えで苦しんだ世代、戦後の平和の尊さを強く実感した世代、60年安保で運動をした世代である。83年だと53年生まれまで入ってくるが、大学・高校時代に学園紛争があった世代である。

対して２０１８年の30〜59歳は１９５９〜88年生まれ。新人類世代、バブル世代から団塊ジュニアを経てゆとり世代の手前までである。また、新人類世代、バブル世代は学生運動から離れ、消費に関心をシフトした世代と言われる。

1973年の60歳以上はほぼ明治生まれ。83年の60歳以上は大正生まれまで入るが、2018年の60歳以上は1958年以前の生まれである。

つまり、大きく分けて1973年の中高年は戦争の苦労を知っている世代であり、2018年の中高年は戦争の苦労を知らない世代（＝戦後の豊かな社会しか知らない世代）であるから、社会をみんなで良くするという「正志向」が大きく減るのはうなずける。

このように若者が変わったのではなく、主として中高年の世代交代により日本人全体として「正志向」が減ったのである。いわば中高年が若者化したのだ。

こうした中高年の「正志向」の衰退が近年の政治家・官僚の不祥事を招いていると言うこともできるかもしれない。

競争主義、成果主義、グローバル化に否定的

次に、日本に対する認識を見る。「今の日本・これからの日本について、あなたの考えに近いものを以下からいくつでも選んで下さい」という質問に対して174個の選択肢から複数回答してもらったものである（ただし選択肢の中にほぼ同一内容のものが2つあったのを私が見逃してしまったので、表では1つ減らして173個の結果を示した）（図表2-23）。

結果を多い順に見ると、４人に１人以上回答している選択肢は次の通りだ。

年金・医療費など社会保障が不安だ……………………36％
ネット上の誹謗中傷がひどい……………………35％
真面目に働く人がむくわれるべきだ……………………33％
政治家の質・能力が低い……………………32％
何かにつけて文句を言う人（クレーマー）が増えていて困る……30％
貧富の差が拡大している……………………28％
自分たちが高齢者になったときに社会がうまくいくか不安だ……28％
ブラック企業が多い……………………28％
東京一極集中しすぎている……………………26％

逆に少ないのは、

政治のことは政治家や官僚等に任せておけばよい……１・２％

31位	個人が夢や希望を持てなくなった	17.7%
32位	サラリーマン以外の働き方をしても安心して生きられるようにすべきだ	17.6%
33位	まわりの目や声が気になる生きづらい世の中になった	17.6%
34位	セクハラ、パワハラが多い	17.5%
35位	NHKが特定の政権を支持しているのは問題だ	17.3%
36位	子どもの教育・保育・貧困問題などへの支援が足りない	17.2%
37位	地球温暖化・異常気象・省エネなどへの対策が遅れている	17.0%
37位	ネットなどにより個人のプライバシーが侵害され始めている	17.0%
37位	LGBT（同性愛など）の差別をなくすべきだ	17.0%
40位	失業者対策が不足している	16.7%
41位	礼儀作法や日本語が乱れている	16.5%
42位	政治家など社会の中心に若い人を増やすべきだ	16.4%
42位	日本人は思いやりがなくなった	16.4%
44位	結婚しなくても幸せに生きられる社会にするべきだ	16.3%
45位	道徳教育が不足している	16.2%
46位	正規雇用と非正規雇用の所得・処遇・休暇などの格差を減らすべきだ	16.1%
46位	今の時代には空虚感（むなしさ）がある	16.1%
48位	日本の伝統的な職人文化を再評価するべきだ	15.8%
49位	日本に住む外国人の増加は不安だ	15.7%
50位	消費者がいばりすぎている	15.3%
51位	公務員を減らすべきである	15.2%
52位	元気なうちは何歳になっても働きたい	15.0%
53位	マスコミや広告代理店が世論を誘導しているのは問題だ	14.9%
54位	原発依存を脱するべきだ	14.7%
54位	理性的ではなく感情的に発言・行動する人が増えている	14.7%
56位	新聞·ジャーナリズムがだめになった	14.6%
56位	有給休暇やリモートワークなどによって時間と空間を自由に使う暮らしがしたい	14.6%
58位	男性の家事や育児の時間が短い	14.5%
58位	見合い結婚もいいと思う	14.5%
60位	NHKが民放のようでばかばかしい	14.3%
61位	官僚支配が強すぎる	14.2%
61位	夫婦別姓でもよいようにするべきだ	14.2%

図表2－23　日本認識

(今の日本・これからの日本について、あなたの考えに近いものを以下からいくつでも選んで下さい。複数回答)

1位	年金・医療費など社会保障が不安だ	36.0%
2位	ネット上の誹謗中傷がひどい	34.6%
3位	真面目に働く人がむくわれるべきだ	33.2%
4位	政治家の質・能力が低い	31.5%
5位	何かにつけて文句を言う人（クレーマー）が増えていて困る	29.5%
6位	貧富の差が拡大している	28.3%
7位	自分たちが高齢者になったときに社会がうまくいくか不安だ	28.2%
8位	ブラック企業が多い	27.9%
9位	東京一極集中しすぎている	26.2%
10位	教育にお金がかかりすぎる	24.4%
11位	金持ちの税金を増やすべきだ	24.3%
12位	SNSにより人々の発言が攻撃的になっている	24.1%
13位	一般人の税金を減らすべきである	23.9%
14位	少子化対策は失敗した	23.3%
15位	高齢者がわがままになった	23.0%
16位	お金や経済について教育で十分教えていない	22.6%
17位	安心して老後が暮らせる福祉社会を実現すべきだ	22.4%
18位	個人情報が盗まれそうである	21.1%
19位	コロナなど新型の疫病への対策が遅れている	20.6%
20位	延命のためだけの医療を見直すべきだ	20.3%
21位	外交力が弱い	20.1%
22位	毎日を生きるだけで一杯である	19.7%
22位	テレビがばかばかしい	19.7%
24位	日本の社会に閉塞感（出口が見えない感じ）がある	19.6%
25位	対中国・北朝鮮･韓国政策が軟弱だ	19.4%
26位	高齢者が増えて若い世代が損をする状況がますます拡大する	19.2%
27位	治安が悪化している	19.1%
28位	介護対策が遅れている	18.9%
29位	土地や住宅の値段が高すぎる	18.3%
30位	児童虐待への対策が遅れている	18.1%

92位	正規雇用でも成果が出ない人は解雇したり、代わりに優秀な非正規雇用を正規雇用にしたりすべきだ	9.9%
93位	日本らしい季節感を生活の中にもっと取り戻すべきだ	9.8%
93位	氷河期世代・ロストジェネレーションへの支援が足りない	9.8%
95位	地方に様々な人材を増やし、彼らの働く場を創出すべきだ	9.7%
96位	様々な価値観、文化、人種への寛容性が不足している	9.6%
97位	育児休暇が取りにくい	9.5%
97位	障害者の就労支援をすべきだ	9.5%
99位	生活保護など最低限の生活を維持する政策が不足している	9.4%
99位	国内農業の国際競争力を高めるべきだ	9.4%
101位	インターネット、ゲーム、IT、AI、ロボットなどが進歩していくと人間らしさが減って行ってしまいそうだ	9.3%
102位	細かな規則・文書・禁止事項などが増えて面倒くさい	9.1%
102位	大阪など地方の大都市の人口を増やし東京とバランスをとりながら発展させるべきだ	9.1%
104位	ITの発達で個人のプライバシーがもれたり個人の自由が制限されたりしそうで危険だ	9.0%
105位	学歴偏重社会だ	8.9%
105位	1人当たりGDPを上げて豊かな消費社会を維持・発展すべきだ	8.9%
107位	愛国心をもっと育てるべきだ	8.8%
108位	最低限の所得を保証して過度な競争をしなくていい社会にする	8.7%
109位	恋愛や結婚にはあまり興味がない	8.6%
110位	SNSにより自分と同じような考えの人の意見ばかり見るようになり、視野が狭くなっている	8.5%
111位	学校教育や大学の研究が現実の社会で役に立っていない	8.2%
111位	結婚を増やす政策が遅れている	8.2%
111位	同性婚が認められていないのは問題だ	8.2%
114位	ビジネスのチャンスをもっと広げるべきである	8.1%
115位	経済成長至上主義や効率主義、弱肉強食の考え方が広がりすぎである	7.9%
115位	地方に消費・娯楽拠点を増やすべきだ	7.9%
117位	日本人はのんびりしすぎている	7.8%
118位	大企業がうまく機能しなくなっている	7.6%
118位	民主主義の大事さが軽視されてきている	7.6%
118位	表現の自由をもっと守るべきである	7.6%

63位	女性が政治や経営のトップに少ない	13.9%
64位	貧しくても心の豊かさがある社会にすべきだ	13.7%
65位	強力な政治的リーダーが必要な時代だ	13.6%
66位	生活保護が行き過ぎなので、保護世帯数や支給額を減らしたほうがよい	13.5%
67位	金持ちが社会や文化に貢献していない	13.4%
67位	国内農業保護をすべきだ	13.4%
69位	女性がもっと有利な条件・高い年収で働けるような社会にするべきだ	13.3%
69位	近隣社会でクレームを言う人が増えている	13.3%
69位	結婚はしなくても子どもを差別なく育てられるようにすべきだ	13.3%
72位	日本人にまじめさがなくなってきた	13.0%
73位	個人の価値観・生活などの多様性をもっと認め合うべきだ	12.8%
74位	社会から規律・秩序がなくなっている	12.4%
75位	普通の子どもの能力の底上げをする教育がない	12.0%
75位	働かなくても生きていける社会にしてほしい	12.0%
77位	大手広告代理店などによって流行などが仕組まれているのがイヤである	11.9%
78位	戦争中の日本のことを知らない若い世代が増えているのは危険である	11.8%
79位	正規雇用や非正規雇用の区別をなくして、みんなが能力やライフスタイルに合わせて契約をして働くほうがいよい	11.7%
80位	成功した人をねたむ風潮がある	11.1%
81位	地方の自然やゆったりした生活を維持するべきだ	11.0%
82位	完全な男女平等というのは面倒だ	10.9%
82位	地域のつきあいがわずらわしい	10.9%
82位	コンビニ、ファミレス、ショッピングモールなど全国に同じチェーンが増えたのはつまらない	10.9%
85位	米国依存を脱するべきだ	10.8%
86位	古い街並みを活かしたまちづくりをすべきだ	10.6%
87位	軍事力が弱い	10.5%
88位	失敗するのはその人が悪いという自己責任の考え方が社会に広まり過ぎた	10.3%
89位	社会や法律・制度などが複雑で理解しきれない	10.2%
90位	何歳になっても自由に恋愛をしたり、異性と付き合いたい	10.1%
90位	面と向かって、自分の考えを主張したり、意見をぶつけて議論し合ったりすることがしづらくなった	10.1%

150位	観光産業の促進をすべきだ	5.2%
151位	画一的な大量生産品ではなく、自分に最適なモノやサービスを選べる仕組みをつくってほしい	5.0%
151位	正規雇用になれない人は、正直言って、能力・性格などに理由があると思う	5.0%
153位	大学、高校などを中心にオンライン授業を広めるべきだ	4.7%
154位	都市の防災能力を高めるためにさらに再開発を進めるべきだ	4.6%
155位	これまでに比べて、誰でもやりたいことにチャレンジをすることが社会に受け入れるようになった	4.4%
155位	戦争をするのが仕方がないときもあると思う	4.4%
157位	民主主義だけでは世界の中で勝てない	4.1%
158位	多様化が進みすぎて社会の統一性・共同性が不足している	4.0%
158位	職業や生き方（ライフスタイル等）の選択肢が多くなりすぎて、かえって不安になる	4.0%
160位	個人のプライバシーをある程度犠牲にしても行政や社会を優先すべきことはある	3.8%
161位	3連休が増えたので仕事や勉強の邪魔である	3.7%
162位	若いうちから能力と業績に応じて所得格差を広げるべきだ	3.2%
162位	成果主義の徹底をして、同じ正規雇用でも所得格差を広げたほうがよい	3.2%
164位	住宅地でも自宅を少し改造してお店や教室を開きやすいような制度に変えてほしい	2.9%
165位	おもてなしなどのサービスをもっと充実すべきだ	2.8%
166位	失敗するのはその人の悪いという自己責任の考え方が社会に足りない	2.6%
167位	外国人観光客を増やすべきだ	2.5%
168位	個人のプライバシーがある程度外部にもれても、生活が便利になるほうがよい	2.3%
169位	外国人労働者をもっと増やすべきだ	2.2%
169位	日本の社会は、ゆるやかではあるが、良い方向に進んでいると思う	2.2%
171位	東京の世界都市化を進めるべきだ	1.9%
172位	シェアハウスに住むなど、他人とも家族のように暮らしたい	1.8%
173位	政治のことは政治家や官僚等に任せておけばよい	1.2%

出所：下流社会15年後研究会「現代日本人の意識と価値観調査」2020

121位	新しい技術で生活をもっと便利で快適にするべきだ	7.5%
122位	地域・近隣社会の豊かさをもっとつくっていくべきだ	7.3%
123位	いろいろな分野で管理が強まっており息苦しい	7.2%
124位	ベンチャー企業や新しい企業が十分に育っていない	7.1%
125位	二大政党制などの新しい政治体制が実現しないのは問題だ	7.0%
125位	新しい技術が次々登場して、ついていけない	7.0%
127位	中高年になってから離婚して、個人として自由に生きるという「卒婚」が増えるだろう	6.9%
128位	結婚はするべきだし子どもは産むべきだ	6.8%
128位	マニュアル通りの話し方・対応しかしない人が増えていて腹が立つ	6.8%
130位	地域コミュニティが崩壊している	6.7%
130位	一夫一婦制にこだわらない生き方があってもよい	6.7%
130位	近隣の人とのコミュニケーションが足りない	6.7%
133位	再開発が高層オフィスとマンションなどワンパターンで面白くない	6.5%
133位	個人の自由が拡大しすぎている	6.5%
133位	男性の育児休暇を義務にするべきだ	6.5%
136位	AI、ロボットなどで自分の仕事がなくなりそうで不安だ	6.4%
136位	AI、ロボットなどにどんどん仕事を任せたほうがよい	6.4%
136位	男らしさ・女らしさがなくなりすぎである	6.4%
136位	自分の発言や行動がインターネットを通じて誰かにつかまれているかと思うと、発言や行動を控えることがある	6.4%
140位	親子が近くに住むなど、ゆるやかに大家族的に暮らしたい	6.3%
140位	気軽に立ち寄れる居場所がない	6.3%
142位	どんな職業がこれから必要になり求人も増えるかを、つねに教えてほしい	6.0%
143位	離婚はできるだけすべきではない	5.9%
143位	マイナンバーの普及を徹底するべきだ	5.9%
143位	コンビニ、ファミレス、ショッピングモールなど全国に同じチェーンが増えたことは良いことだ	5.9%
143位	農業もしながら暮らしたい	5.9%
147位	表現の自由に行きすぎたところがあるので、ある程度制限したほうがよい	5.8%
148位	社会を多方面でリードする真のエリートを増やす教育がされていない	5.5%
149位	国民はデモ・演説・YouTubeなどでもっと政治的な発言をするべきだ	5.3%

個人のプライバシーがある程度外部にもれても、
生活が便利になるほうがよい……………………2・3%
個人のプライバシーをある程度犠牲にしても
行政や社会を優先すべきことはある………………3・8%

などであり、プライバシーへの意識は高く、政治家任せでもないことがわかる。
また、競争主義、成果主義、新自由主義的な価値観には抵抗がある。

失敗するのはその人が悪いという自己責任の考え方が社会に足りない………2・6%
若いうちから能力と業績に応じて所得格差を広げるべきだ…………………3・2%
成果主義の徹底をして、同じ正規雇用でも所得格差を広げたほうがよい……3・2%

加えて、グローバル化や外国人の増加にも積極的ではない。つまりいわゆる「内向き」である。

東京の世界都市化を進めるべきだ……………1・9%
外国人労働者をもっと増やすべきだ…………2・2%
外国人観光客を増やすべきだ………………2・5%

また「民主主義の大事さが軽視されてきている」は7・6%、「民主主義だけでは世界の中で勝てない」は4・1%であり、どちらも数は多くなく、両者のバランスも良いのか悪いのか判断がなかなか難しい。おそらく民主主義は当然の前提として認識されており、それが今の政治で軽視されているかといったところまでは一般人は考えないということであろう。

このように国民全体としては、**民主主義を議論するほど危機を感じてはいないが、プライバシー意識（私権意識）は高く、政治家任せでもなく、競争主義、成果主義、グローバル化には否定的である**。政治の世界やマスコミに出てくる評論家などの主張とは反対である。小泉政権以降、現在に至るまで展開されてきた自民党の政策とも矛盾する。これは国民の意識が政治に反映されていないということであろうか。

一見すると現在の国民は、投票率も低く、政治は政治家任せであり、競争主義、成果主義、グローバル化にもさほど否定的だとは思えないが、それは時代に流されているだけで、本音ではそれらに疑問を持っているということかもしれない。

ちなみに男女別では、男性は外交力、軍事力の弱さを挙げる人が女性より多く、また、経済力を高めるべきだという回答が多い（**図表2‐24**）。

女性のほうが多いのは年金・医療など社会保障や高齢社会の不安、および結婚しなくても幸せに生きられる社会、夫婦別姓、男性の家事や育児など結婚関連である。

また、年齢別に見ると、45～54歳は近隣諸国などとの外交・軍事問題に関心が高く、治安、礼儀、税制などにも関心が強い。逆に25～34歳は差別、子育て、働き方に関する回答が中心である（**図表2‐25**）。

「中」と「中の下」の間に格差がある

こうした日本認識を、階層意識４段階別に集計してみる。「下」が「上」より多い順に並べてみた（**図表2‐26**）。
すると**「毎日を生きるだけで一杯である」が「下」では41％もあり、「上」との差が34ポイントもあった**。「上」なのに「一杯」とは解《げ》せないかもしれないが、たとえば飲食店チェーンの社長がコロナで困っているという例も考えられるので、７％という数字は妥当だろう。また「中の下」も27％が「一杯」であり、「中」と「中の下」の間にある格差も大きい。

同じように「失業者対策が不足」「貧富の差が拡大」「金持ちの税金を増やすべき」「ブラック企業が多い」「個人が夢や希望を持てなくなった」も「中の下」と「中の下」の間で差が開いている。

また「生活保護など最低限の生活を維持する政策が不足している」や、ベーシックインカムを想定した「最低限の所得を保証して過度な競争をしなくていい社会にする」や「障害者の就労支援をすべきだ」などは「下」では多いが、「上」や「中」では少ない。中流以上の人たちは自分たちの所得を下げて下流に回すことには賛成していないと想像される。

このように「中」と「中の下」の間の格差が他の質問への回答でもしばしば見られる。これがいわゆる「分断」であろうか。

高年収男性は自己責任論的、新自由主義的

次に、年収別に日本認識の違いを見てみる。結果は男女差が大きかったので、男女別に見る。

		男性	女性	男女差(ポイント)
女性が多い	個人情報が盗まれそうである	17%	26%	-9
	ネット上の誹謗中傷がひどい	30%	39%	-9
	女性が政治や経営のトップに少ない	9%	19%	-10
	夫婦別姓でもよいようにするべきだ	9%	19%	-10
	SNSにより人々の発言が攻撃的になっている	19%	29%	-10
	児童虐待への対策が遅れている	13%	23%	-11
	安心して老後が暮らせる福祉社会を実現すべきだ	17%	28%	-11
	自分たちが高齢者になったときに社会がうまくいくか不安だ	22%	35%	-13
	女性がもっと有利な条件・高い年収で働けるような社会にするべきだ	7%	20%	-13
	男性の家事や育児の時間が短い	8%	21%	-13
	結婚しなくても幸せに生きられる社会にするべきだ	10%	23%	-14
	年金・医療費など社会保障が不安だ	28%	44%	-16

出所：下流社会15年後研究会「現代日本人の意識と価値観調査」2020

図表2－24　日本認識・男女別

		男性	女性	男女差（ポイント）
男性が多い	**外交力が弱い**	24%	16%	8
	軍事力が弱い	14%	7%	6
	新聞・ジャーナリズムがだめになった	18%	12%	6
	1人当たりGDPを上げて豊かな消費社会を維持・発展すべきだ	12%	6%	6
	ベンチャー企業や新しい企業が十分に育っていない	10%	4%	6
	国内農業の国際競争力を高めるべきだ	12%	7%	5
	戦争をするのが仕方がないときもあると思う	7%	2%	5
	対中国・北朝鮮・韓国政策が軟弱だ	22%	17%	5
	愛国心をもっと育てるべきだ	11%	7%	5
女性が多い	礼儀作法や日本語が乱れている	14%	19%	-6
	元気なうちは何歳になっても働きたい	12%	18%	-6
	延命のためだけの医療を見直すべきだ	18%	23%	-6
	何かにつけて文句を言う人（クレーマー）が増えていて困る	27%	33%	-6
	高齢者が増えて若い世代が損をする状況がますます拡大する	16%	22%	-6
	見合い結婚もいいと思う	11%	18%	-6
	同性婚が認められていないのは問題だ	5%	12%	-6
	教育にお金がかかりすぎる	21%	28%	-7
	コロナなど新型の疫病への対策が遅れている	17%	25%	-8
	介護対策が遅れている	15%	23%	-8
	真面目に働く人がむくわれるべきだ	29%	37%	-8
	まわりの目や声が気になる生きづらい世の中になった	13%	22%	-8
	地球温暖化・異常気象・省エネなどへの対策が遅れている	13%	21%	-9
	LGBT（同性愛など）の差別をなくすべきだ	13%	22%	-9

	合計	25〜34歳	35〜44歳	45〜54歳	25〜34歳と45〜54歳の差(ポイント)
AI、ロボットなどにどんどん仕事を任せたほうがよい	6.4%	8.4%	6.0%	5.3%	-3.1
自分の発言や行動がインターネットを通じて誰かにつかまれているかと思うと、発言や行動を控えることがある	6.4%	7.4%	7.1%	5.1%	-2.3
恋愛や結婚にはあまり興味がない	8.6%	9.7%	9.0%	7.4%	-2.3
結婚しなくても幸せに生きられる社会にするべきだ	16.3%	16.9%	17.6%	14.8%	-2.1
どんな職業がこれから必要になり求人も増えるかを、つねに教えてほしい	6.0%	6.9%	6.5%	4.8%	-2.1
結婚を増やす政策が遅れている	8.2%	9.4%	8.1%	7.4%	-2.0

出所：下流社会15年後研究会「現代日本人の意識と価値観調査」2020

図表2－25　日本認識 年齢別（45～54歳と25～34歳との差が大きい順）

	合計	25～34歳	35～44歳	45～54歳	25～34歳と45～54歳の差(ポイント)
人数	2523	714	869	949	
45～54歳が25～34歳より多い					
年金・医療費など社会保障が不安だ	36.0%	28.0%	36.6%	41.4%	13.4
対中国・北朝鮮・韓国政策が軟弱だ	19.4%	12.2%	19.1%	25.2%	13.0
治安が悪化している	19.1%	11.2%	20.5%	23.7%	12.5
礼儀作法や日本語が乱れている	16.5%	9.4%	16.6%	21.7%	12.3
真面目に働く人がむくわれるべきだ	33.2%	25.8%	34.0%	38.0%	12.2
政治家の質・能力が低い	31.5%	24.4%	32.8%	35.6%	11.2
コロナなど新型の疫病への対策が遅れている	20.6%	14.7%	19.8%	25.7%	11.0
金持ちの税金を増やすべきだ	24.3%	17.5%	25.6%	28.1%	10.6
公務員を減らすべきである	15.2%	9.2%	15.0%	19.8%	10.6
外交力が弱い	20.1%	14.8%	19.0%	25.1%	10.3
45～54歳が25～34歳より少ない					
同性婚が認められていないのは問題だ	8.2%	12.2%	7.1%	6.3%	-5.9
育児休暇が取りにくい	9.5%	12.5%	9.8%	7.0%	-5.5
働かなくても生きていける社会にしてほしい	12.0%	14.7%	12.7%	9.3%	-5.4
有給休暇やリモートワークなどによって時間と空間を自由に使う暮らしがしたい	14.6%	17.8%	13.5%	13.3%	-4.5
男性の育児休暇を義務にするべきだ	6.5%	9.2%	5.8%	5.0%	-4.2
LGBT（同性愛など）の差別をなくすべきだ	17.0%	18.9%	17.7%	14.9%	-4.0
男性の家事や育児の時間が短い	14.5%	16.1%	15.6%	12.4%	-3.7
子どもの教育・保育・貧困問題などへの支援が足りない	17.2%	18.3%	19.0%	14.8%	-3.5

図表2－26　日本認識 階層意識別

	上	中	中の下	下	「下」と「上」の差（ポイント）
人数	383	1,002	744	271	
毎日を生きるだけで一杯である	7%	13%	27%	41%	34
失業者対策が不足している	7%	14%	21%	29%	22
貧富の差が拡大している	21%	23%	33%	42%	21
金持ちの税金を増やすべきだ	16%	21%	28%	35%	19
ブラック企業が多い	22%	25%	31%	39%	17
個人が夢や希望を持てなくなった	15%	13%	20%	31%	15
生活保護など最低限の生活を維持する政策が不足している	7%	7%	10%	20%	14
最低限の所得を保証して過度な競争をしなくていい社会にする	5%	7%	10%	18%	13
個人情報が盗まれそうである	17%	19%	23%	30%	13
正規雇用と非正規雇用の所得・処遇・休暇などの格差を減らすべきだ	13%	12%	19%	25%	12
東京一極集中しすぎている	24%	24%	27%	36%	12
サラリーマン以外の働き方をしても安心して生きられるようにすべきだ	16%	16%	17%	28%	12
一般人の税金を減らすべきである	19%	21%	27%	31%	12
障害者の就労支援をすべきだ	7%	7%	10%	19%	11
日本の社会に閉塞感（出口が見えない感じ）がある	18%	17%	21%	29%	11
今の時代には空虚感(むなしさ)がある	13%	14%	18%	24%	11
道徳教育が不足している	13%	14%	18%	24%	11
お金や経済について教育で十分教えていない	21%	20%	24%	31%	11
年金・医療費など社会保障が不安だ	31%	34%	39%	41%	11
セクハラ、パワハラが多い	12%	16%	20%	23%	10
正規雇用や非正規雇用の区別をなくして、みんなが能力やライフスタイルに合わせて契約をして働くほうがよい	9%	10%	13%	19%	10

出所：下流社会15年後研究会「現代日本人の意識と価値観調査」2020

男性の高年収の人が低年収の人より多いものとしては「生活保護が行き過ぎなので、保護世帯数や支給額を減らしたほうがよい」「正規雇用になれない人は、正直言って、能力・性格などに理由があると思う」といった項目があり、かなり自己責任論的、新自由主義的である（図表２‐27）。現在の政府の諮問委員などは大体このタイプであろう。

「男らしさ・女らしさがなくなりすぎである」「親子が近くに住むなど、ゆるやかに大家族的に暮らしたい」「結婚はするべきだし子どもは産むべきだ」という、いわゆる「保守的」な価値観も年収が高いほど強い。

他方、低年収の人のほうが多いものとしては、「貧富の差が拡大している」「働かなくても生きていける社会にしてほしい」「毎日を生きるだけで一杯である」「ブラック企業が多い」「正規雇用と非正規雇用の所得・処遇・休暇などの格差を減らすべきだ」「生活保護など最低限の生活を維持する政策が不足している」「失業者対策が不足している」「最低限の所得を保証して過度な競争をしなくていい社会にする」など、雇用・労働に関する項目が上位を占める。

図表2－27　日本認識 男性年収別（年収による差が大きい順）

	合計	200万円未満	200～400万円未満	400～600万円未満	600万円以上	200万円未満と600万円以上の差（ポイント）
人数	1,282	263	292	340	329	
高年収のほうが多いもの						
生活保護が行き過ぎなので、保護世帯数や支給額を減らしたほうがよい	13%	8%	12%	14%	16%	8
消費者がいばりすぎている	17%	11%	20%	17%	17%	7
元気なうちは何歳になっても働きたい	12%	10%	14%	12%	15%	5
正規雇用になれない人は、正直言って、能力・性格などに理由があると思う	7%	4%	7%	7%	9%	5
対中国・北朝鮮・韓国政策が軟弱だ	22%	19%	20%	21%	24%	5
マイナンバーの普及を徹底するべきだ	8%	6%	8%	7%	11%	5
男らしさ・女らしさがなくなりすぎである	7%	5%	9%	4%	10%	4
低年収の人のほうが多いもの						
貧富の差が拡大している	27%	36%	30%	24%	19%	-17
働かなくても生きていける社会にしてほしい	12%	23%	11%	9%	6%	-16
毎日を生きるだけで一杯である	17%	24%	22%	16%	9%	-15
恋愛や結婚にはあまり興味がない	7%	17%	7%	4%	3%	-14
ブラック企業が多い	28%	35%	33%	25%	21%	-14
正規雇用と非正規雇用の所得・処遇・休暇などの格差を減らすべきだ	15%	22%	18%	10%	10%	-12
生活保護など最低限の生活を維持する政策が不足している	10%	18%	11%	5%	6%	-12
失業者対策が不足している	15%	21%	18%	12%	9%	-12
最低限の所得を保証して過度な競争をしなくていい社会にする	9%	15%	11%	7%	4%	-11
結婚しなくても幸せに生きられる社会にするべきだ	10%	16%	8%	8%	6%	-10
LGBT（同性愛など）の差別をなくすべきだ	13%	18%	14%	10%	9%	-9

出所：下流社会15年後研究会「現代日本人の意識と価値観調査」2020

竹中平蔵みたいな高年収女性の日本認識

年収による日本認識の差は、男性以上に女性の中で大きく見られる（図表２-28）。年収の高い女性はかなり新自由主義的であり、競争主義的な傾向がある。男性よりも女性のほうが、競争力がないと年収を高めることができない世の中だからであろう。先述した人生観で年収が高めの未婚女性で「利志向」が強いことも関連していそうである。

年収６００万円以上の女性が２００万円未満の女性よりも多い項目を見ると、サンプル数47人と参考値ではあるが、「日本人はのんびりしすぎている」「外交力が弱い」「正規雇用になれない人は、正直言って、能力・性格などに理由があると思う」「強力な政治的リーダーが必要な時代だ」「１人当たりＧＤＰを上げて豊かな消費社会を維持・発展すべきだ」「ビジネスのチャンスをもっと広げるべきである」「若いうちから能力と業績に応じて所得格差を広げるべきだ」「生活保護が行き過ぎなので、保護世帯数や支給額を減らしたほうがよい」「延命のためだけの医療を見直すべきだ」などが上がっており、これだけ見ると竹中平蔵みたいである。

こういう、激しい競争主義的価値観でないと女性は高年収を得にくい社会環境なのであろう。想像に過ぎないが、自民党の女性議員の中にもこういう価値観の人は多いのではないか

図表2−28　日本認識 女性年収別（年収による差が大きい順）

	女性全体	200万円未満	200〜400万円未満	400〜600万円未満	600万円以上	600万円以上と200万円未満の差（ポイント）
人数	1,241	743	288	93	47	
有給休暇やリモートワークなどによって時間と空間を自由に使う暮らしがしたい	17%	14%	21%	29%	36%	23
日本人はのんびりしすぎている	8%	7%	8%	5%	23%	17
外交力が弱い	16%	15%	15%	20%	32%	17
正規雇用になれない人は、正直言って、能力・性格などに理由があると思う	3%	3%	2%	4%	19%	16
何かにつけて文句を言う人（クレーマー）が増えていて困る	33%	33%	29%	37%	49%	16
新聞・ジャーナリズムがだめになった	12%	11%	10%	14%	26%	14
細かな規則・文書・禁止事項などが増えて面倒くさい	9%	7%	7%	14%	21%	14
強力な政治的リーダーが必要な時代だ	11%	11%	9%	15%	23%	12
1人当たりGDPを上げて豊かな消費社会を維持・発展すべきだ	6%	5%	6%	7%	17%	12
テレビがばかばかしい	19%	20%	15%	16%	32%	12
社会から規律・秩序がなくなっている	13%	12%	13%	15%	23%	12
ビジネスのチャンスをもっと広げるべきである	6%	6%	4%	5%	17%	11
AI、ロボットなどにどんどん仕事を任せたほうがよい	5%	4%	4%	12%	15%	11
古い街並みを活かしたまちづくりをすべきだ	11%	11%	9%	16%	21%	10
若いうちから能力と業績に応じて所得格差を広げるべきだ	3%	3%	3%	0%	13%	10

出所：下流社会15年後研究会「現代日本人の意識と価値観調査」2020

（自民党男性議員より多いというわけではないが）。

念のため、年収６００万円以上の人で男女による日本認識の差を見ておく（図表2‐29）。すると、女性の年収差別集計で差が大きかった項目が、男女差にも表れている。これらの項目は高年収女性独特のものだと言える。

網をかけた項目はジェンダー問題に関するものである。これはキャリア女性として当然であろう。

なお、低年収女性が高年収女性よりも多い項目は、男性の場合と似ているので表は載せないが、男性より多いものとしては「教育にお金がかかりすぎる」「自分たちが高齢者になったときに社会がうまくいくか不安だ」「年金・医療費など社会保障が不安だ」「インターネット、ゲーム、ＩＴ、ＡＩ、ロボットなどが進歩していくと人間らしさが減って行ってしまいそうだ」「男性の家事や育児の時間が短い」「正規雇用や非正規雇用の区別をなくして、みんなが能力やライフスタイルに合わせて契約をして働くほうがよい」「児童虐待への対策が遅れている」という項目がある。女性のほうが子育て、教育、社会保障、人間性への関心が強いと言えそうである。

図表2−29　日本認識 年収600万円以上の人の男女差（女性が多い順）

	男性	女性	差（ポイント）
人数	329	47	
何かにつけて文句を言う人（クレーマー）が増えていて困る	23%	49%	26
有給休暇やリモートワークなどによって時間と空間を自由に使う暮らしがしたい	13%	36%	23
結婚しなくても幸せに生きられる社会にするべきだ	6%	28%	21
SNSにより人々の発言が攻撃的になっている	18%	38%	21
延命のためだけの医療を見直すべきだ	16%	34%	18
地球温暖化・異常気象・省エネなどへの対策が遅れている	13%	28%	15
テレビがばかばかしい	18%	32%	14
日本人はのんびりしすぎている	10%	23%	14
年金・医療費など社会保障が不安だ	25%	38%	13
社会から規律・秩序がなくなっている	10%	23%	13
古い街並みを活かしたまちづくりをすべきだ	8%	21%	13
LGBT（同性愛など）の差別をなくすべきだ	9%	21%	13
夫婦別姓でもよいようにするべきだ	6%	19%	13
まわりの目や声が気になる生きづらい世の中になった	11%	23%	13
見合い結婚もいいと思う	13%	26%	12
今の時代には空虚感（むなしさ）がある	13%	26%	12
ネットなどにより個人のプライバシーが侵害され始めている	11%	23%	12
日本の社会に閉塞感（出口が見えない感じ）がある	18%	30%	12
正規雇用でも成果が出ない人は解雇したり、代わりに優秀な非正規雇用を正規雇用にしたりすべきだ	8%	19%	12
結婚はしなくても子どもを差別なく育てられるようにすべきだ	9%	19%	11
正規雇用になれない人は、正直言って、能力・性格などに理由があると思う	9%	19%	10
細かな規則・文書・禁止事項などが増えて面倒くさい	11%	21%	10
介護対策が遅れている	13%	23%	10
女性がもっと有利な条件・高い年収で働けるような社会にするべきだ	7%	17%	10

出所：下流社会15年後研究会「現代日本人の意識と価値観調査」2020

＊＊＊

ここまで見てきたように、日本認識については、階層差、年収差、そして男女差が顕著である。単なる「違い」を「分断」と言うのは私は好きではないのだが、これらの結果を見るとたしかに階層、年収、男女による認識の差は大きいと言わざるを得ない。

第3章

「強さ」を求める時代——安倍政権8年を誰が支えたのか

3・1　属性別に見た安倍政権評価

女性は安倍をあまり好きではない

2005年9月に刊行された『下流社会』がベストセラーになってから2020年9月に安倍晋三が首相を辞任するまでの15年間は、驚くべきことに、彼が半分以上の期間、政権を担った。下流社会化を促進する形で安倍政権は存続した。

そこで本調査では、第二次安倍政権の約8年間の評価をたずねることにした（**図表3-1**）。全体では「評価する」9・6％、「まあ評価する」30・6％で、「評価する合計」が40・2％。「どちらでもない」が28％、「あまり評価しない」15・7％、「評価しない」16・1％で、「評価しない合計」が31・8％だった。

つまり、だいたい評価4割、非評価3割、どちらでもない3割という結果である。NHKの世論調査でも2020年の平均が39％なので今回の私の調査で出た40％は妥当だと言える。

男女別では、男性のほうが安倍評価は高い。男性は「評価する」13％、「まあ評価する」

図表3－1　安倍政権評価 男女年齢別および「評価する合計」と「評価しない合計」の割合

	人数	評価する合計	どちらでもない	評価しない合計	評価する合計/評価しない合計
合計	2,523	40%	28%	32%	1.3
男性	1,282	46%	23%	32%	1.4
女性	1,241	35%	34%	32%	1.1
男性25～29歳	177	47%	34%	19%	2.5
男性30～34歳	185	44%	28%	28%	1.6
男性35～39歳	209	46%	22%	33%	1.4
男性40～44歳	228	46%	23%	31%	1.5
男性45～49歳	268	46%	16%	37%	1.2
男性50～54歳	215	44%	17%	39%	1.1
女性25～29歳	184	42%	38%	24%	1.8
女性30～34歳	168	31%	41%	28%	1.1
女性35～39歳	193	38%	37%	24%	1.6
女性40～44歳	230	31%	31%	38%	0.8
女性45～49歳	265	38%	26%	36%	1.1
女性50～54歳	201	29%	33%	38%	0.8

注：小数点以下省略のため合計が100にならないことがある。
出所：下流社会15年後研究会「現代日本人の意識と価値観調査」2020

33％、女性では「評価する」6％、「まあ評価する」28％である。「評価しない合計」に男女差はほとんどなく、「どちらでもない」割合が男性で23％、女性で34％と、女性のほうがかなり多い。つまり女性は評価・非評価・どちらでもないがほぼ3分の1ずつである。

若い世代は安倍政権への評価が多いのではなく、評価しない人が少ない

若い世代は安倍支持・自民党支持だと言われるが、私の調査の結果ではそうならなかった。安倍政権を「評価する合計」(「評価する」と「まあ評価する」の合計)に年齢差はあまりない。ただし「評価しない合計」(「あまり評価しない」と「評価しない」の合計)は若いほど少ないのである。

そのため、「評価しない合計」に対する「評価する合計」の割合は、50〜54歳男性では1・2倍なのに対して、25〜29歳男性では2・5倍である。女性も40〜54歳では1倍前後だが、25〜29歳では1・8倍である。評価しない人が少ないために評価する人が多く見える、というのが若者における安倍政権評価が高く見える理由であろう(注5)。

かつ、若年の「どちらでもない」人が「あえて言えば評価するか評価しないかどちらか回答しろ」と言われれば、評価するほうが多くなるだろう。実際、マスコミによる内閣支持率調査では「どちらでもない」という選択肢がない場合もあるので、「どちらでもない」人が「評価」に多めに傾き、結果として若者は安倍支持率が高いという結果になるのであろう。

そして、年齢が上がるほど経済格差は開くから、いわゆる勝ち組と負け組が分かれて、安倍政権を評価する人も評価しない人も増えて旗幟《きし》鮮明になっている。だとすれば、現在の若

者が20年後に中年になったとき、おそらく階層格差は今より拡大し、今は政治的無党派層でありつつ何とか中流でいられる状態から下流に落ちていく人々が増え、上流が支持し下流が支持しない政治というものが今よりさらに拡大する可能性も高い（アメリカを見ればそうである）。

注5：選挙や政党支持に関するアンケート調査の分析の専門家である三《み》春《はる》充《みつ》希《き》も２０１９年7月に行われた第25回参議院選挙を分析して、「年齢別の政党支持率を集計すると『若者の多くは支持するものを持たない』と言うほうが正しい。選択的夫婦別姓や同性婚に関する世論調査、内閣府が実施する外交に関する世論調査などの個別のテーマでも、若者のリベラルな側面というのは多く見られる」と述べている。グラフ（**図表３‐２**）を見ると30代以下では明らかに自民党支持が少ない。しかし野党支持も少なく、多いのは「支持政党なし」や「わからない」であると述べている。

男性1人暮らしで評価が高いがシングルマザーでは低い

家族類型別では単独世帯で「まあ評価する」が多く、特に男性の25～34歳の単独世帯では44％と多い（**図表３‐３**）。若くて一人暮らしができるだけの年収のある男性はある程度勝

図表3−2　25回参院選全国意識調査 政党支持率

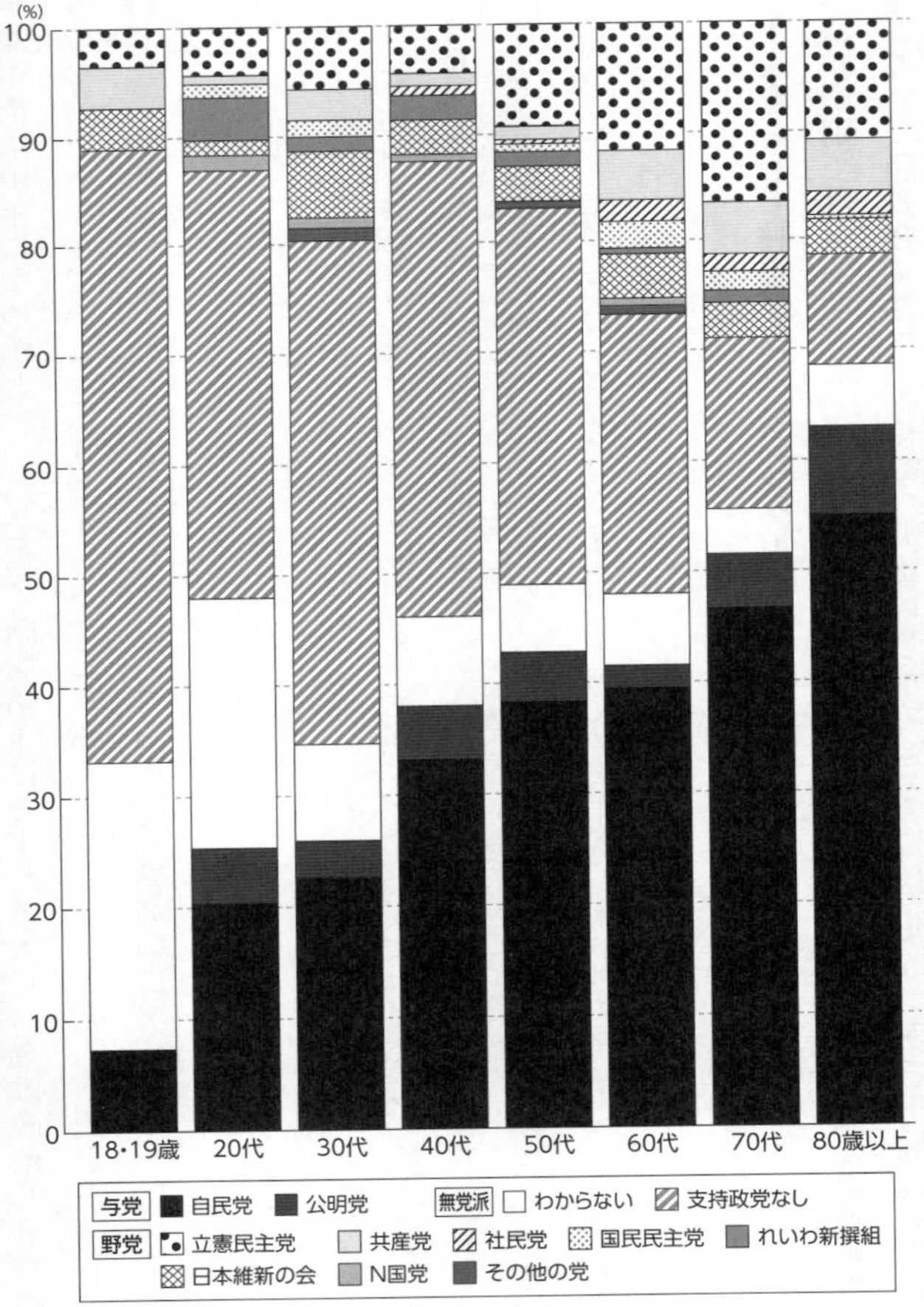

出所：三春充希（みらい選挙プロジェクト）Facebook
https://www.facebook.com/100002037321786/posts/3954429141301624/

図表3−3　安倍政権評価 家族類型別

		人数	評価する	まあ評価する	どちらでもない	あまり評価しない	評価しない
全体	合計	2523	10%	31%	28%	16%	16%
	単独世帯	437	11%	35%	27%	13%	15%
男性 25〜34歳	単独世帯	87	8%	44%	35%	9%	5%
全体	夫婦のみの世帯	280	9%	28%	30%	15%	19%
	夫婦と未婚の子のみの世帯	1235	10%	30%	29%	16%	16%
	ひとり親と未婚の子のみの世帯	220	10%	26%	25%	21%	19%
女性 25〜34歳	ひとり親と未婚の子のみの世帯	24	4%	8%	46%	25%	17%

出所：下流社会15年後研究会「現代日本人の意識と価値観調査」2020

ち組意識があり、安倍政権評価も高いということであろう（後述するように年収が高いほど安倍政権評価も高い）。

対して「ひとり親と未婚の子のみの世帯」（いわゆるシングルマザー、シングルファーザー）では評価は低く、特に**25〜34歳のシングルマザーでは「評価する合計」が12%**しかない。

無党派層で安倍政権を評価した人の影響力は大きい

また本調査では「あなたは政治的には特に支持政党のない、いわゆる『無党派層』ですか」と尋ね、「自民党支持である」「やや自民党支持である」「無党派である」「やや自民党不支持である」「自民党不支持である」から選んでもらった。

結果は「自民支持」「やや自民支持」は合計で29％であり、安倍政権を「評価する合計」よりも少ない。つまり、自民支持層でない人も安倍政権を評価したことになる。

政党支持傾向別に安倍政権評価を集計すると、「無党派」でも安倍政権を「評価する合計」が25％いる。「無党派」は実数では２５２３人中１３９６人と多いから、「無党派」の「評価する合計」は実数で４０２人を占める。自民党支持層で安倍政権を「評価する合計」は５７８人であるから、「無党派」だが安倍政権を評価する人たちの影響力は大きい。

高学歴女性は安倍政権評価が低い

学歴による差を見ると、男性は学歴が高まるほど安倍政権評価が高まる。女性にもややその傾向があるが、大学院修了者では安倍政権評価は低下する（図表３-４）。

具体的に見ると、男性は大学院修了者で「評価する合計」が56％にも上り、上位大卒（四年制大学全体の上位3分の1の大学卒業者と自己申告した人）では51％である。

対して、学歴が下がるほど「評価しない合計」が増える。下位大卒では評価する合計40％、評価しない合計30％、短大・専門学校では評価する合計46％、評価しない合計34％、高卒以

図表3−4　安倍政権評価　男女学歴別

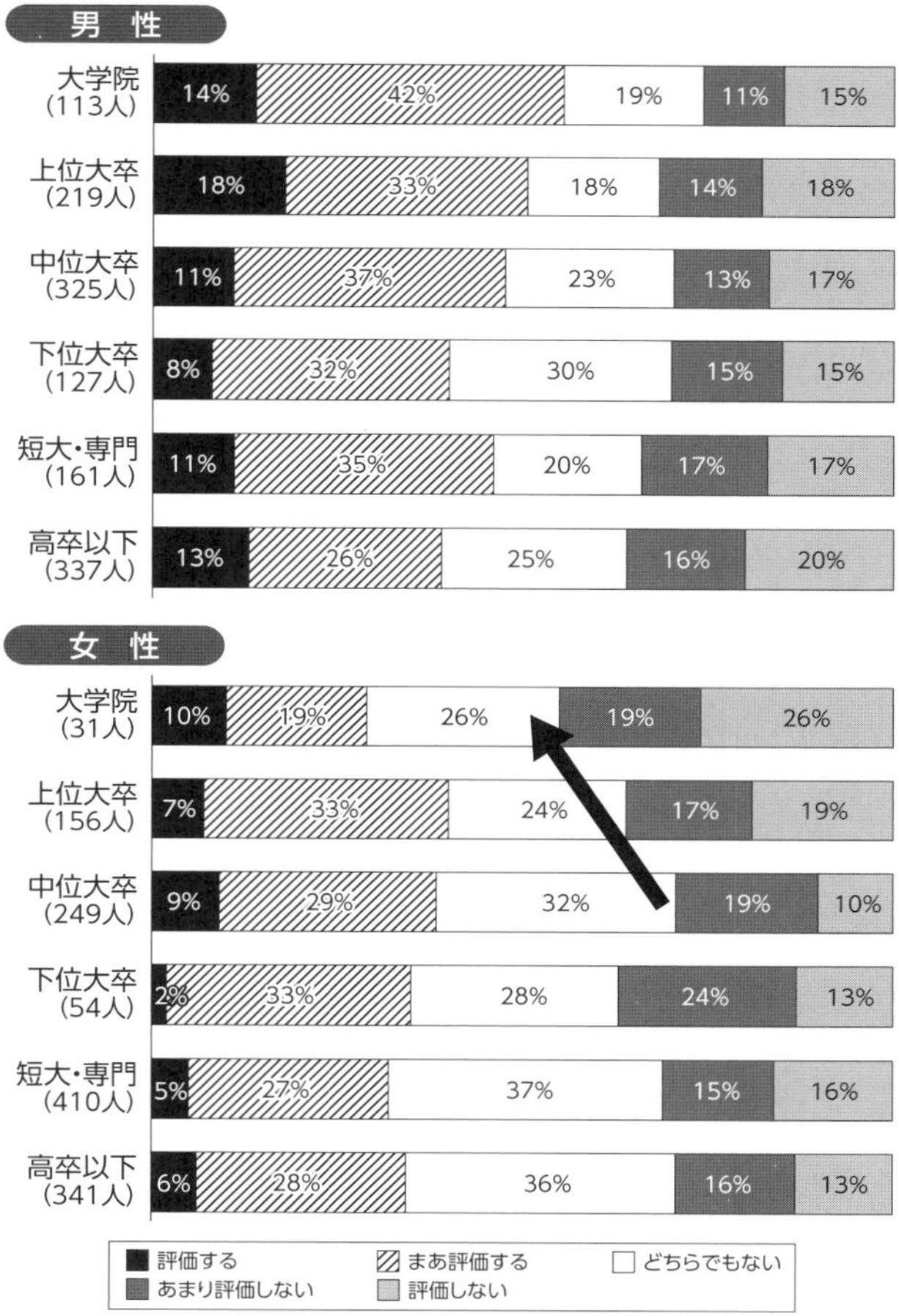

出所：下流社会15年後研究会「現代日本人の意識と価値観調査」2020

下では評価する合計39%、評価しない合計36%である（それでも評価のほうが多いのであるが）。

下位大学卒より短大・専門学校卒のほうで安倍政権評価が高いのは、短大・専門学校卒では年収400万円以上の人が多く、特に年収600万円以上の人で安倍政権を評価する人が多かったからであろう。

たしかに、三流大学を卒業するより、自分の好きなことで手に職をつけたほうが年収が上がることはしばしばある。それが結果として安倍政権評価につながるようである。

一方、**女性は、大学院修了者は安倍政権を「評価する合計」が29%しかない**。反対に「評価しない合計」が45%もある。

上位大卒では「評価する合計」が40%であるが、「評価しない合計」も36%ある。中位大卒では「評価する合計」が38%で、「評価しない合計」が29%である。**男女とも上位大卒以上は安倍政権を評価する人は多いが、評価しない人も多い**のである。

そして学歴が低めの人たちは男女ともに「どちらでもない」が多くなりがちである。学歴が低い人は年収が低い人が多く、非正規雇用が多いはずであるが、それでも「評価しない」が増えるのではなく、「どちらでもない」が多いのである。これは安倍氏自身が上位大卒ではないことが関連しているのかもしれない。

高年収ほど評価する人も評価しない人も増える

安倍政権評価を男女年収別に見ると、男性は年収が上昇するほど安倍政権評価が上がる傾向がある（**図表3-5**）。

600万円以上の男性は「評価する」だけでも17％いる。ただし「まあ評価する」は33％であり、400万～600万円未満より少ないし、「評価しない合計」が年収200万～400万円未満の層と同じ程度に多い。高年収の男性ほど評価するも評価しないも多いのである。

女性は400万～600万円未満で「評価する合計」が46％と男性並みとなる。しかし600万円以上になると男性と同様に評価する人が減り、評価しない人が41％と、最も多くなる。

また、**男女ともに年収600万円以上の人たちは年収400万円以上600万円未満の人よりも安倍政権を評価する人が減り、評価しない人が増える。**これは先ほどの学歴別の集計において学歴が上がるほど評価する人もしない人も増えるという傾向と同じである。

図表3－5　安倍政権評価 男女年収別

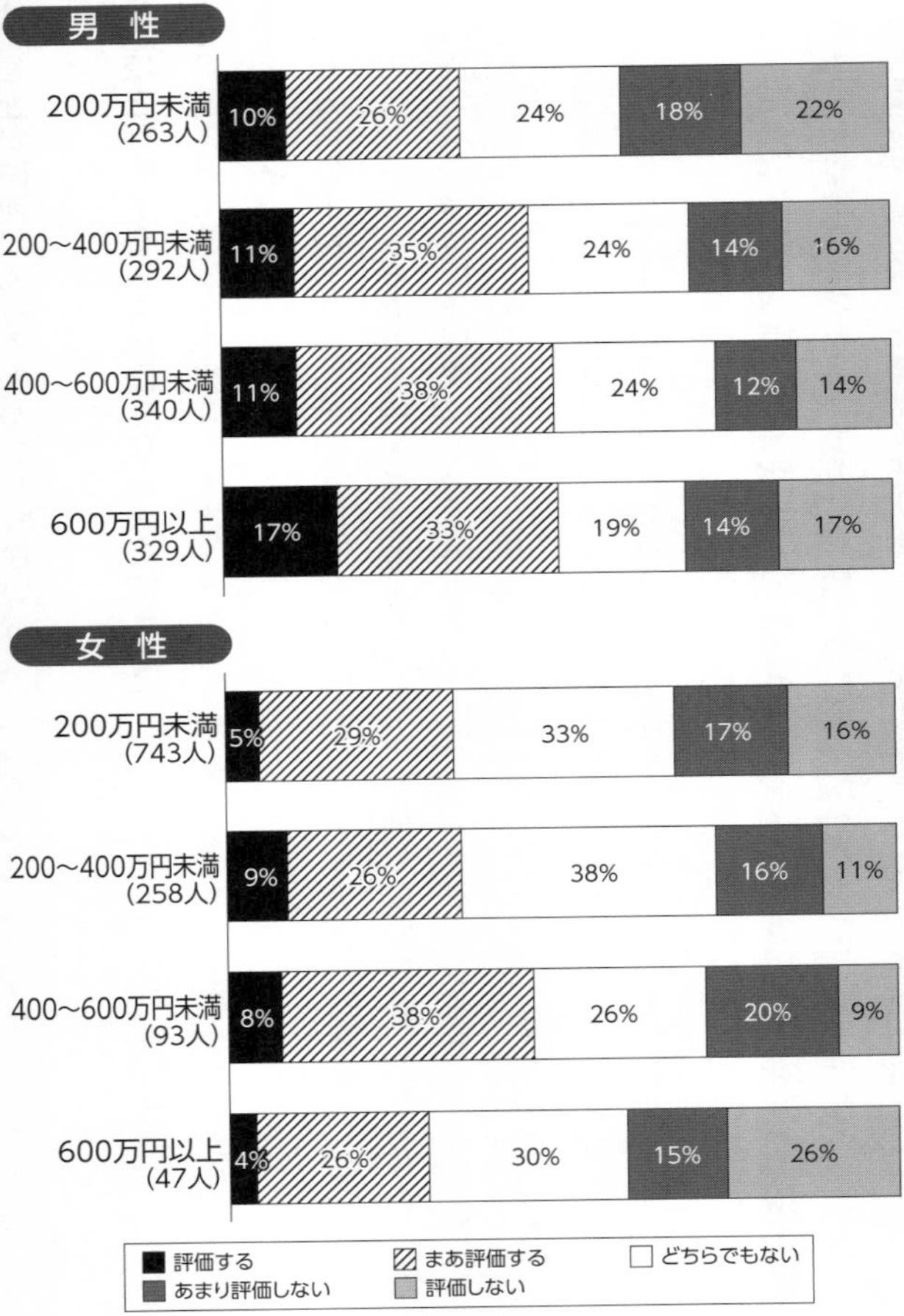

出所：下流社会15年後研究会「現代日本人の意識と価値観調査」2020

上位大卒以上では男女合計で46％が年収600万円以上であり、中位大卒の27％と比べてもかなり高年収層が多い。学歴が高まるほど年収が高まるが、同時に実学だけではなく多面的な知識・教養を身につける人も増え、結果として政治意識も高まり、現状の政権に対する批判的な人も増えるということであろう。

それは安倍政権が最も嫌うタイプでもある。実学的なことだけ学び、金儲けだけをして、なんなら自分に献金をしてくれる人間が増えることを望むのである。

安倍首相が頑張った人が報われる社会にすると言い続けたのも、ビジネスをして成功した人には所得税を下げて手取りを増やしてあげる、という意味であると私は思う。年収は低いが社会にとって重要な仕事をひたむきに続けてきた人たちが報われる社会にしようと思っているとは私には感じられない。

高年収の若い男性は安倍政権評価が非常に高い

年齢が上がれば年収も上がり、年収が上がれば安倍政権評価が高まりそうなものであるが、そうはなっていない。最初に見たように、年齢が上がるほど安倍政権評価が高まるわけではなく、評価しない人も増えるからだ。年収も上がるが住宅費も教育費も上がり、親の介護も必要になるというように、政治への不満もふくらむからであろう。

また、年齢が上がるほど年収の格差が広がることの影響も大きい。そこでサンプル数を減らさないように年齢を3段階に分けて男女別に集計してみた（図表3－6）。

年齢を3段階に分けると、**25～34歳男性は年収が上がるほど安倍政権評価が高まる傾向が顕著であり、年収600万円以上では評価する合計が60％**にもなる。

25～34歳の世代は人口が少ない上に、2007年の団塊世代の定年退職による新卒需要の拡大期以降に就活をしており、求人倍率が高まり、就職が比較的楽だった人が多い。どちらも政策とは無関係なことであるが、こうした就職状況の良さが安倍政権に限らず現状の政治でよいという認識につながっているものと思われる。

また**若くて年収の高い男性ほど社会全体の論調を内面化して、実力主義、新自由主義的な価値観を身につけている可能性がある**からだろう。

実際「今の日本・これからの日本について、あなたの考えに近いものを以下からいくつでも選んで下さい」（日本認識）という質問で「失敗するのはその人が悪いという自己責任の考え方が社会に足りない」という人は年収600万円以上の25～29歳では8％、45～54歳では3％。特に年収600万円以上の男性では25～29歳で10％、45～54歳で2％である（「日本認識」についての分析は別途詳しく行う)。

逆に「失敗するのはその人が悪いという自己責任の考え方が社会に広まり過ぎた」という人は年収600万円以上の25~34歳では6%(男性は5%)だが、45~54歳では13%(男性も13%)である。

つまり自己責任意識が不足していると考えるのは年収600万円以上の25~34歳で多く45~54歳では少ないが、自己責任意識が強まりすぎたと考えるのは年収600万円以上の25~34歳では少なく45~54歳で多いというように、**自己責任意識は年齢と反比例関係にある**ようであり、その傾向は女性より男性ではっきりしている。

35~44歳で年収200万円未満の男性は「評価しない合計」が44%と多い

しかし35~44歳男性では、年収が上がるほど安倍政権評価が高まるという傾向は弱まる。また200万円未満では評価しない合計が44%にもなる。

45~54歳男性では、年収が上がるほど安倍政権評価が高まり、年収が下がるほど評価も下がる傾向ははっきりあるが、600万円以上でも「評価する合計」は49%であり、25~34歳男性の60%と比べると少ない。

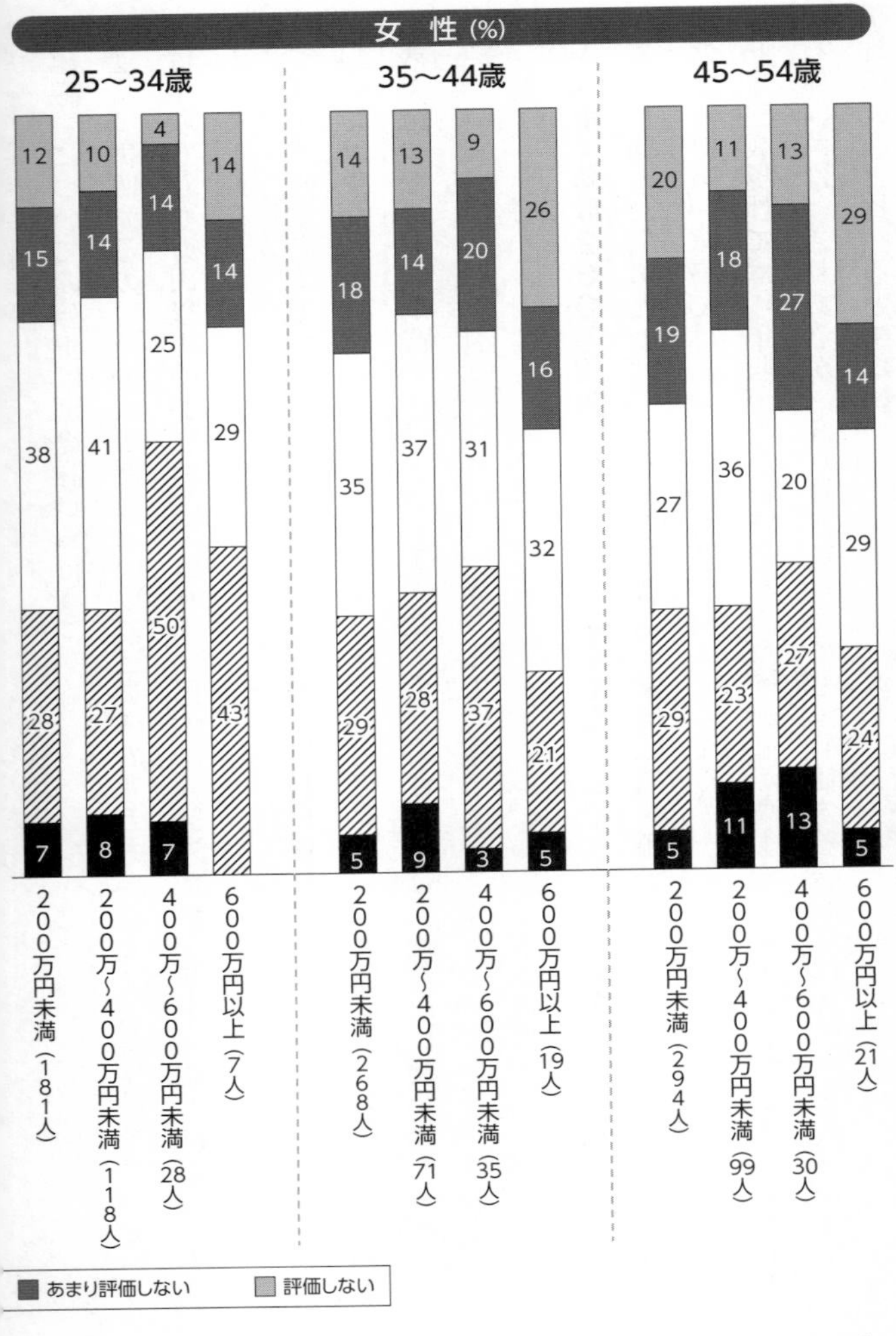

女 性 (%)
25～34歳
35～44歳
45～54歳
12 15 38 28 7
10 14 41 27 8
4 14 25 50 7
14 14 29 43
14 18 35 29 5
13 14 37 28 9
9 20 31 37 3
26 16 32 21 5
20 19 27 29 5
11 18 36 23 11
13 27 20 27 13
29 14 29 24 5
200万円未満（181人）
200万～400万円未満（118人）
400万～600万円未満（28人）
600万円以上（7人）
200万円未満（268人）
200万～400万円未満（71人）
400万～600万円未満（35人）
600万円以上（19人）
200万円未満（294人）
200万～400万円未満（99人）
400万～600万円未満（30人）
600万円以上（21人）
あまり評価しない
評価しない

図表3−6　安倍政権評価 男女年齢3段階×年収別

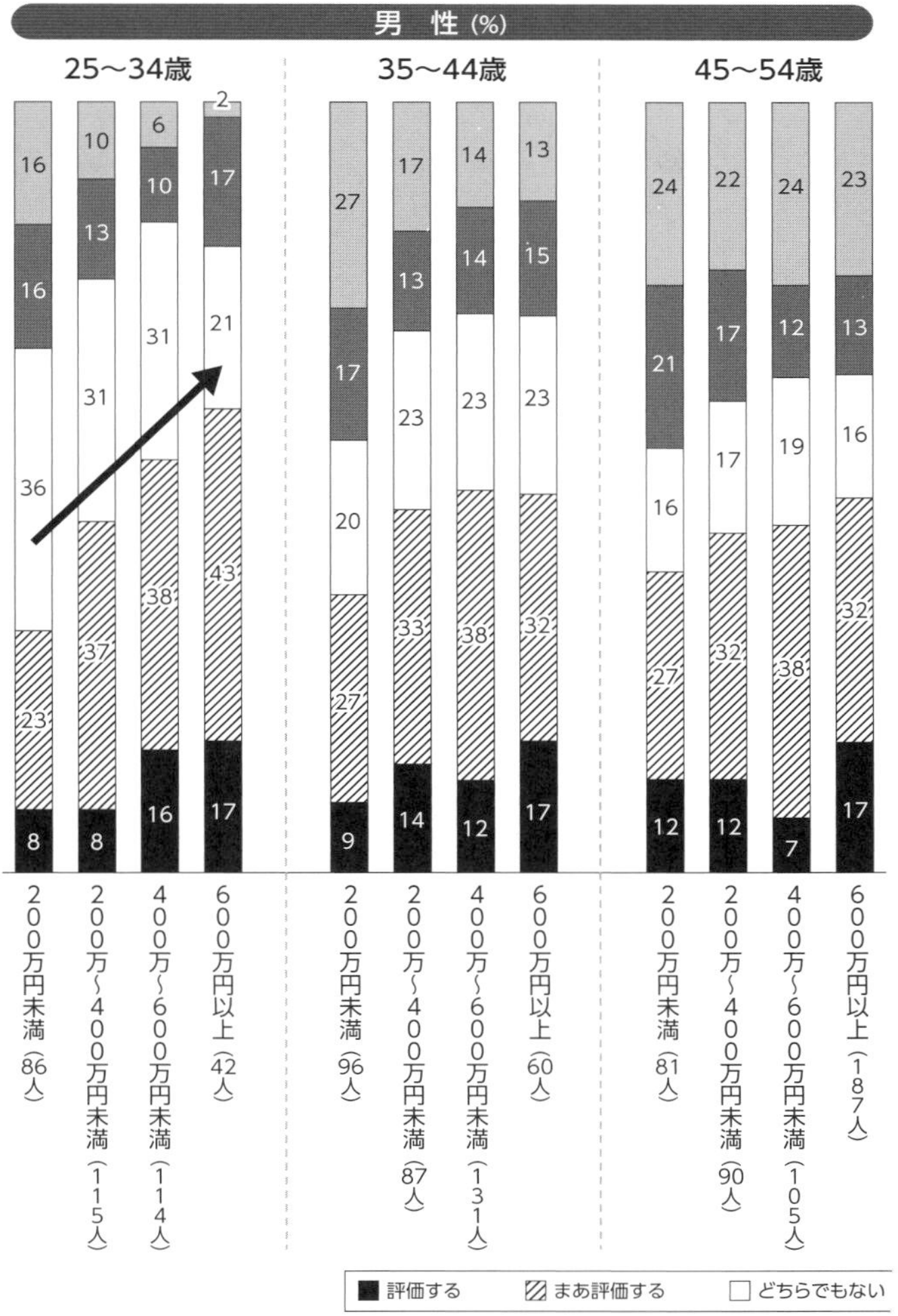

出典：下流社会15年後研究会「現代日本人の意識と価値観調査」2020

また45〜54歳男性では「評価しない」が年収にかかわらず23％ほどあり、「あまり評価しない」と合わせると、どの年収層でも4割前後が安倍政権を評価していない。

つまり45〜54歳男性では、年収が多くても少なくても45％前後が安倍政権を評価し、40％前後が安倍政権を評価しないようなのである。

ということは、経済的というより思想的・感覚的・倫理的などの定性的な価値観によって安倍政権を評価するかしないかが決まるのかもしれない。

45〜54歳で年収600万円以上の女性は安倍政権評価が低い

女性については、25〜34歳女性では年収400万〜600万円未満では評価する合計が57％と高い。

35〜44歳女性でも45〜54歳女性でも400万〜600万円未満までは年収が上がるほど安倍政権評価が高まる傾向がある。

だが、600万円以上の女性では「評価する合計」が26％しかなく、「評価しない合計」は42％もある。特に45〜54歳で600万円以上の女性は、「評価する合計」が29％しかなく、「評価しない合計」は43％もある。サンプル数が少なく参考値であるが、それにしても高年

図表3－7　安倍政権評価 過去15年間の豊かさ実感別

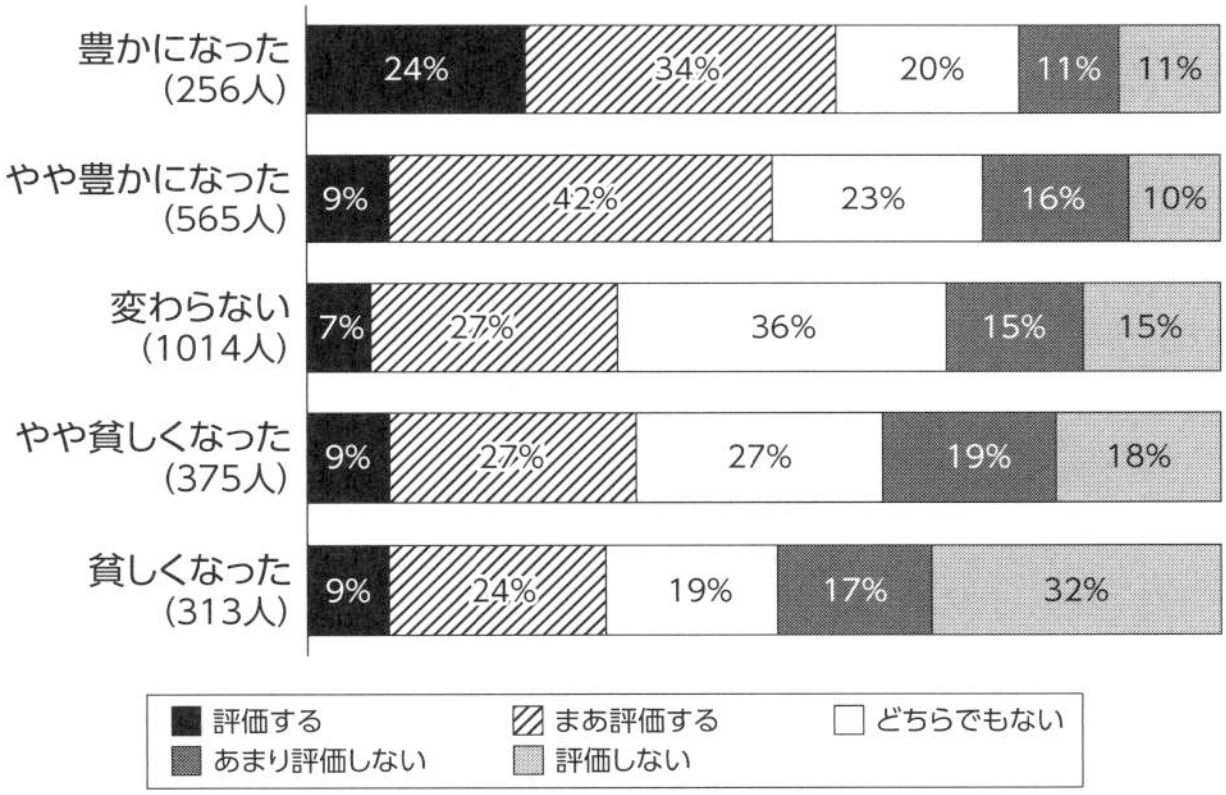

出所：下流社会15年後研究会「現代日本人の意識と価値観調査」2020

収女性の安倍政権評価は高いとは言えないようだ。

15年間で豊かになったか貧しくなったかで安倍政権評価は大きく変わる

次に年収との関連で「あなたの生活は15年前と比べて豊かになりましたか」という質問をしてみた。結果は次の通りであった。

豊かになった……………11％
やや豊かになった………22％
変わらない………………40％
やや貧しくなった………15％
貧しくなった……………12％

この回答別に安倍政権評価を集計すると、「豊かになった」人では「評価する」が24％と多い（**図表3‐7**）。「やや豊かになった」人も「まあ評価する」が42％と多い。「変わらない」「やや貧しくなった」「貧しくなった」人は「評価する合計」が35％前後である。また「変わらない」人は安倍政権評価が「どちらでもない」人が多い。

他方、「豊かになった」人では「評価しない合計」は22％だけだが、「変わらない」人では「評価しない合計」が30％、「貧しくなった」人では「評価しない合計」が49％と、**安倍評価は貧富の実感ときれいに比例している**。

過去15年間で豊かになったことによって安倍政権評価が上昇することは、自民党支持・不支持とクロス集計するとさらに裏付けられる。

たとえば自民党不支持であっても安倍政権を「まあ評価する」人は「豊かになった」「やや豊かになった」合計が60％である（サンプル数10人）。

また「やや自民党不支持」だが安倍政権を「まあ評価する」人は「豊かになった」「やや豊かになった」合計がやはり60％である（サンプル数20人）。

「無党派」だが安倍政権を「評価する」人は「豊かになった」「やや豊かになった」合計が37％である。

このように生活の豊かさの向上を実感できた人は、自民党を支持しない人でも安倍政権評価が高くなるのである。

相続する資産が多い人は安倍政権評価が高い

預貯金、有価証券評価額、仮想通貨を合計した金融資産別に安倍政権評価を見ると（既婚の場合は夫婦合計の資産）、おおむね資産が多いほど安倍政権評価は高い傾向にあるが、それほど顕著ではない（**図表３－８**）。**資産が２０００万～３０００万円の人が最も安倍評価が高く**、それ以上資産が増えると評価しない人が増える。学歴や年収の場合と同じように、金融資産についても多い人で安倍政権評価が低い人が多くなり、「どちらでもない」は少なくなるのだ。

ただし親が資産家であり、親から多額の資産継承の可能性が高い人はどうだろうか。「あなたの親（配偶者の親を含む）からの資産の継承についておうかがいします。遺産相続、生前贈与、名義変更、会社名義での継承も含みます。この中からあてはまるものすべてお答えください」という質問に対して、「建物を相続している」人は安倍政権を「評価する合計」が50％と高い。

図表3－8　安倍政権評価 金融資産別

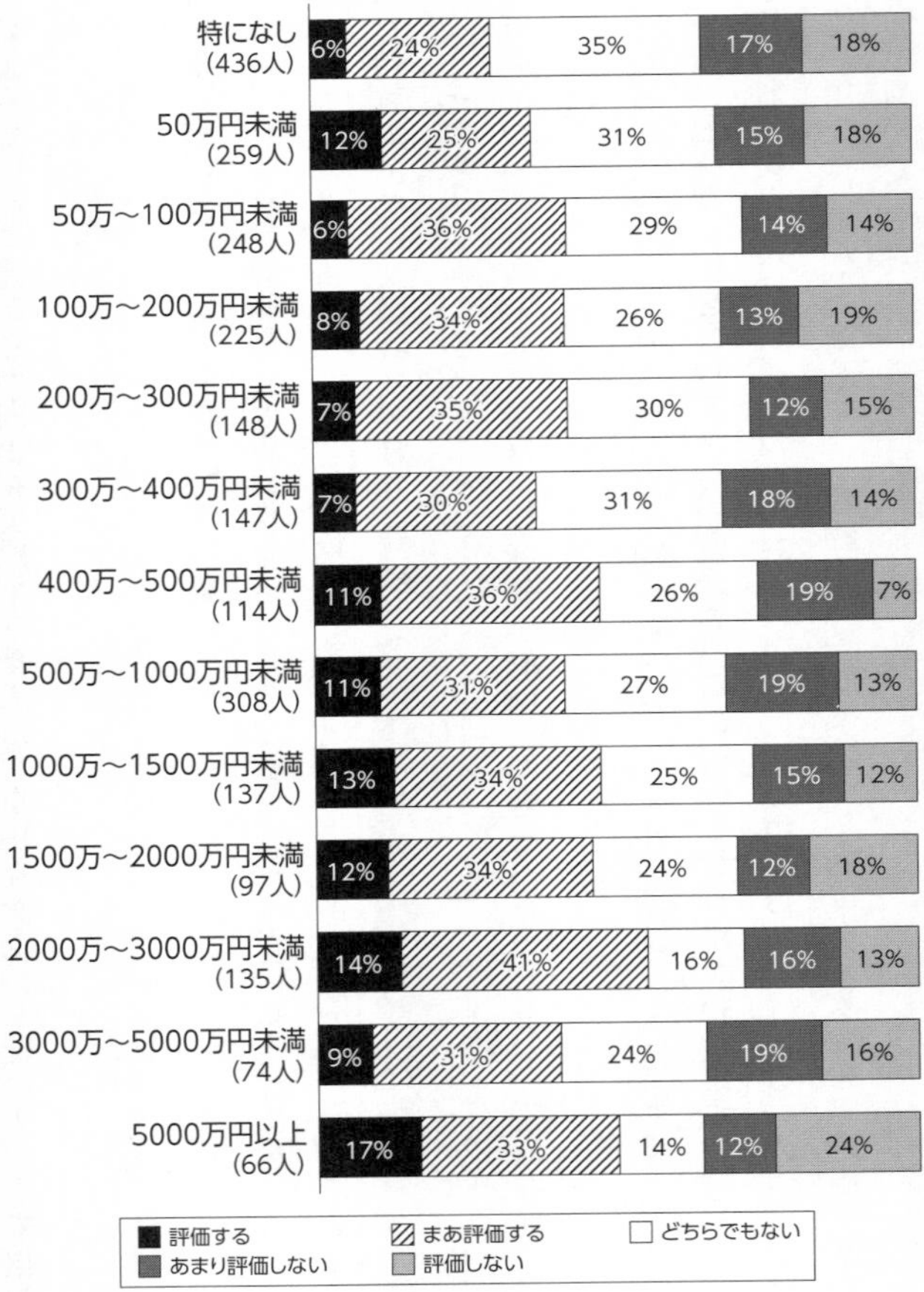

出所：下流社会15年後研究会「現代日本人の意識と価値観調査」2020

また「１０００万円以上の預貯金・有価証券等を相続している」人も「評価しない合計」が49％。「土地を相続している」人も46％と高いのである。

対して「どれにもあてはまらない」人は「評価する合計」が38％と少なめである。

パート・派遣の安倍政権評価は低い

安倍政権評価を正規雇用、パート（アルバイト）、派遣、自営などの就業形態別に集計すると、公務員の男性で評価が高く、自由業の女性で評価が低いという結果が出た（図表３-９）。

５段階の「評価する」だけだと、男性の会社代表・役員・自営業が19％、男性の嘱託《しょくたく》・契約が18％で最多であるが、「まあ評価する」を合わせると男性公務員が53％、男性正規雇用が46％。対して男性のパート・派遣は36％と低くなっている。男性の嘱託・契約で評価が高い理由は私にはわからないが、パートや派遣よりも年収が高いことが関係しているのであろう。

安倍政権評価が低いのは女性の自由業・その他の28％。それに次いで、女性パート・派遣の31％、女性公務員の35％などとなっている。

図表3−9　安倍政権評価 男女就業形態別（「評価する」合計が多い順）

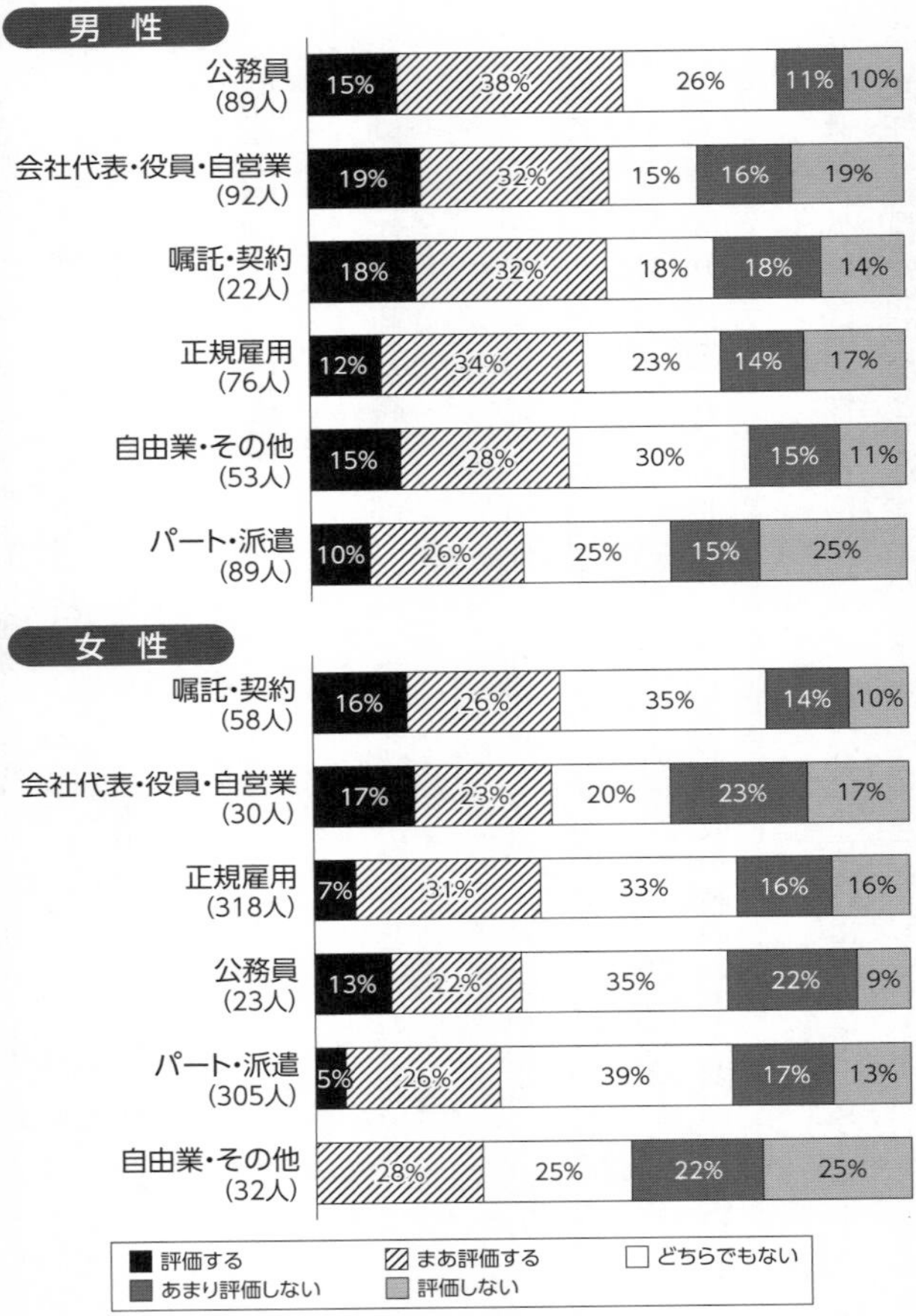

出所：下流社会15年後研究会「現代日本人の意識と価値観調査」2020

正規雇用の資本金別や収入別の集計もしたが有意の差はなかった。**正規雇用は正規雇用として一つの大きなかたまりなのである。ただし役職が上がるほど安倍評価が高まる**傾向はあった。また女性の正規雇用は「評価する合計」が38％で、男性の46％と差があった。

離別女性の安倍評価は低い

また女性のパート・派遣の「評価する合計」は31％であり、「評価しない合計」の30％と同じくらいだった。

パート・派遣女性を配偶関係別に集計してみると、安倍政権を「評価する合計」は既婚では32％、未婚では33％と差がなかった。そして離別（27人）は27％だった。離別した女性の安倍政権評価は少し低いのである。

離別で評価が低いのはシングルマザーが多いからかと思ったが、子の有無による影響はなかった。先ほど見たようにシングルマザーでの安倍政権評価は低いので、子どもがいない場合でも離別した女性はなぜか安倍政権評価が低いのである。

また、会社代表・役員・自営業や自由業の女性で「評価しない合計」が40％以上と多いのが注目される。40％というのは男性のパート・派遣並みの高さである。女性がビジネスをしていく上で、男性にはない様々な見えない参入障壁があり、それを不満に思う人が多いということなのだろうか。もしかするとセクハラの多さなども理由になっているのかもしれない。

階層上昇できた女性は評価が高い

また「学校を出てからこれまでの勤め方は以下のどれに近いですか」（就業形態変遷）という聞き方で、「ずっと正規雇用」「最初のほうは正規雇用だが近年は非正規雇用・自由業・自営業」「最初のほうは非正規雇用・自由業・自営業だが近年は正規雇用」「ずっと非正規雇用・自由業・自営業」のどれかという質問をした。

就業形態変遷別に安倍政権評価を見ると、「ずっと正規雇用」が「ずっと非正規雇用など」より安倍政権評価が高い（**図表3－10**）。これは予想通りである。

男性は「最初正規・近年非正規など」「最初非正規など・近年正規」の人も安倍政権評価が高く、「ずっと非正規雇用など」だけ安倍政権評価が低い。就職氷河期などで正規雇用に就けなかった男性はやはり安倍政権をあまり評価していないと言える。

女性は「ずっと正規」より「最初非正規など・近年正規」の女性のほうが、安倍政権評価が高い。これは、階層上昇できた女性は安倍政権評価が高まることを意味しているのだと思

図表3－10　安倍政権評価 男女就業形態変遷別

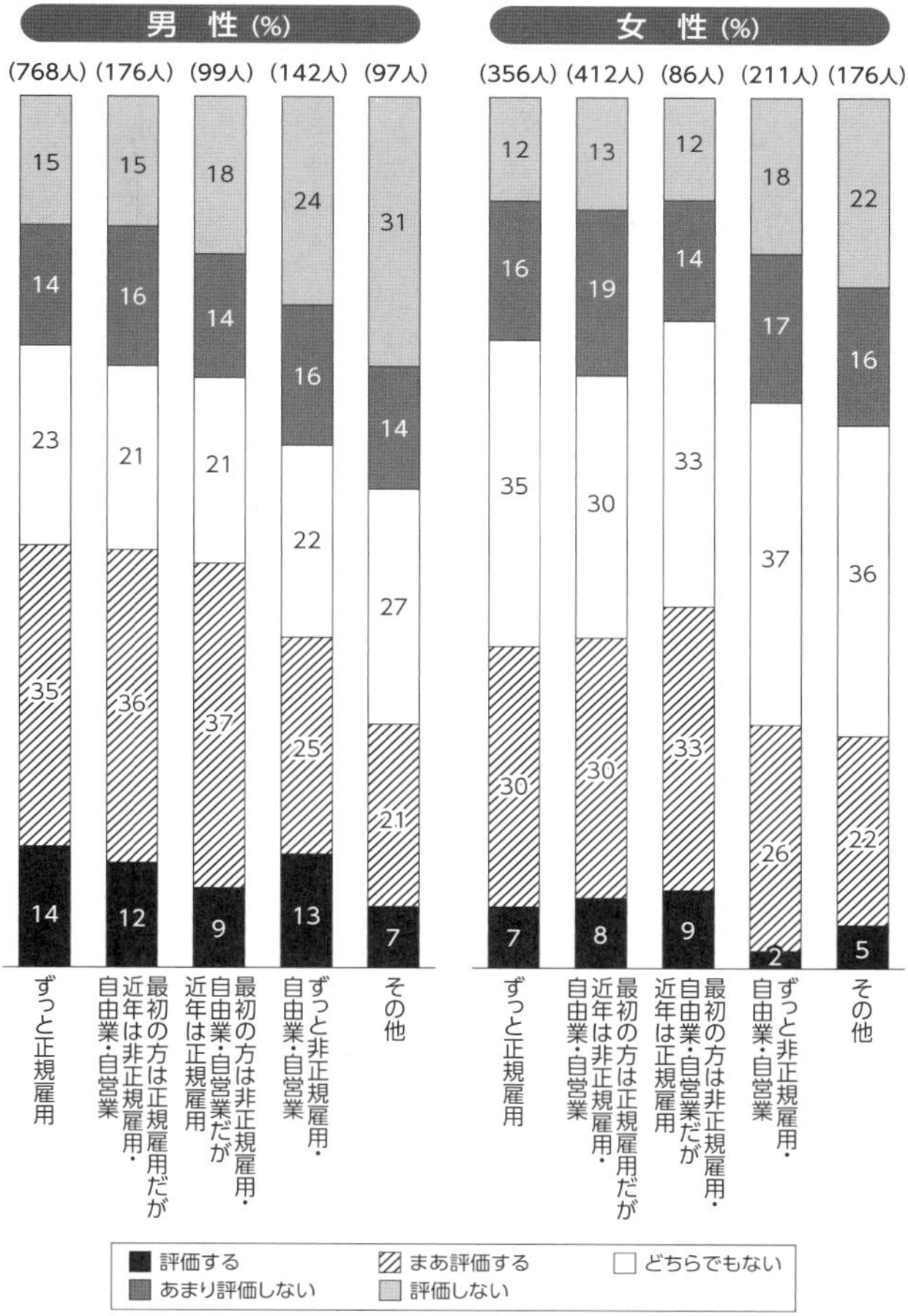

出所：下流社会15年後研究会「現代日本人の意識と価値観調査」2020

う。これが「女性が輝く社会」のための政策の成果なのだろうか。

安倍政権が専業主婦に人気がないのはなぜか？

ちなみに専業主婦については「評価する合計」34％、「どちらでもない」33％、「評価しない合計」33％であり、きれいに三等分され女性全体と同じ傾向だった。専業主婦は保守的であり、安倍政権評価が平均より高いかと思ったが、違っていた。

本調査の結果でも専業主婦の生活全般満足度は高い。幸福度も高い。将来不安も少ない。階層意識は「中」が多く、「中の下」「下」は少ない。全然問題なさそうである。

なのに安倍政権評価が高くない。これはなかなか興味深い結果である。

なぜだろうか。いろいろ集計してみたが、安倍政権を評価する主婦と評価しない主婦で、夫の年収に大きな差はなかった。ただし夫の職業が自営業主の場合、自身や配偶者の学歴が低い場合でやや「評価しない合計」が多かった。

また、専業主婦女性の就業形態変遷への回答を見ると学校卒業後に「ずっと正規雇用」だった女性は安倍政権を「評価しない合計」が43％と多い。さらに学歴をクロスすると「下位大・短大・専門」卒業で「ずっと正規雇用」だった女性は「評価しない合計」が49％とさらに多い。

つまり、**結婚・出産するまでは正規雇用だったのに、今は専業主婦だという女性で評価が低下**するのかもしれない。学歴が低めなのに正規雇用になれた女性（バブル時代に就職した45～54歳はそうである）が、結婚・出産で専業主婦になると、その後の社会復帰が難しい、輝けと言われても輝けないという状況があるのだと推測される。

比較のために**「休業中」の既婚女性を見ると、安倍政権評価が非常に高い**。「評価する合計」で63％もある。これはおそらく「休業中」の女性の59％が休業前に正規雇用であったことから、育児休業をとれる職場環境の人が多いからだろうと推測される。このように若くて学歴が高く正規雇用となり育休もあるといった恵まれた就業環境にある女性ほど、安倍政権評価が高いと言える。

高学歴の非正規男女と大学院修了女性は安倍政権評価がとても低い

学歴と階層意識をクロスすると、男女合わせて、大学院修了・上位大卒だが階層が「中の下」の人は安倍政権を評価しない合計が37％であり、「中の下」全体と同じである。

また中位大卒で階層が「中の下」の人は「評価しない合計」が43％と、「中の下」全体より6ポイント多い。

つまり、**学歴が中位大卒以上なのに階層が「中の下」だと安倍政権を評価しない**のである。

これは結局、年収の問題のはずである。男性で上位・中位大卒で年収が２００万円未満だと安倍政権を評価しない合計が40%前後と多い。また女性で大学院・上位大卒で年収が４０0万円未満だと評価しない合計は37%前後と多い。

また学歴と就業形態をクロスすると、大卒以上でパート・派遣の男性で安倍政権を評価しない合計はほぼ5割である。高卒以下のパート・派遣だと評価しない合計40%よりも多い。女性も上位大卒でパート・派遣だと評価しない合計が40%である。

おそらく就職氷河期などのために、学歴に応じた職業に就けず、あるいは正社員になれず、年収が低いまま年齢を重ねた人たちが、安倍政権を評価しないのであろう。

ただし女性については、大学院修了者では「評価しない合計」は45%、大学院修了かつ正規雇用者でも「評価しない合計」が63%である。**大学院に行くほどの女性はそもそも安倍政権の反知性主義と根本的に対立する**のかもしれない。

もちろん「女性が輝く」などと言いながら国会議員や民間企業管理職における女性比率上昇などの地位向上を進めてこなかったことに対して不満に思う女性が、高学歴になるほど多いということでもあろう。高学歴で実力・能力がある女性ほど男性社会の壁（ガラスの天井）の問題にぶち当たることが増えるからだ。

3‐2　安倍政権評価と階層意識・人生観・日本認識

階層意識が高いほど安倍政権評価も高いが、下流でも評価する人は多い

本節では安倍政権評価と意識・価値観の相関を見るが、その前に階層意識を男女年齢別に見ておく（図表3‐11）。

階層意識を男女年齢別に見ておくと、25〜34歳の若年層で「中」が多く、特に女性では「中」が47％と多い。対して45〜54歳の女性は「中の下」が32％と多く、男性並みに階層意識が低くなっている。

次に、男女別・階層意識4段階別に安倍政権評価5段階を見てみる。すると、**階層が高いほど安倍評価も高く、階層が低いほど安倍評価も低い**傾向が明らかである（図表3‐12）。

特に男性では**階層意識「上」では安倍政権評価が60％にも達する**が、「下」では41％と差

図表3−11　階層意識 男女年齢別

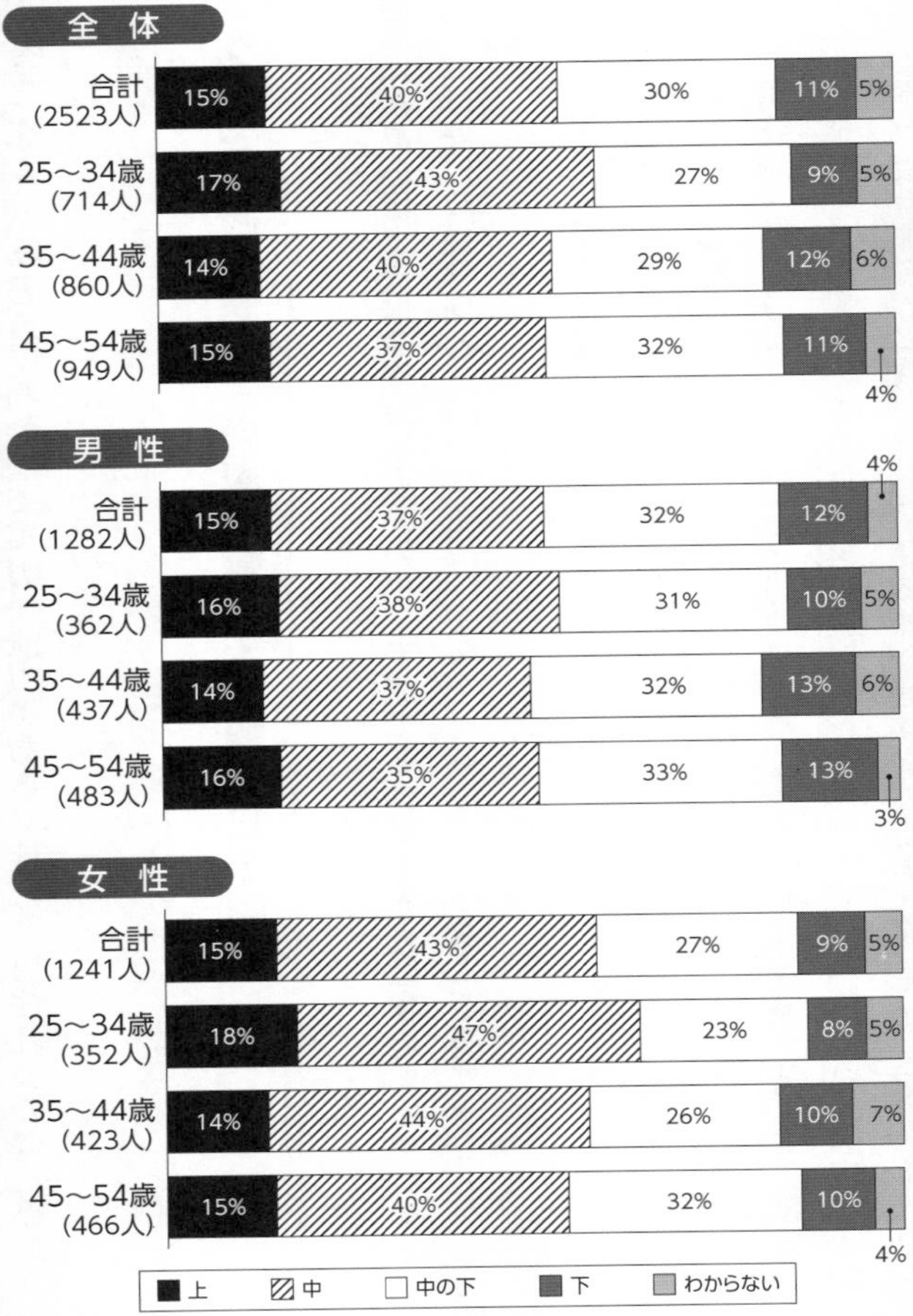

出所：下流社会15年後研究会「現代日本人の意識と価値観調査」2020

図表３－１２　安倍政権評価 男女階層意識別

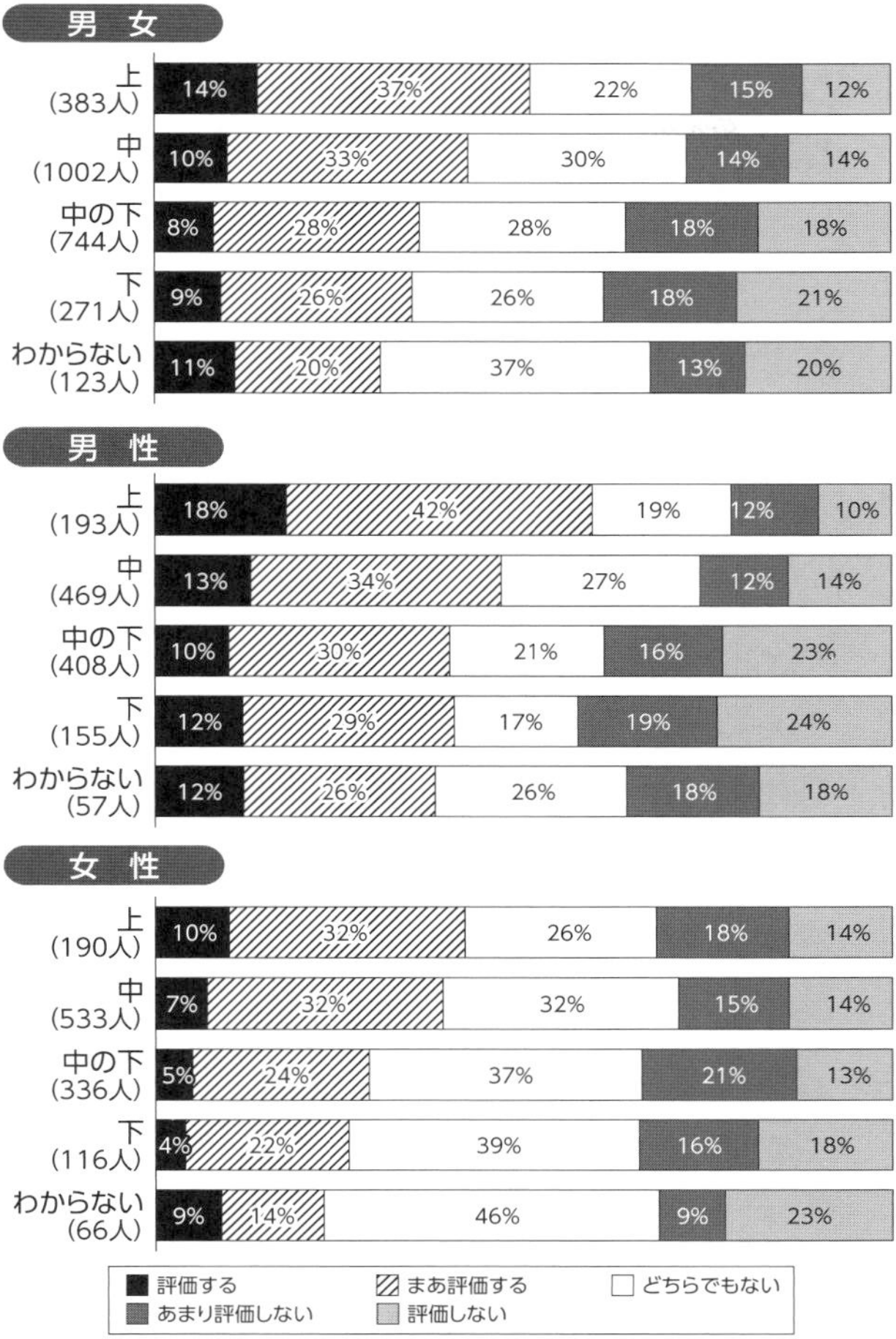

出典：下流社会15年後研究会「現代日本人の意識と価値観調査」2020

が大きい。そして「中の下」「下」では「評価しない合計」がほぼ4割を超える。しかし「下」でも**「評価する合計」が41%おり**、「評価しない合計」との差が2ポイントしかないのも驚きである。

女性でも階層意識と安倍評価の比例関係はよりはっきりしており、「中の下」「下」では評価する人は3割未満しかない。だが、女性は階層が下がるほど「評価しない人」が増えるという傾向はあまりない。

そのかわり、女性は「どちらでもない」人が、階層が下がるほど増えるという特徴がある。安倍政権の思想的なことはよくわからないし、経済的には自分は得をしていないし、でも安倍さんは育ちが良さそうでルックスは悪くないし、といった感情が混在して、「どちらでもない」という回答が増えるのであろうか。

階層意識が「上」なのに安倍政権を評価しない人は誰か？

だが階層意識が「上」なのに安倍政権を評価しない人がいるし、階層意識が「下」なのに安倍政権を評価する人もいる。これはなぜなのか。

階層意識が「上」なのに安倍政権を評価しない人は、男女別では、女性が男性より多く

59％である。階層意識が「中」で安倍政権を評価しない人でも女性が56％と多い。

男性に限ると、「上」なのに安倍政権を評価しない人は45〜54歳が多く56％。先述したように学歴は高学歴が多く63％が上位大卒以上。またホワイトカラーが85％、公務員が20％と多く、年収６００万円以上の人が77％もいる。

また女性で「上」なのに安倍政権を評価しない人は、45〜54歳が44％、上位大卒以上が44％であり、中年女性が多いことがわかる。

またホワイトカラーが71％もいる。正規雇用が54％と女性としては多く、年収４００万円以上が26％と多い。ビジネスパーソン的な人で安倍政権を評価する女性と、学者・インテリ系の人で安倍政権を評価しない女性が拮抗しているのだと推察される。

このように**男女ともに階層意識が「上」であっても安倍政権を評価しない、いわゆるインテリ層、リベラル層が一定数いる**ことが（感覚的には従来からわかっていたことだが）データで立証できた。

階層が「下」なのに安倍政権を評価する人は誰か？

反対に、階層が「下」なのに安倍政権を評価する人は、男性が多く67％、男性の中でも45

図表3－13　安倍政権評価×階層意識4段階別に見た属性（男性）

		全体	評価する上	評価する中	評価する中の下	評価する下	評価しない上	評価しない中	評価しない中の下	評価しない下
	人数	1282	114	220	165	63	43	121	158	66
年齢	25～34歳	28%	27%	28%	33%	21%	19%	24%	18%	21%
	35～44歳	34%	36%	33%	33%	33%	26%	32%	35%	38%
	45～54歳	38%	37%	40%	34%	46%	56%	44%	47%	41%
学歴	上位大卒以上	26%	46%	32%	21%	18%	63%	29%	16%	11%
	中位大卒	25%	33%	29%	23%	19%	21%	23%	29%	14%
	下位大卒・短大・専門	23%	15%	20%	27%	25%	7%	27%	22%	24%
	高卒以下	26%	7%	20%	29%	38%	9%	21%	34%	52%
職業	ホワイトカラー	57%	71%	63%	53%	44%	85%	64%	45%	26%
	グレーカラー	16%	18%	17%	18%	24%	10%	17%	13%	26%
	ブルーカラーその他	27%	11%	21%	29%	32%	5%	19%	42%	47%
就業形態	正規雇用	69%	71%	74%	65%	54%	71%	76%	70%	42%
	パート・派遣	8%	1%	3%	12%	20%	2%	6%	10%	34%
	会社代表・役員・自営業	8%	9%	7%	11%	17%	7%	6%	10%	13%
	公務員	8%	10%	12%	5%	5%	20%	5%	4%	0%
	嘱託・契約	2%	3%	2%	1%	0%	0%	1%	2%	5%
	自由業・その他	5%	7%	1%	6%	5%	0%	5%	4%	5%
年収	200万円未満	21%	9%	7%	21%	48%	7%	15%	23%	64%
	200万～400万円未満	23%	11%	20%	34%	29%	2%	18%	28%	27%
	400万～600万円未満	27%	19%	35%	33%	16%	9%	21%	34%	5%
	600万円以上	26%	60%	35%	9%	6%	77%	41%	10%	3%

出所：下流社会15年後研究会「現代日本人の意識と価値観調査」2020

図表3－14　安倍政権評価×階層意識4段階別に見た属性（女性）

		全体	評価する上	評価する中	評価する中の下	評価する下	評価しない上	評価しない中	評価しない中の下	評価しない下
	人数	1241	79	207	98	62	156	115	40	21
年齢	25～34歳	28%	34%	34%	25%	10%	26%	21%	24%	20%
	35～44歳	34%	30%	33%	34%	39%	31%	35%	29%	43%
	45～54歳	38%	35%	33%	42%	52%	44%	44%	47%	38%
学歴	上位大卒以上	15%	34%	15%	11%	7%	44%	15%	12%	10%
	中位大卒	20%	23%	27%	16%	10%	23%	22%	18%	5%
	下位大卒・短大・専門	37%	30%	33%	35%	48%	23%	39%	43%	35%
	高卒以下	28%	13%	26%	38%	36%	11%	23%	27%	50%
職業	ホワイトカラー	60%	66%	59%	60%	44%	71%	60%	66%	44%
	グレーカラー	26%	15%	31%	32%	33%	15%	29%	25%	24%
	ブルーカラーその他	14%	19%	11%	8%	22%	15%	11%	9%	32%
就業形態	正規雇用	42%	57%	42%	51%	28%	54%	42%	34%	28%
	パート・派遣	40%	26%	37%	40%	28%	27%	40%	46%	40%
	会社代表・役員・自営業	4%	4%	5%	1%	17%	7%	3%	5%	12%
	公務員	3%	6%	3%	0%	0%	2%	3%	3%	4%
	嘱託・契約	8%	0%	11%	4%	22%	5%	7%	5%	12%
	自由業・その他	4%	6%	2%	3%	6%	5%	6%	8%	4%
年収	200万円未満	60%	54%	61%	54%	61%	48%	58%	73%	73%
	200万～400万円未満	23%	15%	24%	32%	23%	16%	24%	18%	20%
	400万～600万円未満	8%	18%	9%	8%	7%	8%	10%	5%	3%
	600万円以上	4%	10%	2%	1%	0%	18%	5%	0%	0%

出所：下流社会15年後研究会「現代日本人の意識と価値観調査」2020

〜54歳が多く46％であり、中年男性が多いということになる（図表3‐13）。高卒以下が多く38％、ブルーカラーが多く32％、パート・派遣が多く20％、ただし会社代表・役員・自営業も17％と多めである。年収は200万円未満が多く48％である。階層が「下」で安倍政権評価が低い人ほど下流階級とまでは言えないものの、それに近い人たちである。

女性も45〜54歳が多く52％。会社代表・役員・自営業が多く17％、嘱託・契約も22％と多い（図表3‐14）。

安倍晋三はバブル世代の下流に人気

また男性を年齢3段階・階層意識4段階別に安倍政権評価を見ると、「下」の男性では、年齢が上がるほど安倍政権を評価する人が増える（図表3‐15）。上流や中流ではこうした傾向は見られない。ただしこの集計は統計的有意性は低いのだが、興味深い傾向なので仮説を考えてみる。

まず安倍氏が東大など一流大学卒ではなく成蹊《せいけい》大学出身ということが有利に働いたのではないか。階層意識や学歴が低めな人たちにとって、一流大学卒の総理では雲の上すぎる。成蹊大学卒なら、ちょっと金回りの良い家の同級生なら入学していそうな大学である。

図表3−15　安倍政権評価 階層意識「下」の男性 年齢別

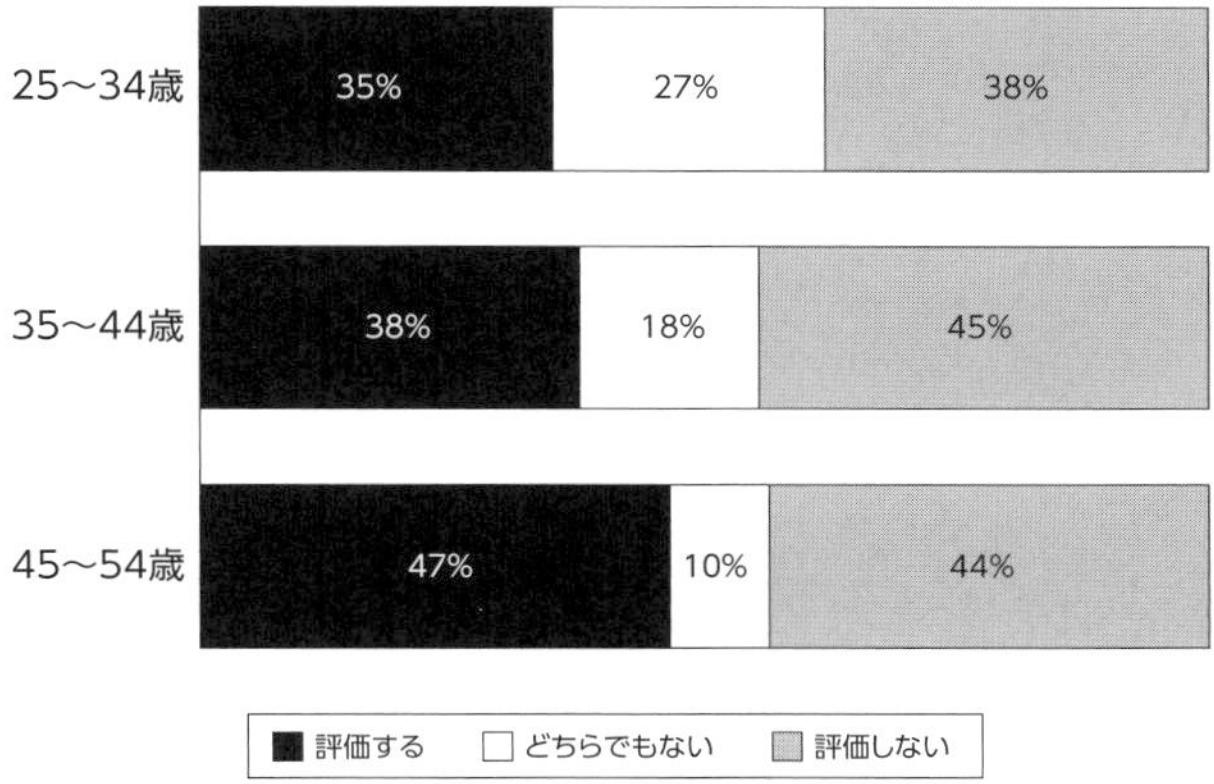

出所：下流社会15年後研究会「現代日本人の意識と価値観調査」2020

また安倍氏は、見え透いた嘘をつき、金持ちのワルなところもあるが、見かけは明るく人当たりは良い。親の事業を継げると決まっているボンボンでなければとても人の上に立てるタイプではないが、なんとなく面白い奴だと思われ、一種「人間味」があると感じられる面もある。だから安倍氏を自分と同じ世界にいる友人感覚で見ることができるのだろう（注6）。それに比べると菅《すが》前総理などは壊れたロボットにしか見えないし、陰険そうだから友だち感覚では付き合えないだろう。

ジョージ・ブッシュ・ジュニアが大統領候補になったとき、顔がサルに似ていると言われるほど彼のおバカっぽさが反ジュニア勢力から揶揄《やゆ》された。だが、だからこそジュニアを支持するという人がたくさんいて、それでジュニアは大統領になれたという説がある。逆に、秀才のクリントン夫妻、特にヒラリーは一般大衆からは煙《けむ》たがられる面もあった。それと似た心理が安倍政権を評価する人たちにはありそうだ（そして弁護士出身の秀才が多い野党の政治家を好まない）。

安倍政権は史上最低と思えるほど閣僚の学歴が低い。たとえば第3次安倍内閣（2014年12月発足。改造後も含む）の閣僚の学歴は東大、慶應、早稲田、京大、神戸大、東京農工大、防衛大学校、青山学院大、学習院大、国際基督教大、成蹊大、聖心女子大、中央大、法政大、専修大、上智大、玉川大、日本大、明治大、立教大である（順不同）。早慶上智、MARCHから日東駒専までと幅広く大衆的である。

私が子どものころ、新聞で佐藤栄作内閣の閣僚の学歴を見るとほとんど東大であるのを知って驚いたことを今でも覚えている。念のためネットで当時の閣僚の学歴を調べたら間違いなくほとんどが東大卒で占められていた。それは官僚出身者が多いからで、それが良い政治の条件かと問われたら、そうとは言い切れない。だが、一国を指導する立場の閣僚がクールヘッド、ウォームマインドであることは、国民だれもが望むところであろう。

また先ほど見たように安倍政権を評価する人の中には学歴の低い下流男性も少なくなく、

かつ彼らは後述するように、思想的にはいわゆる「愛国的」「復古的」「排外的」な価値観である。つまり東大エリート官僚と下流男性の中間的存在として大衆的学歴の閣僚が存在しているとも言える。その意味では大衆政治時代らしい傾向なのであろう。

注６：『矛盾社会序説』という著書もある御田寺圭《みたてらけい》（Twitter：@terrakei07）によると、「ＴｉｋＴｏｋ」では安倍首相がゆるふわ系おじさんとしてちやほやされ、親しみをもってイジられ」ているという。「安倍さんに会ってハイタッチしてくれた！」と喜ぶ動画、自作の「アベノマスクのキャラ弁」を紹介する動画、会見する安倍総理の顔をアプリを使って「かわいく」加工した動画が多数の「いいね！」を獲得し、安倍氏は「その容姿や、プライベートで時折見せるような『天然』的なふるまいも相まって、『かわいいおじさん』という文脈において人気を博しているのだ」というのだ。

そして「そんな『かわいい存在』である安倍総理に対して、『あべしね』などと罵声を浴びせるような文化人・知識人が支持する野党に、若者たちがなびかない」。「中高年層（とりわけインテリとされる高学歴な人びと）にとって」政治批判は当然の権利である。だが若者たちは「批判ばっかりする奴はウザい」「陰キャ」だと感じるのだという（御田寺圭「なぜ若者は、それでも『安倍晋三』を支持するのか」現代ビジネス、２０２０年６月20日）。

しかし安倍氏をかわいく描こうとした若い女性が本当に実在するのかどうかを疑うこともできる。広告代理店か誰かに雇われて、そういう投稿をしているかもしれないのだ。だから、簡単にそういう女子がいると信じることはできないのが現代である。

また仮にそういう女子が実在したとして、安倍氏がカワイイならあえて安倍氏を加工する必要はないかもしれず、かわいくないから加工したのかもしれないという解釈も成り立つ。

ネット上に投稿する人たちは私も含めて虚構の自分や期待される自分像を演じているところがある。あるいはウケを狙っただけの投稿も無数にある。だからネット上に現れただけの現象を過大に評価することも注意すべきである。その意味で御田寺氏の分析もまた若干差し引いて読む必要がある。

また、現代の若者は「批判」自体が嫌いであるという指摘もなされてきた。成蹊大学教授で政治学者の野口雅弘によれば「コミュニティ力」とは「コミュニケーションの軋轢《あつれき》、行き違い、齟齬《そご》とそれが生み出す気まずい雰囲気を巧妙に避け、会話を円滑に回すことである。」「会話がすれ違ったり、お互いの言い分が感情的に対立したりして、それを調整するのに骨が折れるような『面倒臭い』事態を招く」ことは避けられる。そうなると政治の場で野党が、現在の流れに「疑問を呈《てい》したり、あるいはそれをひっくり返したりする振舞いは」「コミュ障とされてしまいかねない。」「コミュ障と呼ばれないためには、極力『野党』的な振舞いをしないように気をつけなければならないということになる。」「おかしいと思う問題に『こだわり』続ければ、『まだやっているのか』と言われる」というのだ。野口氏の勤務先が安倍氏出身の成蹊大学というのはなかなか興味深く、そこにバイアスはないのかという揚げ足取りをしたくもなるが、それは間違いであって、おそらく野口氏の指摘する心理はごく一般的な学生・若者のものなのだろうと私も思う。すごく簡単に言えば、批判をすることは空気が読めない、場の和を乱す、あるいはいじめですらあると感じられるのだろう。野党にいじめられてばかりで安倍さんはかわいそうという感じ方をする高校生に私も会ったことがある。

安倍政権評価と正義感の衰弱

次に安倍政権評価と人生観の関係を見ると、安倍政権を「評価する」人は「正志向＝社会をできるだけ正しい方向に変えていくこと」は2・1％、「まあ評価する」人では1・4％と非常に少ない（**図表3-16**）。対して「利志向＝収入を上げ貯蓄・資産を増やすこと」は「評価する」人で14・1％とやや多い。**正しいことより儲かることが好きなのである。**

反対に安倍政権を「評価しない」人は「正志向」が7％と多く、「愛志向＝家族や友人などと仲良くできること」が24・9％と少ない。これは未婚者が多いためであろう。

年齢別では25〜34歳の「評価しない」人では「正志向」が12％と多く、「愛志向」が12％

図表3－16　安倍政権評価 人生観別

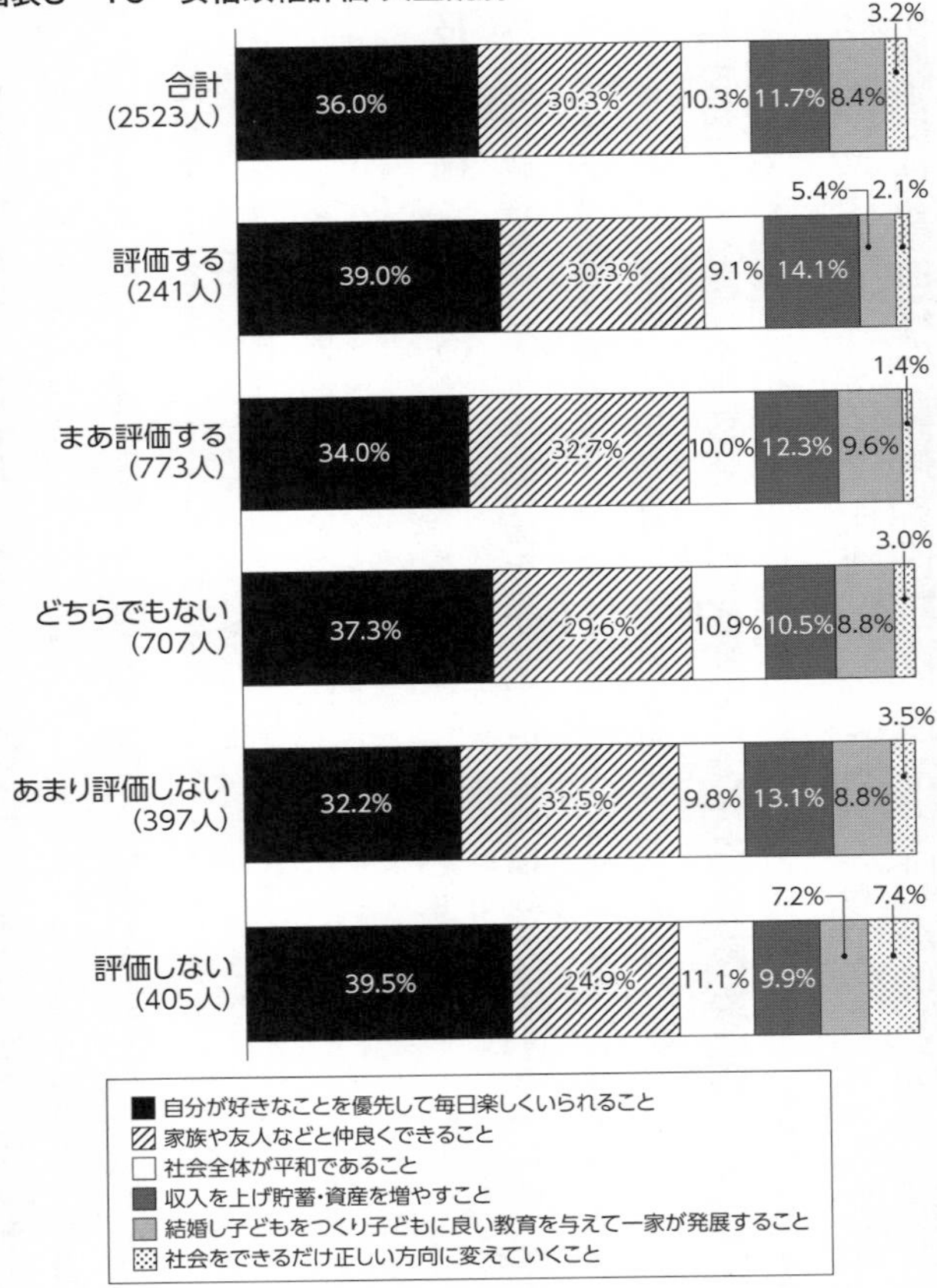

出所：下流社会15年後研究会「現代日本人の意識と価値観調査」2020

と少ない。若い世代で安倍政権を評価しない人は、いわゆる若者らしい正義感を持っていると言える。ただしこうした人々を、若い世代の内部では「意識高い系」として揶揄する傾向があるらしい。

第2章でも指摘したが、「正志向＝みんなと力を合わせて、世の中をよくする」という志向は減っており、ＮＨＫ放送文化研究所による調査の始まった１９７３年には14％だったが直近の２０１８年では４％しかない。

こうした「正志向」の弱まりと、安倍総理が国会で煩悩《ぼんのう》の数より多い１１８回も虚偽《きょぎ》答弁をしても内閣支持率が特に下がらなかったこととは大いに相関がありそうである。虚偽答弁などで安倍政権を野党が追及しても今ひとつ成果が出なかったのは、国民側の「正志向」の圧倒的な弱さも大きな背景になっているのではないか。清濁あわせのむことを好むのが日本人なのかもしれないが、安倍政治に「清」があったとは思えない。

戦後、民主主義国家を目指してから30年後、１９７０年代半ばに日本は中流社会がピークとなった。今回の調査対象である25～54歳はそのころまだ生まれていないか、小さな子どもである。民主主義も中流社会も所与のものであり、「世の中をよくする」と考える必要がまったく切迫して感じられない時代になったのだ。

2021年の東京五輪で問題になった森委員長や佐々木宏《ささきひろし》の女性蔑視《べっし》的な発言、小山田《おやまだ》圭吾《けいご》の障害者へのいじめ問題、その問題を爆笑問題の太田光《おおたひかり》が90年代の時代背景の中で考えるべきだと小山田を擁護したこと、小山田が辞任した後、小山田のいとこの音楽プロデューサーである田辺晋太郎がツイッターに「はーい、正義を振りかざす皆さんの願いが叶いました、良かったですねー！」と書き込んだこと、これで終わるかと思ったらホロコーストをお笑いネタにした小林賢太郎の辞任、絵本作家のぶみの教師へのいじめや先天性疾患のある子どもへの発言を理由にした辞任、ＤａｉＧｏの生活保護受給者への差別発言……などなどから見ても、現在の社会における基本的な正義感（たとえ思っていても口にしてはいけないという常識）の希薄化が感じ取れると言えるかも知れない。社会全体として「正志向」が希薄であるから、彼らの言動が許容されてしまうのだ。ところが国際社会ではそれが通用しないので日本人はびっくりしてしまうわけだ。

また、小山田、太田、田辺、小林の世代は校内暴力がピークだった1980年代前半からいじめが増大し始めた80年代後半に中学生だった世代で、バブル時代を若くして経験しているが、そのことと一連の問題は通底しているかもしれないなどとも感じられる（もちろんこれは印象論である）。私個人としては田辺晋太郎の両親が、かつての爽やかな青春コンビだった歌手の田辺靖雄と九重佑三子《ここのえゆみこ》（初代コメットさん！）だということもショックである。

１９６４年の五輪を知っている世代である私としては、当時は幼稚園児であり、何もわからなかったにせよ、五輪は一種の「理想の時代」の祭典としてもっと位置づけられていたと記憶する。「世界の平和の祭典」という理想は冷戦時代において現実離れしていたかもしれないが、だからこそ理想だったのである。それに比べて現在の五輪は、アスリートたちの不断の努力と彼らの与えてくれる感動とは裏腹に、単なるメガメディアイベントである。

資本主義しかない世界で社会正義志向が弱まるのか？

１９８０年代に国民の中の「正志向」が弱まった背景には政治的なものもあるだろう。国際的には、80年代末のベルリンの壁崩壊とソ連の崩壊、中国の天安門事件とその後の開放政策などの社会主義国の変質（崩壊）があったし、国内では93年から98年にかけて自民党が下野《げや》したかと思ったら社会党との連合政権が誕生するなど、イデオロギーの溶解《ようかい》が起こった。結果、世界は資本主義だけになったのだ。

たとえば現在の40歳（１９８１年生まれ）なら、８歳でベルリンの壁崩壊や天安門事件、

12〜17歳で自民党下野、自社さ連合政権の成立と消滅があった。多感な時期に冷戦構造の溶解を経験したのだ。だがもちろん冷戦構造とは何かも理解せずに、である。そして20代後半の2009年には民主党政権が誕生したが3年間で終わり。彼らは10代から30代に入るまで、政治の混乱を見て育ったのだ。だから彼らにとって世界はグローバル資本主義と自民党中心の政権しかないのである。

「勝利に輝く資本主義」は、ますます弱肉強食的・新自由主義的になり、格差を拡大させる方向に向かった。格差が悪なら、格差を減らすべきだが、冷戦後の世界は、格差が悪なのかどうかを判断する基準すら見えにくくなったとも言える。資本主義の矛盾がもたらす悪を減らすとしても、修正する方向が社会主義的だと今の時代には共感されにくい。

そういう時代に成長した世代にとっては、新自由主義的な価値観を内面化して社会に適応することが「正義」となる。資本主義を修正できるのは、主として環境問題への対策からであろう。このあたりのことはベストセラーの『人新世の「資本論」』(斎藤幸平著)の主張もそうである(注7)。

注7:ただし斎藤幸平の「付加価値を否定し使用価値のみで生きよう」という主張には私は反対である。

付加価値を否定し使用価値のみで生きることなど人間にはできないからだ。縄文土器にすら現代の陶器《とうき》と同じすぐれたデザインがあり、模様が施《ほどこ》されている。それは使用価値ではない価値を人間が太古の昔から認めていたからである。使用価値だけの世界になれば文化も芸術もなくなるであろう。全員がユニクロだけを着て、色も白だけになるだろう。だがコロナ対策のマスクですら、白いマスクだけあればいいのに、黒やピンクや花柄のマスクをする人が多いのは、人間が使用価値だけでは満足できないからである。使用価値だけの世界にほとんどの人間は生きたくないのであり、そんな世界を人々に強要すれば文化大革命と収容所列島が必須となるだろう。

自分のことだけで精一杯か

内閣府の「社会意識に関する世論調査」にも社会志向の衰微傾向が表れている（**図表３‐17**）。

「国や社会のことにもっと目を向けるべきだ」（社会志向）という意見と、「個人生活の充実をもっと重視すべきだ」（個人志向）という意見のどちらに近いか聞いた質問では、２０２０年は「国や社会のことにもっと目を向けるべきだ」と答えた者の割合が44・８％、「個人生活の充実をもっと重視すべきだ」と答えた者の割合が41・１％となっている。

図表3－17　社会志向と個人志向の推移

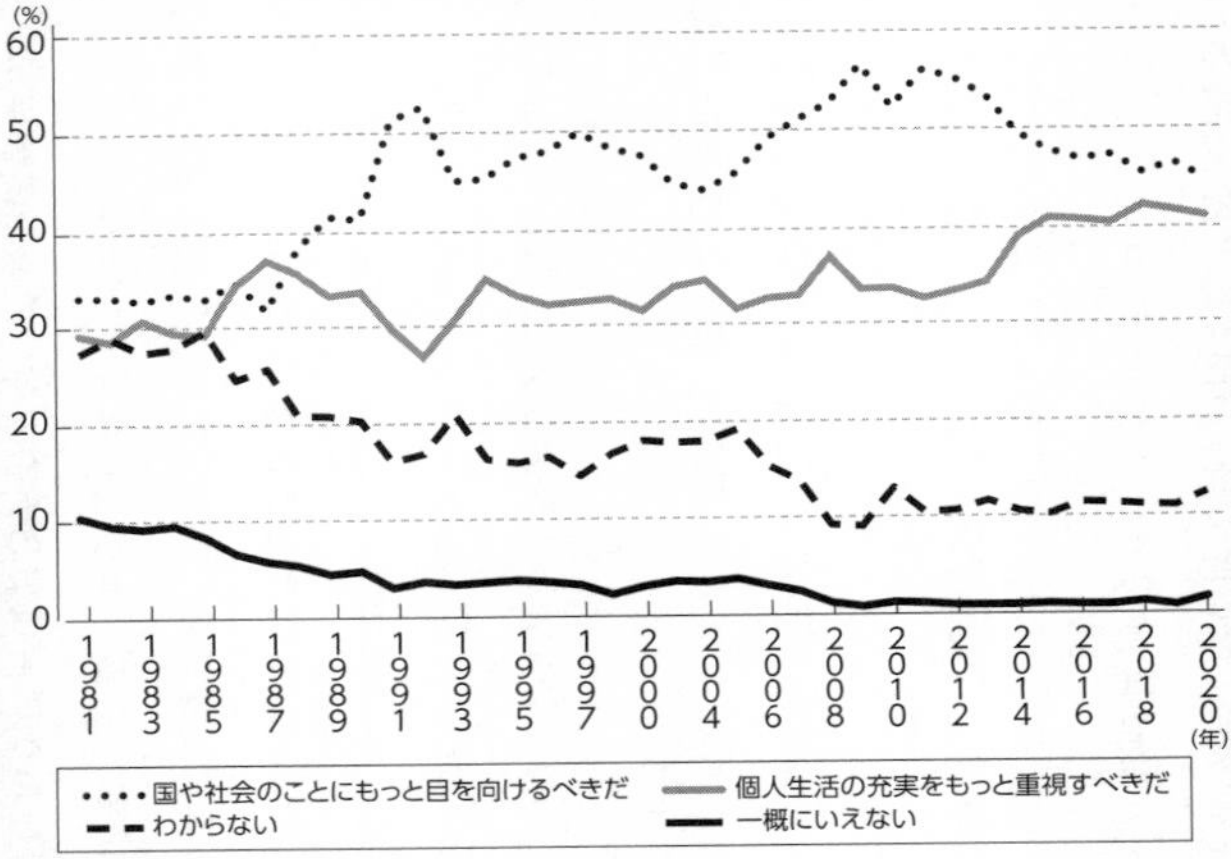

出所：内閣府「社会意識に関する世論調査」

歴年で見ると、1985年から2009年まではおおむね「社会志向」が増える傾向にあったが、2011年以降は「社会志向」が減り、「個人志向」が増えて、「社会志向」と「個人志向」が近年はほぼ同率になってきている。

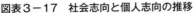

年齢別に見ると、個人志向は18～29歳から40歳代で高くなっており、2011年から20年の増減を見ても、若い世代ほど社会志向が減り、個人志向が増加している。

マスメディアなどではまさに2011年の東日本大震災以降「つながり」「絆」という言葉が流行し、それらをテーマにした番組が今でも多い気がするが、社会意識としてはむしろ2011年以降「社会志向」は減り、

「個人志向」が増えているわけだ。これは不思議である。

メディアは、社会志向が減っているとわかっていて、でも減っては困ると思って「つながり」「絆」を強調しているのか？　そこまで高度な分析をして企画を考えているメディアがあるようにも思えないが、どうなのだろう。逆に、視聴者のほうが、メディアがあまりに「つながり」「絆」をあおるので、それらに飽き飽きしてきたのかもしれない。

あるいは、下流化した生活の中で、社会や他人のことなどかまっていられない、自分のことだけで精一杯だという人が増えたのかもしれない。そこらへんのところはよくわからない。

憲法で保障されている権利を知らない日本人が多数派

ついでながら、ＮＨＫ放送文化研究所の調査を見ていて驚いたことがある。「リストには、いろいろなことがらが並んでいますが、この中で、憲法によって、義務ではなく、国民の権利ときめられているのはどれだと思いますか。いくつでもあげてください。（複数回答）」という質問に対する回答である（**図表３-18**）。

「思っていることを世間に発表する」、すなわち言論の自由を権利だと思う人が30％しかいないのだ。しかもこの回答率は１９７３年の49％からほぼ毎回低下しているのである！

図表3－18　権利についての知識

リストには、いろいろなことがらが並んでいますが、この中で、憲法によって、義務ではなく、国民の権利ときめられているのはどれだと思いますか。いくつでもあげてください。（複数回答）

	73年	78年	83年	88年	93年	98年	03年	08年	13年	18年
思っていることを世間に発表する	49.4	45.8	44.0	43.4	39.0	37.2	36.2	34.8	36.4	29.8
税金を納める	33.9	35.5	39.8	37.2	39.5	42.0	42.2	42.8	46.8	43.8
目上の人に従う	5.6	5.7	8.3	7.7	6.7	7.0	6.6	7.1	8.0	6.0
道路の右側を歩く	19.9	19.3	18.8	16.5	15.3	15.5	14.6	14.9	14.8	12.2
人間らしい暮らしをする	69.6	69.6	77.2	76.3	75.2	75.5	75.5	77.1	77.9	74.2
労働組合をつくる	39.4	36.0	28.9	27.1	25.5	23.0	20.4	21.8	21.7	17.5
わからない、無回答	7.8	7.0	4.3	6.0	5.7	4.3	5.0	5.4	3.9	4.8

出所：NHK放送文化研究所「日本人の意識」調査

「労働組合をつくる」、つまり結社の自由も権利だと思う人が18％しかいない！　これも1973年の39％から毎回連続して低下している。

「税金を納める」のは義務であるが、権利だと思っている人が44％いて、これは73年の34％からほぼ毎回増加している。

開いた口がふさがらない結果である。日本人は義務も権利もわかっていない。むしろ逆に考えている人が多数派なのだ。

言論の自由が憲法で保障されていることを知らない人は、香港の学生デモは何なのか理解できないだろうし、もしかすると香港の歴史を知らないであろう。

あるいは憲法の保障なんてなくても自由は

守られると思っているのか。自由が脅かされる可能性自体も考えないのか。

そのように社会に無関心である人は、戦争はなぜ起きたとか、なぜ負けるとわかっている戦争に突き進んだのかとか、なぜ日本に在日朝鮮人がいるのかとか、社会や歴史のいろいろなことに無関心であるしかない。そんなことを研究している学者の意味もわからないだろう。

２０２０年に『ニューヨーク公共図書館　エクス・リブリス』という映画を見てびっくりしたことがある。マグロウヒル社のつくった教科書に、黒人は金儲けをするためにアメリカ大陸にやってきたと書いてあったというのだ！　マグロウヒルといえば昔は日本経済新聞社と合弁で日経マグロウヒルという会社があって、そこが『日経ビジネス』を発行していたわけで、つまり、日本経済新聞出版社がもし教科書を出して、そこに在日朝鮮人は金儲けをするために日本に渡ってきたと書いてあるようなものである。アメリカってすごい。

だがネトウヨの書き散らす言葉には実際、在日朝鮮人は金儲けをするために日本に渡ってきたというものもあるらしいのだ。そういう類いの言葉をネットで見る人々も少なくないだろうし、歴史を知らない若い人ならそれを信じ込むかもしれないのだ。

ポピュリズムは好きだが民主主義は好きではない

話を戻す。ＮＨＫ調査では、国民にとって重要な権利は「人間らしい暮らしをする」ことであり、73年以来増減はあるが、ほぼ7割以上の人がそう思っている。そしてこれは私の調査の「自分が好きなことを優先して毎日楽しくいられること」が多数派であることとおそらく対応している。

しかし人間らしい暮らしの根底に言論の自由や結社の自由があるとは思っていないようなのである。では、彼ら彼女らは政治のことは政治家や官僚やエリートたちに任せればいいと思っているのか。

だが私の調査における「日本認識」の質問では、「政治のことは政治家や官僚等に任せておけばよい」という選択肢への回答は1・2％しかいない。任せる気はないのである。実にその点は健全である。だが「任せておけばよい」と思わないからと言って、何か政治的な活動を自分がするというわけではないだろう。

また「政治家の質・能力が低い」という回答は32％である。言論や結社の自由を3割しか認識していない国民が、一方で3割は「政治家の質・能力が低い」と言うのである。細かく集計すると「政治家の質・能力が低い」と回答した794人は安倍政権評価が低く、「下流」

が多い。他方「表現の自由に行きすぎたところがあるので、ある程度制限したほうがよい」と回答した146人は安倍政権評価が高く、「上流」が多く、男性では「中」「中の下」でも多い。

先述したように、戦後、民主主義国家を目指してから30年後、1970年代半ばには日本は中流社会がピークとなり、今回の調査対象である25～54歳にとっては民主主義も個人主義も中流社会も所与のものであり、みずから獲得したり、あえて主張したりするものではなくなったのであろう。それは、民主主義も個人主義も中流社会も広く普及したということだから、それ自体は良いことだ。が、言論の自由も結社の自由も権利と思わない人が増えるとなると、かなり危うい状況だと言わざるを得ない。

大阪で定着した「維新」の政治、「表現の自由展」を巡る一連の騒動、特に愛知県知事のリコールのために偽の署名が集まった事件などの最近の政治状況を見ていると、ポピュリズムは好きだが民主主義は好きではないという政治家や国民が増えているのかと思ってしまう。

3-3 安倍政権評価とメディア・消費

安倍支持者は本を読まないバカが多いか？

安倍政権を支持するような人は反知性主義である、テレビを見たりゲームをしてばかりで、ろくに本も読まない奴らだという俗説がある。

しかし安倍政権評価別に年間読書数（電子書籍含む。漫画は含めない）を集計すると、「評価する」人では年50冊以上が10％、30～49冊が9％と、読書数は最も多い（**図表3-19**）。10～19冊以上、つまり最低でも月に1～2冊は読んでいるという人は3割以上いる。

全体では0冊の人が30％、1～4冊が29％、30冊以上は12％であることからすると、安倍政権を評価する人の読書数は多い。

逆に評価しない人も年50冊以上が8％と多めであるが、年4冊以下の人も多めである。評価しない人は年収、学歴、階層ともに低い人が中心でありながら、高年収、高学歴、高階層の人も少なくないことが読書数の傾向にも影響している。

図表3−19　安倍政権評価 読書数別

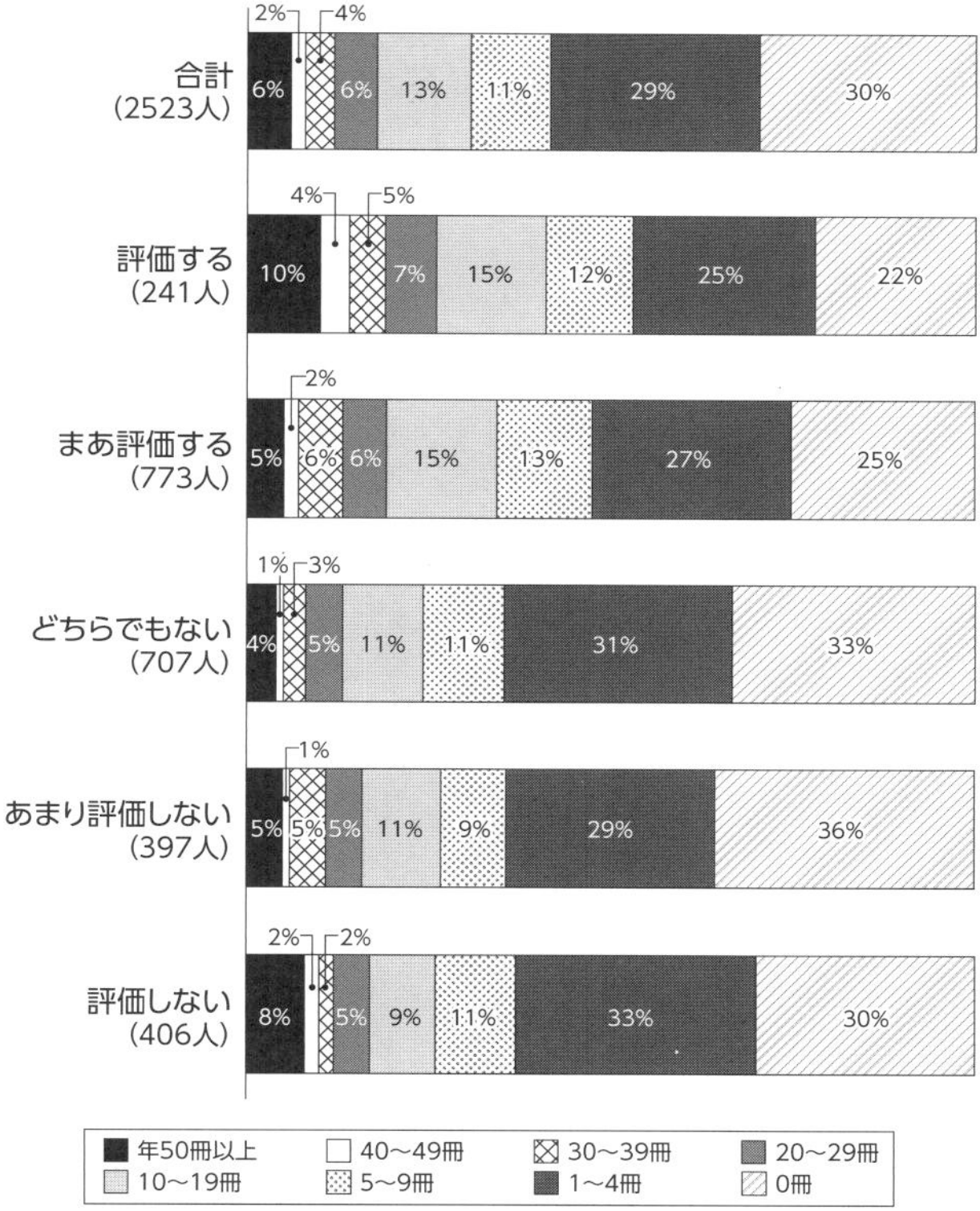

出所：下流社会15年後研究会「現代日本人の意識と価値観調査」2020

もちろん読書数だけでなく、どんな本を読むかが大事なことは当然だ。加藤陽子や白井《しらい》聡《さとし》や東浩紀《あずまひろき》も、あるいは百田尚樹《ひゃくたなおき》や橋下徹《はしもととおる》も、書く本は人文系の分野に入るだろう。経済学でも、宇沢弘文《うざわひろふみ》を読むのか竹中平蔵を読むのかでは天地の差である。だからジャンルだけを見て安倍政権評価との相関を即断することはできない。しかしそれでもこれだけの結果は出たということである。

人文系女性は天敵

安倍政権評価が高い人は本をたくさん読むが、では、どういうジャンルの本を読むか。ジャンル別で安倍政権評価を見ると「経済・経営・法律」「実務・ビジネスノウハウ・自己啓発」「理科系・技術系」の本を読む人は安倍政権を「評価する合計」が55％前後と多い（図表3-20）。典型的なビジネスパーソンが多いということであろう。またＩＴ系の人が多いのかもしれない。女性でも「理科系・技術系」を読む人が安倍政権を評価する割合は51％である。

「人文・社会・心理・教育・思想・ジャーナリズム」を読む人は安倍政権を「評価しない合計」が37％と多い。特に女性では41％である。安倍政権はずっと人文科学を軽視し、実用的

図表3－20　安倍政権評価 読書分野別

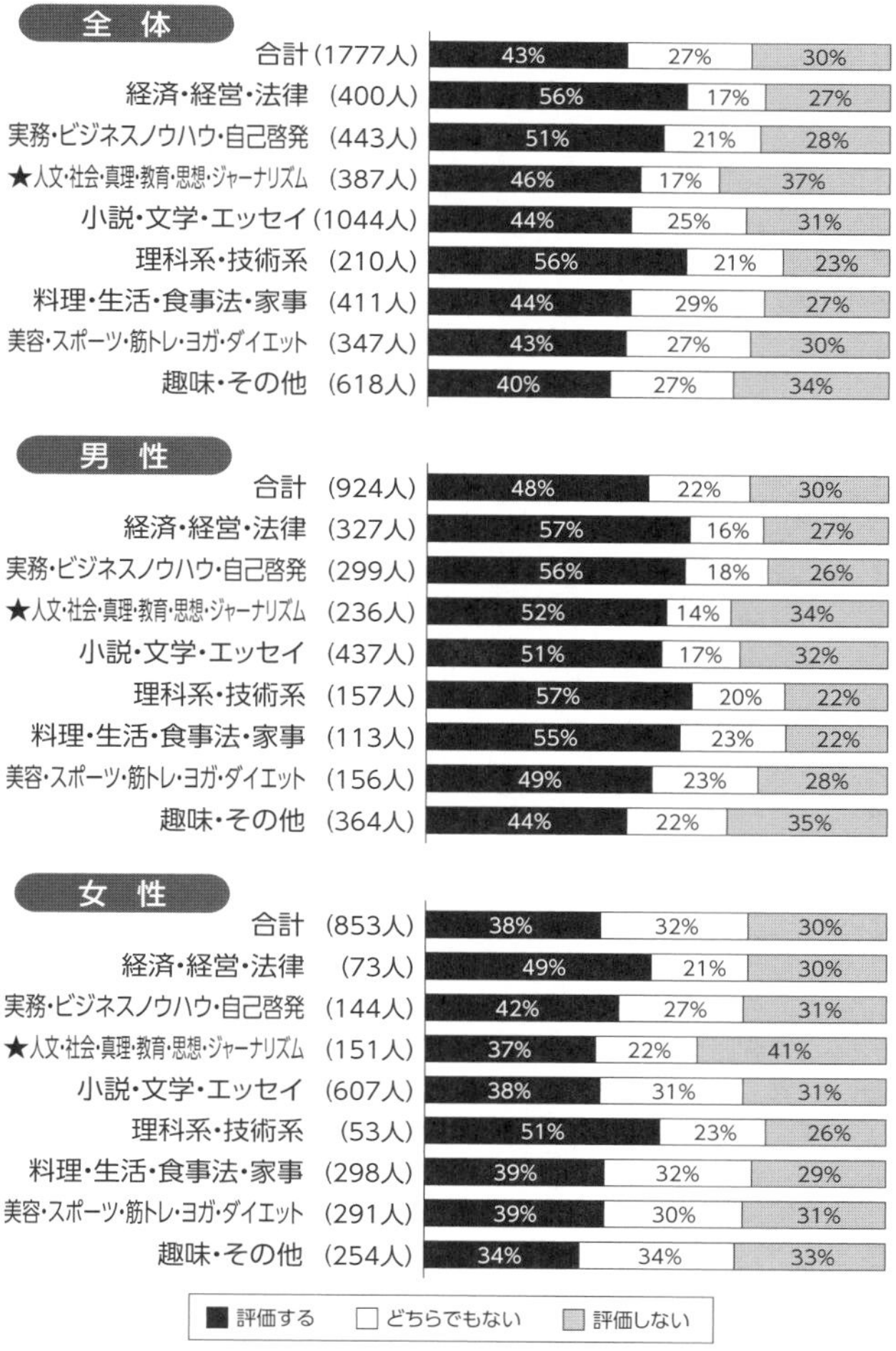
全　体
合計（1777人）43% 27% 30%
経済・経営・法律（400人）56% 17% 27%
実務・ビジネスノウハウ・自己啓発（443人）51% 21% 28%
★人文・社会・真理・教育・思想・ジャーナリズム（387人）46% 17% 37%
小説・文学・エッセイ（1044人）44% 25% 31%
理科系・技術系（210人）56% 21% 23%
料理・生活・食事法・家事（411人）44% 29% 27%
美容・スポーツ・筋トレ・ヨガ・ダイエット（347人）43% 27% 30%
趣味・その他（618人）40% 27% 34%
男　性
合計（924人）48% 22% 30%
経済・経営・法律（327人）57% 16% 27%
実務・ビジネスノウハウ・自己啓発（299人）56% 18% 26%
★人文・社会・真理・教育・思想・ジャーナリズム（236人）52% 14% 34%
小説・文学・エッセイ（437人）51% 17% 32%
理科系・技術系（157人）57% 20% 22%
料理・生活・食事法・家事（113人）55% 23% 22%
美容・スポーツ・筋トレ・ヨガ・ダイエット（156人）49% 23% 28%
趣味・その他（364人）44% 22% 35%
女　性
合計（853人）38% 32% 30%
経済・経営・法律（73人）49% 21% 30%
実務・ビジネスノウハウ・自己啓発（144人）42% 27% 31%
★人文・社会・真理・教育・思想・ジャーナリズム（151人）37% 22% 41%
小説・文学・エッセイ（607人）38% 31% 31%
理科系・技術系（53人）51% 23% 26%
料理・生活・食事法・家事（298人）39% 32% 29%
美容・スポーツ・筋トレ・ヨガ・ダイエット（291人）39% 30% 31%
趣味・その他（254人）34% 34% 33%
評価する
どちらでもない
評価しない

出所：下流社会15年後研究会「現代日本人の意識と価値観調査」2020

な学問に力を入れてきた。大学の人文系学部への予算を減らし、もっと実用的な学問を重視する方向に力を入れてきた。そしてこれは、安倍政権が反知性主義であるということの論拠のひとつでもあった。

また、女性のほうが男性より人文科学を専門とする人が多い（文部科学省「学校基本調査報告書」によると2019年の人文系学部入学者数は66％が女性。女性の修士課程進学者の半数以上が人文・社会科学分野に進む）。だから人文系の予算を削ることは女性が大学に残って研究者になるといった道を狭めることになる。

先ほど見たように女性の大学院修了者は安倍政権を評価しない人が多い。そのことと、人文系の本を読む人（特に女性）で安倍政権評価が低いこととは関連しているだろう。そもそも人文系（思想、法哲学、日本近代史など）をきちんと学べば学ぶほど、安倍首相の嘘八百ぶりや自民党の改憲案のひどさなどがわかるはずである。大げさに言えば、安倍と人文系学問は天敵である。安倍政治は女性が輝く社会などと言ってきたが、これはお金を稼ぐ女性のことだけを言っているのであり、学者になって歴史の真実を掘り起こす女性は減らしたいのが本音であろう。

よって、人文系の本を読む人で安倍政権を評価しない人が多いのは当然である。そういう意味では、日本学術会議の任命を拒否された加藤陽子東大教授はまさに女性で大学院修了で人文系であるから、天敵中の天敵ということになるのだ。

感染対策で図書館を閉鎖する反知性知事

ついでに、私の最近の個人的な経験で言えば、私は各地の図書館をよく利用するのだが、特に港区南麻布の都立中央図書館を愛用している。

ところが2021年1月から5月にかけての緊急事態宣言時や蔓延《まんえん》防止措置時に中央図書館は全面休館した。「不要不急」だからである。これでは私の研究が滞《とどこお》る。私にとって図書館は常に必要で、いつ急に必要になるかわからない重要な存在だ。しかも国会図書館も都内の市立・区立図書館も神奈川県立図書館も閉鎖しなかったのに、なぜ都立だけが閉鎖したのか、しかも、街中の古本屋まで休業要請され、なのに中古レコード屋は開店していた。意味不明である。

このことは小池都知事の反知性主義を表していると私には感じられた。小池知事はながくニュースキャスターもしてきたので、知的なイメージもあるが、だがよく思い出してみると彼女の言動から知的なものを感じることはない。日ごろから読書をしているとも思えない。

その点は猪瀬《いのせ》、舛添《ますぞえ》のほうがはるかによい。

私が愛用する都立中央図書館は極めて広く、天井も高く、換気や事前予約による入場制限さえすれば感染リスクが高いとはまったく思えない。そもそも入館者でごったがえすこともなく、もちろんみな黙って本を読んでいる。入館者の関心は極めて多様なので複数の入館者が同じ本に何度も触ることはほとんどない。同じ本に触るリスクは市立・区立図書館の絵本コーナーのほうが数百倍高い。なのになぜ都立図書館を閉鎖したのか。キャバクラでカラオケをした男性が翌日図書館に行くことが多いという統計でもあったのか。

そんなはずはないので、私なりにその理由を、図書館に行けなかった怨《うら》みつらみから、まったく恣意的に邪推してみる。

①　図書館職員は表現の自由、言論の自由などを重視するリベラルな人が多いのが気に入らない

②　図書館には『女帝　小池百合子』や朝鮮人大虐殺・南京大虐殺関連・反原発・反原爆など知事の思想に反する本がたくさん置いてあるのが気に入らない

③　図書館は、コストはかかるが収益がないから、コロナを理由に経費を削減し、非正

規職員をカットし、いずれ図書館自体も縮小したい

④ 中央図書館のある有栖川《ありすがわ》公園は素晴らしい立地なので、図書館の敷地は売却してタワマンにしたほうがいい。１階には書店付きのカフェを入れたらバカな都民が喜ぶわ

とまあ、そんなことでも考えていない限り、図書館を閉鎖する理由はないと思うのだが、私のゲスの勘ぐりだろうか。

たとえ保守・右翼政治家でも中曽根康弘《なかそねやすひろ》や大平正芳《おおひらまさよし》のような人物であれば、読書家であるから、図書館を閉鎖するなどということは思いもおよばなかったであろう。都知事でも美濃部亮吉や鈴木俊一なら閉鎖しなかったであろう。無学な田中角栄だって、むしろだからこそ教育を重視していたから図書館は閉鎖しなかったと思う。

今時の政治家は漢字も読めない人もいるくらいであるから、読書家がいるとは思えない。図書館に行ったことがない程度の人間ばかりであろう。人が集まるところはみんな閉鎖くらいの乱暴な発想しか浮かばないのである。

先日、教育テレビ（「ｅテレ」とか「ゆうメール」という訳のわからない名称が私は嫌いなので昔ながらの名称を使う）で、クラシックの指揮者たちが集まり、音楽は「不要不急」ではない、常に必要であると主張していたが、まったくその通り。私も音楽を聴かない日はない。映画も演劇もそれを常に必要とする人はたくさんいる。特に東京はそうである。それなのになぜ映画館も劇場も美術館も簡単に閉鎖したのか。やはり政治家や官僚の反知性・非文化・無教養が進んでいるのだろう。

外資系ディーラーが『日本語が亡びるとき』を読む

話を戻す。数年前、外資系証券会社のベテランディーラーたちと会って驚いたことがある。彼らはみなリーマンショックで日本の証券会社から外資に転職した人たちであるが、その中に水村《みずむら》美苗《みなえ》の『日本語が亡びるとき』を読んでいる人が複数いたのだ。

彼らは日本企業への投資を担当している。だから日本全体の将来を考えている。当然少子高齢化、財政、社会保障などについては全部頭に入っているだろう。企業行動を調べるのはプロだ。

だがそれだけでなく、『日本語が亡びるとき』も読む。グローバル化によって日本語が不要になるということと、日本の社会、経済、産業の行く末は関係しているからである。

ディーラーがそういう視点で人文書を読むとは、私は想像していなかった。だからびっくりしたのだ。

このような事例を考えると、一流ビジネスパーソンであり、高学歴、高年収である人々が読書家であるという調査結果は、よく理解できる。

若者が本やマンガをスマホで読む傾向と安倍政権評価は相関する

若い世代の安倍支持・自民支持の多さは新聞を読まないからだ、テレビの娯楽番組ばかり見て政治に関心がないからだなどと、メディア、特にニュースとの接触との関係が指摘されることも多い。そこで、メディア関連の質問と安倍政権評価の関係について見てみる。

安倍政権はアニメの聖地・秋葉原で積極的に演説をしたり、ツイッターなどのSNSで大量に発信したりと、新しいメディアやそれを使いこなす若者に訴求してきた。その効果があったのか、実際、余暇行動としてオンラインゲーム、ゲーム機でのゲーム、スマホなどでのゲーム、マンガを挙げる人は安倍評価の高い下流で多い**（図表3－21）**（注8）。また書籍やマンガをスマホで閲覧する人ほど安倍政権評価が高い**（図表3－22）**。

「書籍（マンガを除く）をiPad等のタブレット端末やスマートフォンで読む」や「マン

図表3−21　余暇行動 安倍政権評価×階層意識3段階別

	合計	評価する、上	評価する、中	評価する、下	評価する、わからない	どちらでもない、上	どちらでもない、中	どちらでもない、下	どちらでもない、わからない	評価しない、上	評価しない、中	評価しない、下	評価しない、わからない
人数 (人)	2523	193	427	357	37	85	298	279	45	105	277	379	41
パソコンでのゲーム・オンラインゲーム (%)	8	7	8	15	8	5	5	7	2	11	7	10	2
Nintendo Switch、PS4、Xbox 360等の、据置型家庭用ゲーム機でのゲーム (%)	13	11	16	18	16	9	11	9	7	15	11	16	2
3DSやPSP等の、携帯型家庭用ゲーム機でのゲーム (%)	9	6	9	13	8	5	7	8	7	11	7	11	0
スマートフォンや携帯端末でのゲーム (%)	20	19	21	26	24	14	18	20	20	20	19	21	7
eスポーツ（コンピューターゲーム、ビデオゲームを使った対戦で、スポーツ競技として捉えるもの） (%)	1	2	2	2	0	2	1	1	0	0	0	1	0
マンガを読む (%)	27	22	25	35	24	27	22	28	29	31	22	31	17
読書（マンガを除く） (%)	27	28	26	30	30	22	22	27	24	34	30	30	22

出所：下流社会15年後研究会

ガをｉＰａｄ等のタブレット端末やスマートフォンで読む」にあてはまるかどうか別に安倍政権評価を集計すると、書籍でもマンガでも「あてはまる」人ほど安倍政権評価が高く、「あてはまらない」人ほど低いのである。

特に若い年齢層でそうした傾向が強めである。「書籍（マンガを除く）をｉＰａｄ等のタブレット端末やスマートフォンで読む」については25～34歳の「あてはまる」人では安倍政権を「評価する合計」が61％である。逆に「あてはまらない」人では「評価しない合計」が36％である。

「マンガをｉＰａｄ等のタブレット端末やスマートフォンで読む」については25～34歳の「ややあてはまる」人では「評価する合計」が56％。35～44歳の「あてはまる」人では「評価する合計」が55％である。

注8：中国・新華社通信系の国営紙「経済参考報」は２０２１年8月3日、「ゲームは精神的アヘン」とするコラムを掲載し、9月1日（現地時間）から18歳未満によるオンラインゲームの利用時間を学期中の金～日曜日および祝日の20時～21時のみに制限すると発表し世界に大きな衝撃を与えた。オンラインゲーム会社各社は未成年者が年齢を偽ってプレイしないように〝実名確認システム〟を導入するとい

25〜34歳　書籍

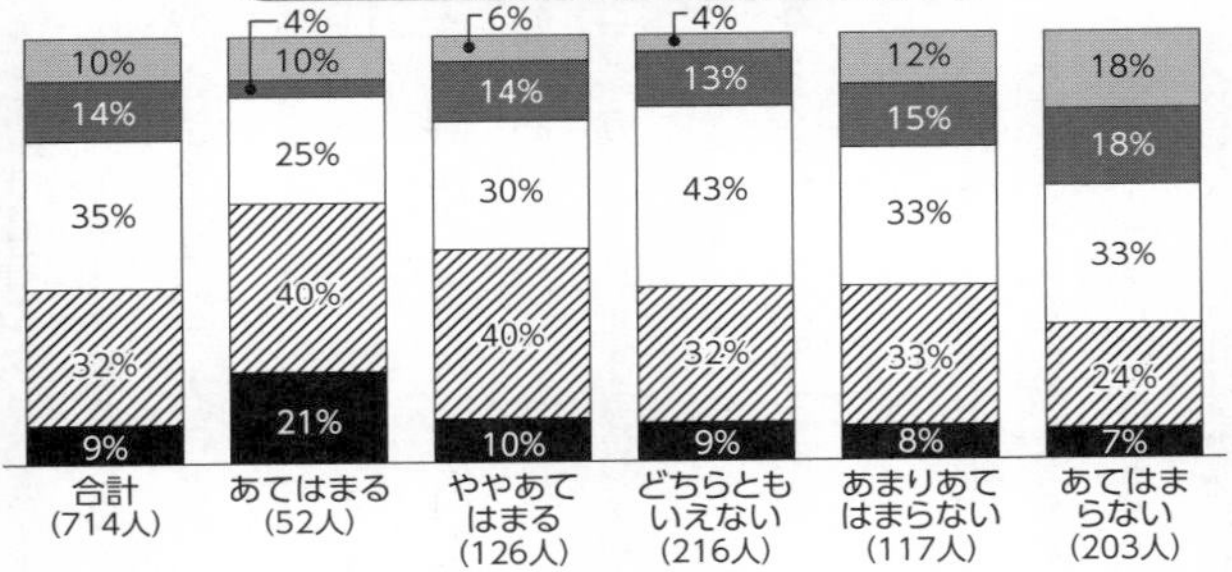

25〜34歳　マンガ

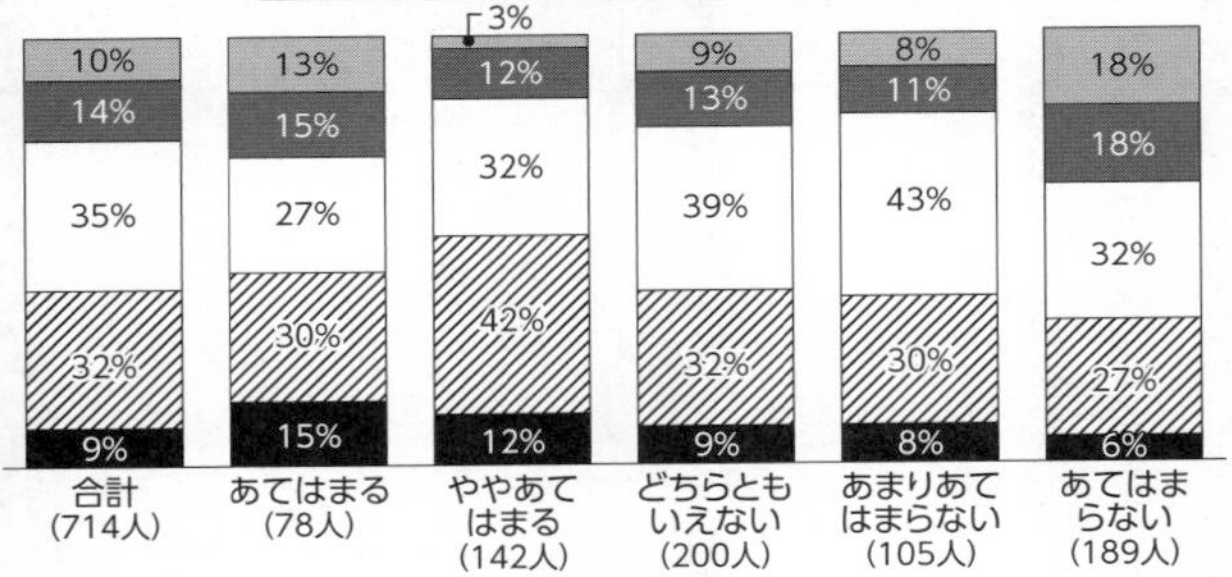

35〜44歳　マンガ

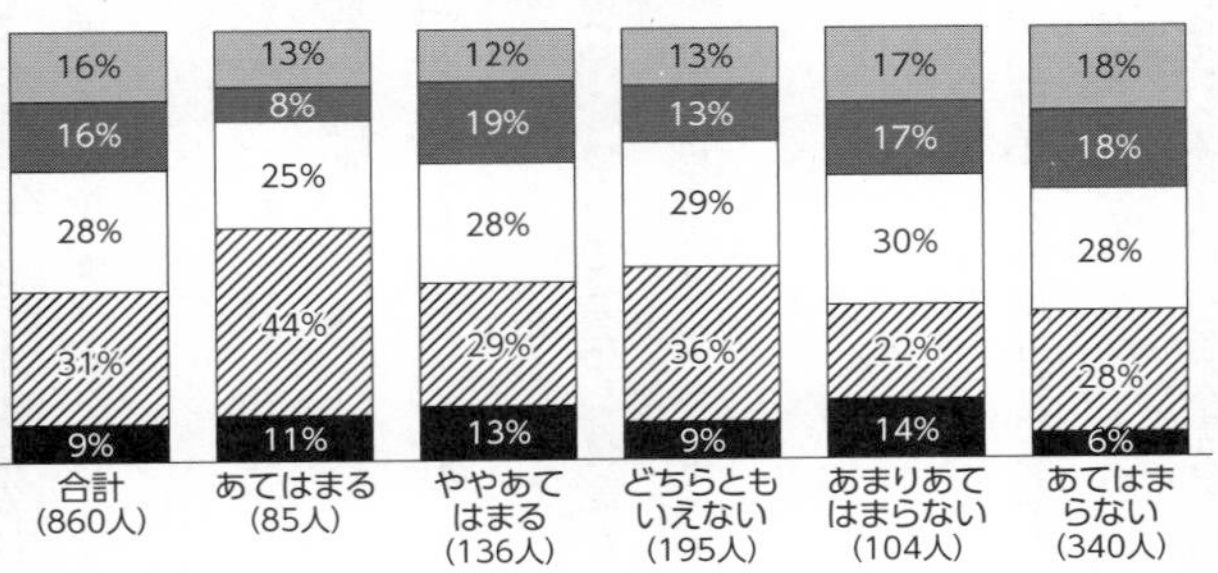

図表3−22　安倍政権評価 書籍・マンガをスマホで読む程度別

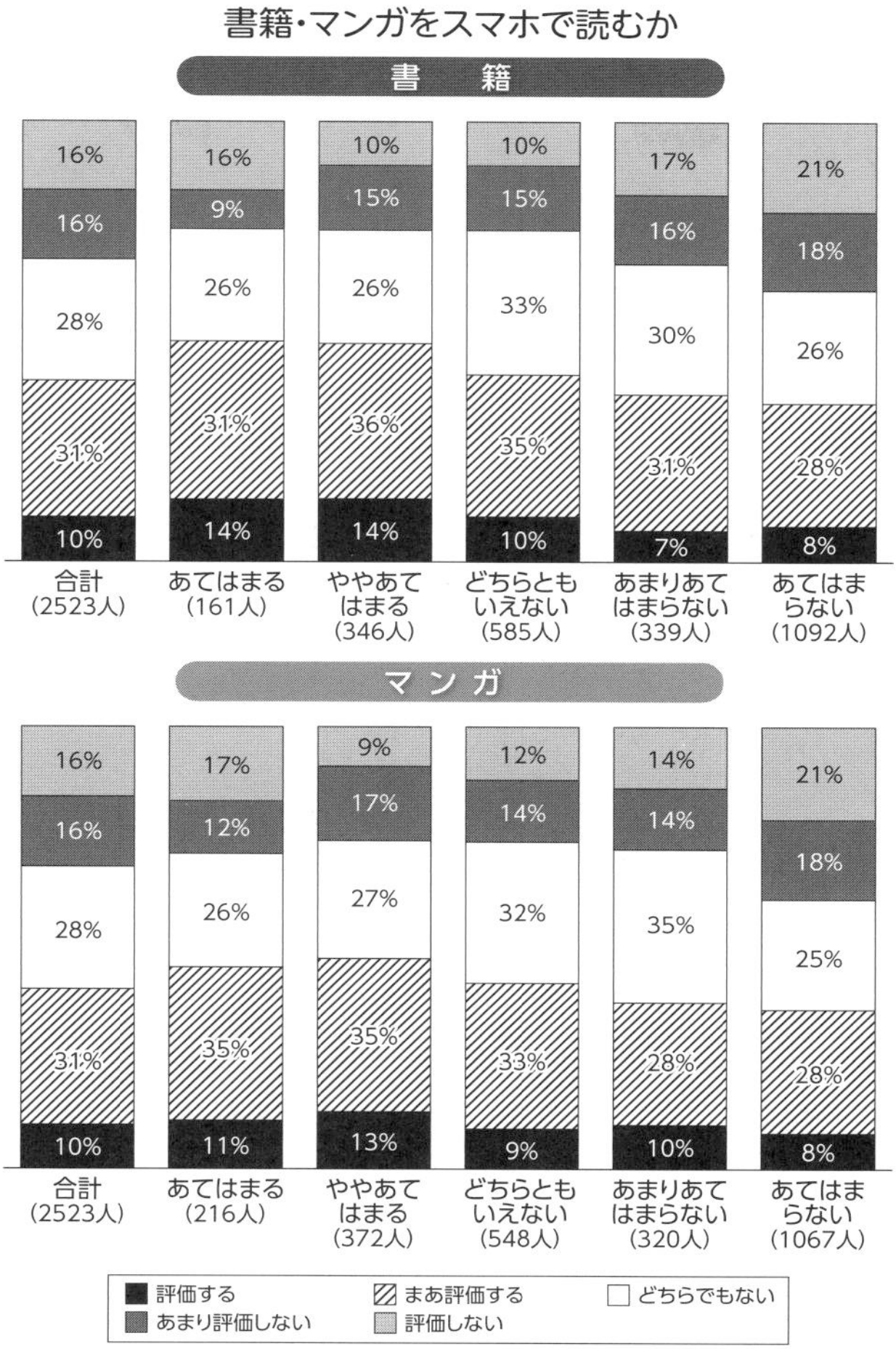

出所：下流社会15年後研究会「現代日本人の意識と価値観調査」2020

う。

中国は世界最大のゲーム市場のひとつだが、2019年から政府がゲーム依存症を防ぐ措置として同様の政策を施行しており、これまでは平日は1・5時間、土日・祝日は3時間までに制限し、深夜の利用も禁止していたが、それを強化したのだ。

中国最大手のTencent(テンセント)は、発表に呼応する形で即座に声明を発表。未成年に対して課しているプレイ時間の制限をさらに短くすることや、12歳以下の子どもへのゲームプレイ禁止、不正の温床となっているIDの不正使用に関する取り締まりの強化などの対策を今後順次実施していくことを表明しつつ、中国ゲーム業界のリーダーとして、〝ゲーム中毒〟を防ぐために、未成年者に対する適切な管理、そして過去に例のない「12歳以下の小学生に対してはゲームを全面禁止することの実現可能性」について討議するべきではないかと提言しているという。

第1章の注1でも触れたように近年、中国社会が豊かになったことにより中国で「寝そべり族」という一種の無気力な若者が増えたことを中国政府は問題視しているが、今度のゲーム規制もそうした危機感が背景にあるのではないか。私がこれまで日本で何度も実施してきた調査でも下流ほどゲームやギャンブルを好む。それらを過度に行うことはコミュニケーション障害を助長する可能性もあるし、勉学や職業能力の向上に充てるべき時間を減らすことにもなる。結果として非正規雇用、低年収となり、未婚者が増え、人口減少にもつながる。少子高齢化に入りつつある中国政府としては、国力維持のためにここで引き締め政策を打ち出したのだろう。

自由主義諸国では打ち出しにくい政策であるが、ビル・ゲイツやスティーブ・ジョブズが子どもにスマホを触らせなかったのは有名な話である。データは古いがベネッセ教育研究の２００８年の調査でも「テレビゲームで遊ぶ時間は限定している」、ゲーム機を「持っていない」という回答は、母親が中卒・高卒だと22％、大学・大学院卒だと43％と、高学歴の母親ほどテレビゲームを制限していた（「家庭の環境・生活と子どもの学力」浜野隆）。低学歴な母親ほどパートなどで忙しいから、子どもが一人で過ごすことが多く、そのためゲームをする時間が増えるということもあろう。こうした親の階層差が子どもに引き継がれるのである。

SNSを積極的に使う若者は65％が安倍政権を評価する

また、現在「ソーシャルネットワーキングサービス（ＳＮＳ）に登録し、情報共有・発信を行う」に「あてはまる」人は安倍政権評価が高い（**図表3-23**）。特に25〜34歳の男性で「あてはまる」人は安倍政権を「評価する合計」が65％、「ややあてはまる」人も57％と、とても高い。

図表3－23　安倍政権評価 SNS利用度合い別

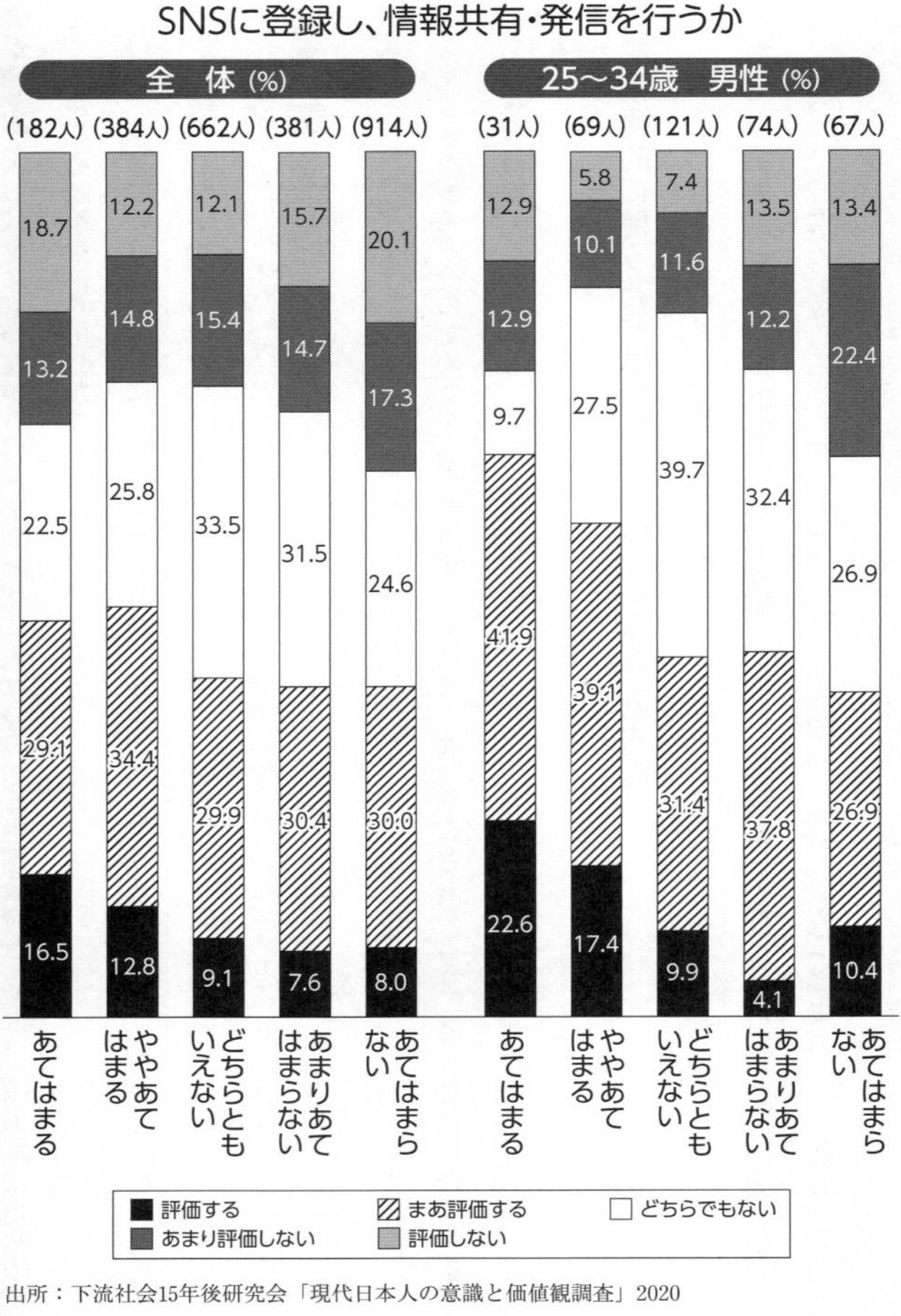

出所：下流社会15年後研究会「現代日本人の意識と価値観調査」2020

また、図表にはないが、平日の新聞（紙媒体）の閲読時間についても、時間が長い人のほうが安倍政権評価は高く、新聞を読まない人では安倍政権評価が低めである。安倍政権評価の差は、朝日新聞を読む人では評価が低く、読売新聞を読む人では評価が高いというわかりやすい結果も出ているが、新聞を読む時間だけでいえば、長い時間読む人のほうが安倍政権を評価するのである。

ネットニュースをよく見る若い人は安倍評価が高い

また、年齢別・ネットニュース平日視聴時間2段階別に安倍政権評価で集計したところ、25～34歳でネットニュース平日視聴時間が30分以上の人は「評価する合計」が46％になった**（図表3－24）**。対して「評価しない合計」は25％と少ない。安倍評価が平均よりやや高い。45～54歳でも30分以上の人で「評価する合計」がやや多いが25～34歳ほどではないし、「評価しない合計」も多いので、ネットニュースを見るほど安倍政権評価が全体として高いとは言い切れない。あくまで若い世代の傾向のようだ。

このように、若い世代を中心に、読書、スマホ、ＳＮＳ、新聞、ネットニュース、いずれを見ても、それらに対して積極的である人ほど安倍政権を評価する傾向がある。正規雇用の

図表3−24　安倍政権評価 3段階・年齢別×ネットニュース平日視聴時間別

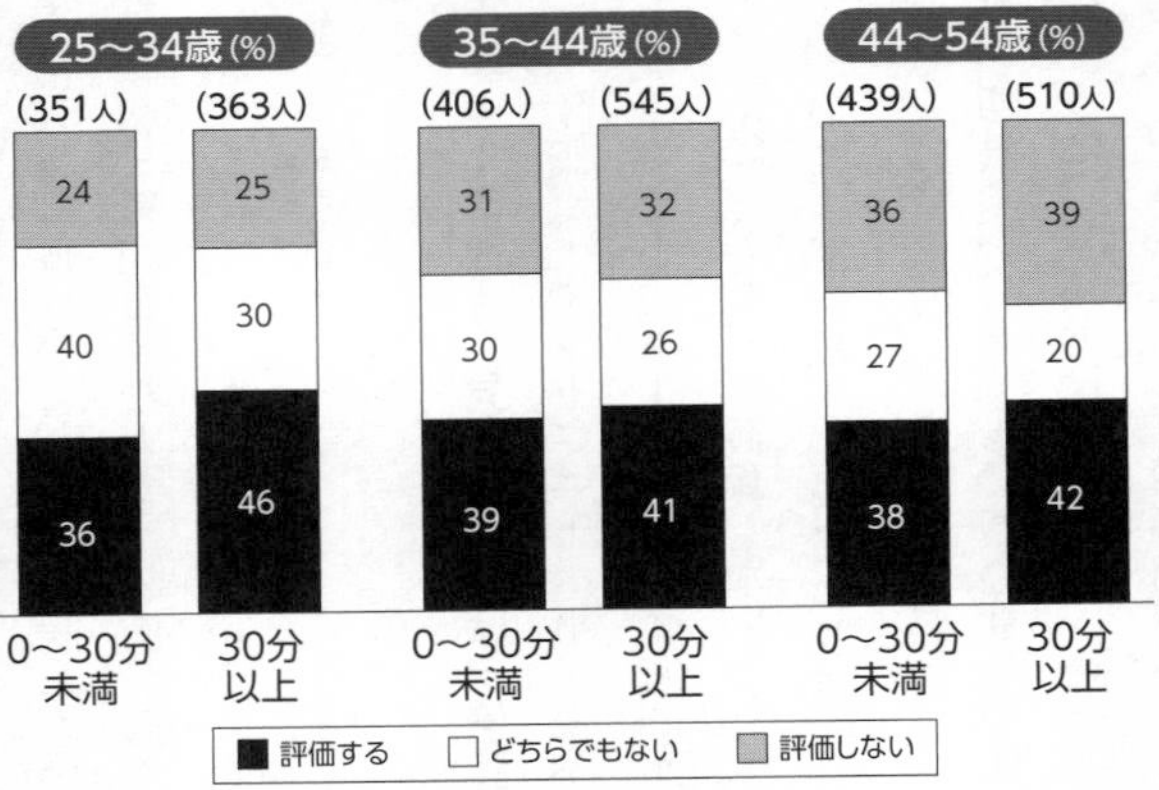

出所：下流社会15年後研究会「現代日本人の意識と価値観調査」2020

ビジネスパーソンが多く、つねに新しい情報を必要とし、情報にお金をかける余裕もあるからであろう。こうした点から見ると、安倍政権を評価する人は反知性主義だと言い切ることは難しいであろう。

だがツイッターなどで政治的な発言をしたり、それにリツイートしたり、さらには炎上させたりという現象を支えているのが、安倍政権評価が高い、それなりの高学歴の人たちであるとも言われている。

特に若い世代は、ネットを使った政治的発言に影響を受けてきた傾向が先行世代よりも高いであろう。そのことが若い世代の安倍政権評価を高めることに寄与している可能性は大いにある。

また、ABEMAなどのネットニューステレビに政治家が積極的に出演するようになったので、ネット世代である若者の中で、政治に関心のある人がネットニュース番組をたくさん視聴するだろう。そしてネットニューステレビにはいわゆるタカ派論壇人や経済人が多く出演するので、その影響を受けるのであろう。テレビのニュースでもネットニュースサイトでも主流は橋下徹らのタカ派が多い。政治に関心がないのではなく、むしろ関心がある若者のほうがテレビやネットでタカ派論壇人の話を聞き、結果、安倍政権を支えることになった。

マスコミに期待するのは無理そうだ

リアルの世界でも、安倍氏が在任期間中にヘイトスピーチが増加した。そして安倍氏は、ヘイトスピーチはやめましょうとは発言しなかった。トランプ大統領もそうだが、みずからヘイトスピーチに近い発言をして、はばからなかった（トランプはホワイトハウスへのデモを煽動《せんどう》しツイッターでは永久に利用禁止、フェイスブックでも3年間利用禁止となった）。

一国の首相がそういう「範《はん》を垂《た》れた」のだから、一般人のヘイトスピーチやそれに近い発言を助長したのは当然である。しかもネット上では匿名でいくらでもそうした発言をすることができるし、たとえ間違っていたとしても刺激の強い発言ほど拡散されやすいという困った傾向がある。国を代表する政治家には、ヘイトスピーチをしないことはもちろん、ヘイトスピーチをさせないという態度が当たり前になってほしいものだ。

だからといって新聞などマスコミが正常とは思えない。古い話だが、小学校しか出ていない田中角栄が総理になると、まるで豊臣秀吉だ、「今太閤《いまたいこう》」だと持ち上げたのに、ロッキード事件が起こると、極悪人扱いをした。マスコミが自分で火をつけ、火をあおっていたのである。

そして現代は、スマホを通じて誰もがマスコミのように火をつけ、火をあおることができるようになった。どこで誰が火をつけるかわからないから、やっかいである。こういう時代には、マスコミには国民に冷静さを求める「鎮火」記事を書いてほしいが、もともと大騒ぎをすることで部数を伸ばし、視聴率を上げてきたのだから、期待しても無駄である。せめてNHKにそうした冷静な報道を求めたいが、近年はすっかり政府に牛耳《ぎゅうじ》られている。というわけで八方塞《はっぽうふさ》がりの状況である。

消費志向と安倍政権評価

次に消費行動との関係を見る。安倍政権評価が高い人は高年収の人が多いのだから、消費

図表3－25　安倍政権評価 高級品志向別（男性）

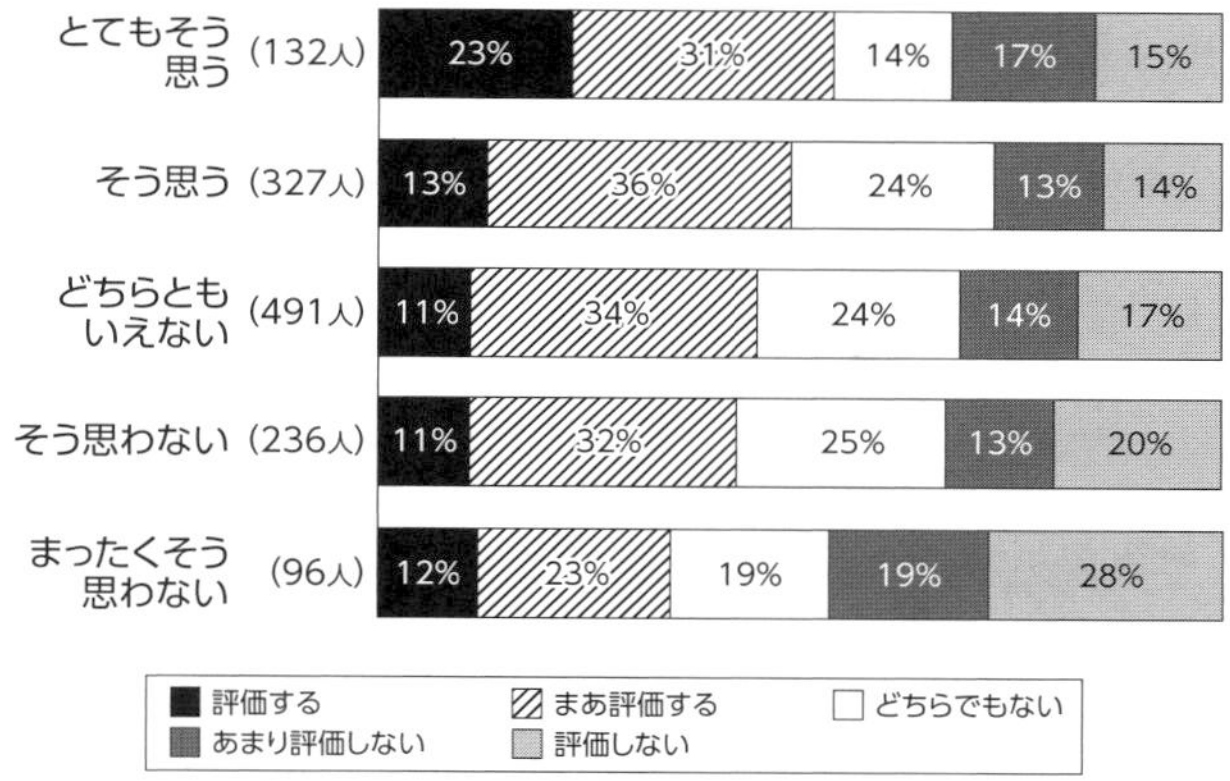

出所：下流社会15年後研究会「現代日本人の意識と価値観調査」2020

や娯楽に対して意欲的な人が多いはずである。実際、多くの消費的項目で意欲が高いほど安倍政権評価も高い。

たとえば男性で「金持ちになり、高級品を持ちたい」について「とてもそう思う」人は安倍政権を「評価する合計」が54%だが、「まったくそう思わない」人は35%というように、高級品志向が強いほど安倍政権評価が高いという比例関係がある**（図表3-25）**（女性ではこうした傾向はない）。

必然的に百貨店、ブランド専門店などの利用頻度も安倍政権評価と比例している（図表はない）。

また、安倍政権評価をショッピングセンター・ショッピングモール利用頻度別に見る

図表3－26　安倍政権評価 ショッピングモール利用頻度別

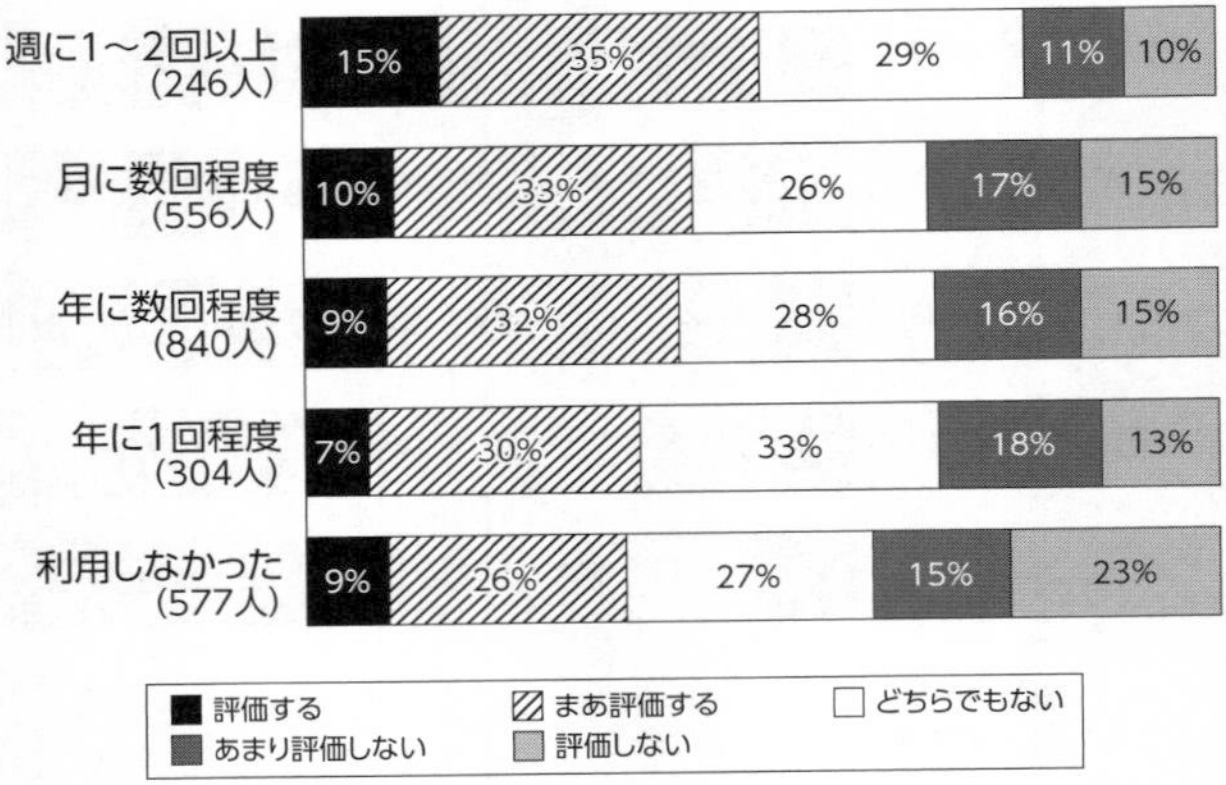

出所：下流社会15年後研究会「現代日本人の意識と価値観調査」2020

と、頻度が高い人ほど安倍政権評価が高いことが明らかである（**図表3-26**）。さらにファストファッション（ユニクロ、しまむら、GAP、H&M等の衣料品チェーン）利用頻度別ですら似た傾向がある（**図表3-27**）。**もはやユニクロは下流のファッションではなく、上流向けなのだ。**年収の高いビジネスパーソンがスーツからカジュアル、下着までユニクロを必須としているのだ。

また安倍政権評価が高い人は「大都市や県庁所在地都心部のタワーマンションに住んでいる（住んだことがある）」人が非常に多い（**図表3-28**）。

図表3−27　安倍政権評価 ファストファッション店利用頻度別

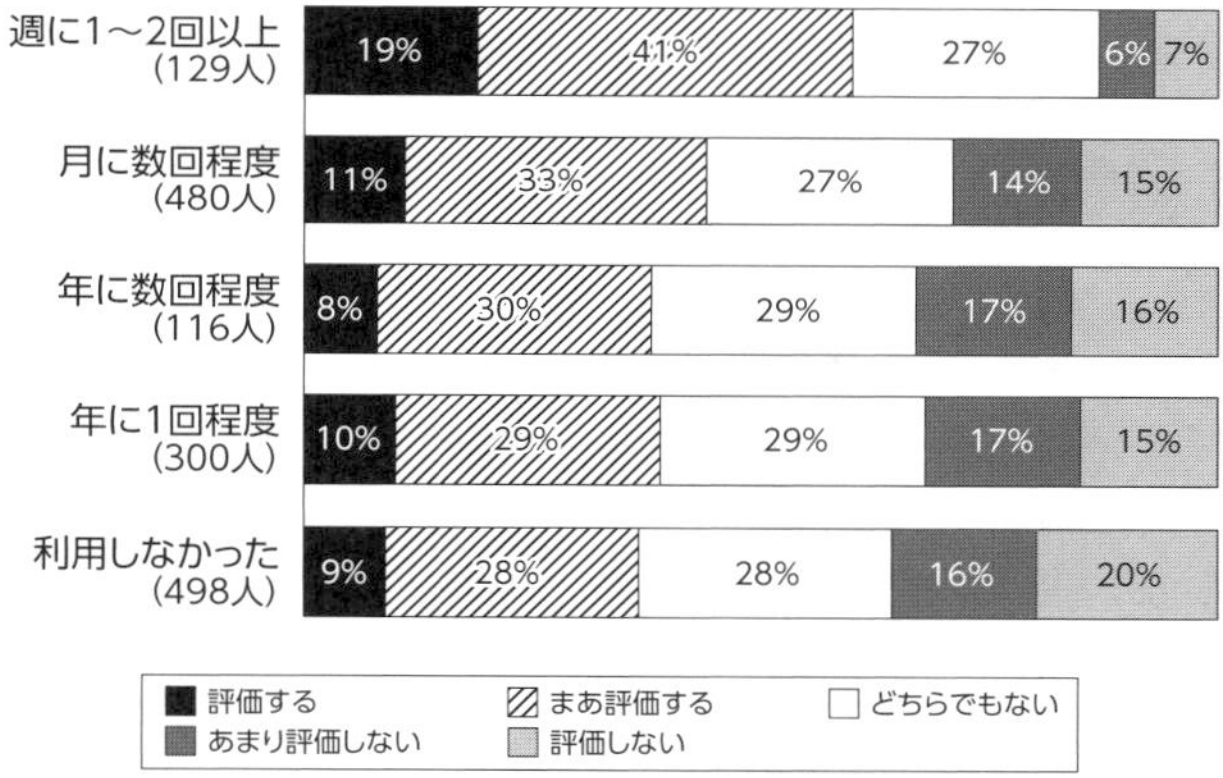

出所：下流社会15年後研究会「現代日本人の意識と価値観調査」2020

強さ志向としての筋トレ・美容

安倍政権を評価する人は美容・健康に力を入れる人が多いようである。

たとえば男性で「スタイルを維持するため、筋力トレーニングやヨガ等を行う」人の安倍政権評価を集計すると、「あてはまる」人の66％もが安倍政権を評価している（**図表3-29**）。特に45～54歳では75％にもなる。男性平均の46％よりかなり多い。

逆に「あてはまらない」人は「評価しない合計」が40％と多い。**スタイルを良くするために体を鍛える人ほど安倍政権評価が高い**のだ。

図表にはないが、女性もややその傾向がある。特に25～44歳の女性では「スタイルを維

図表3－28　安倍政権評価 大都市や県庁所在地の都心部のタワーマンションに住んだことがある（住んでいる）人（86人）

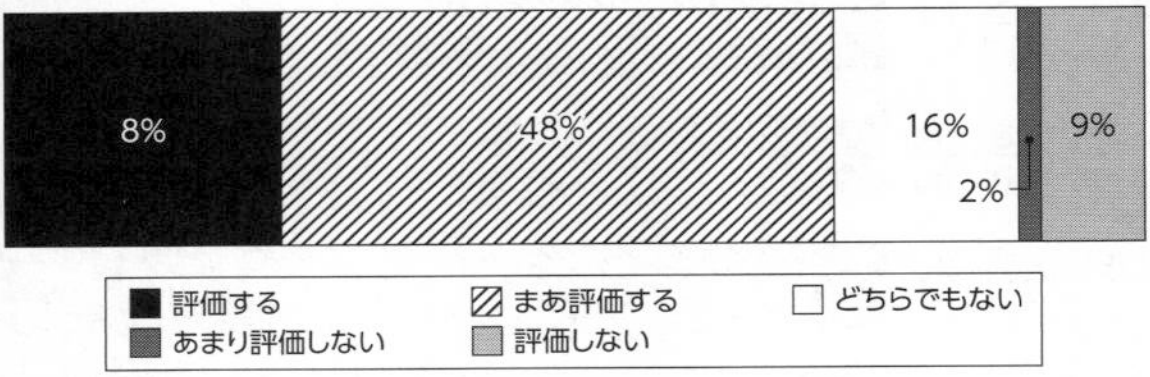

出所：下流社会15年後研究会「現代日本人の意識と価値観調査」2020

持するため、筋力トレーニングやヨガ等を行う」に「ややあてはまる」人のほぼ50%が安倍政権を評価している。女性全体の35%と比べてかなり多い。

また「エステで痩身、美白を行う」や「美容整形手術」についても「あてはまる＋ややあてはまる」人は男女ともに安倍政権評価が高い。特に男性でそうである（男性は美白ではなく痩身が中心だと思うが、最近は顔のシミをレーザーで消す男性も増えているらしい）。

しかも**「筋トレ・ヨガ」に「あてはまる」男女で、かつ「経済・経営・法律」の本を読む人（50人）は70%が安倍政権を評価している！**

「痩身・美白」を行う男女（52人）で、かつ「実務・ビジネスノウハウ・自己啓発」の本を読む人は75%が安倍政権を評価している!!

男女ともに筋トレをすること、男性でも肉体改造や美容に励《はげ》むことは、現代のビジネスパーソンの必須行動のひとつである。

図表3－29　安倍政権評価 健康や美容行動別

	人数	評価する合計	どちらでもない	評価しない合計
男性　スタイルを維持するため、筋力トレーニングやヨガ等を行う				
あてはまる	105	66%	11%	24%
ややあてはまる	164	54%	18%	29%
どちらともいえない	340	41%	33%	27%
あまりあてはまらない	180	44%	30%	26%
あてはまらない	493	43%	17%	40%
男性　エステで痩身、美白を行う				
あてはまる+ややあてはまる	106	61%	25%	13%
どちらともいえない	240	44%	31%	25%
あまりあてはまらない	132	47%	27%	26%
あてはまらない	804	44%	19%	37%
男性　美容整形手術をする				
あてはまる+ややあてはまる	110	64%	19%	17%
どちらともいえない	228	43%	32%	25%
あまりあてはまらない	124	44%	34%	23%
あてはまらない	820	44%	19%	37%
女性　美容整形手術をする				
あてはまる+ややあてはまる	56	54%	21%	25%
どちらともいえない	126	40%	39%	21%
あまりあてはまらない	84	40%	33%	26%
あてはまらない	975	32%	34%	34%

出所：下流社会15年後研究会「現代日本人の意識と価値観調査」2020

筋肉を鍛えると体力が増し、体力が増すと精神的な疲れも感じにくくなるのだそうだ。精神的に疲れなければ仕事が順調に進むだろう。外見に自信が持てればやはり仕事が順調に進むだろう。そうした価値観・行動と安倍政権評価に相関があるのだ。

外見の良さと安倍政権評価を結びつけるのは、ひとことで言えば現実主義である。自分の好き嫌いにかかわらず、今ひきしまった肉体と美しい容貌《ようぼう》を持つことが、仕事上得で経済的上昇に結びつくのであれば自分もやりましょう、ということである。

実に今時のビジネスパーソンの典型がそこに見えるではないか！　ポジティブ思考で、筋トレをして、美容に気をつかい、仕事に成果を上げる。そんな人たちが安倍政権を支えてきたらしい。

また図表にはないが、女性については、高収入な人ほど化粧・美容・ファッションにお金をかけるので、安倍政権を評価する人と化粧・美容・ファッションなどの多くの消費行動に積極的な人との相関も高い。肉体・外見の美や強さ志向と安倍政権評価が相関しているのである（拙著『露出する女子、覗き見る女子』参照）。

すなわち、美容は女性的な美しさを磨く時代から、心身の癒しの時代を経て、男女ともに現実を生き抜く「強さ」を得るための手段と見なされるようになったと言えるだろう。そうした価値観・美意識と安倍政権評価が結合していたのである。

【コラム】 タワーマンションに住むのはどんな人？

タワーマンションというものは、なぜだかそれが好きな人と嫌いな人が極端に分かれている。

好きな人は、見晴らしが良い、都心の夜景を楽しめると言い、その実ステイタスを味わい、虚栄を満たすのだろう。高級外車を買う気分と似ている。

嫌いな人は、高所恐怖症なのかもしれないが、それより何より、タワマン住人が街を見下ろして偉そうな気分になっているということに腹が立つ。というか、根本的な価値観の違いを感じるのだ。だから、大災害が起きてタワマンの電気が止まって50階まで階段で上るなんて話を聞くと、正直胸がすっとする。

タワマンが嫌いな人だってきれいな夜景は嫌いじゃないと思うが、そういう風景に対する好みの強弱はやはりある。おそらく夜景を毎日見たい人は、キラキラ輝くダイヤモンドにうっとりする人である。だがダイヤを見ても、ああ、まぶしく光ってるねとしか思わない人はいる。きれいだと思って、ぜひともダイヤを手に入れたいと思う人と、そう思わない人がいる。そういう差がタワマンにもあると思う。

今回の「日本人の意識と価値観調査」では都心などのタワマンに住んでいるか、郊外の戸建てに住みたいか、自然の豊かな地方の中古住宅を安く買って住みたいかなどを聞いている。その回答と年収などをクロス集計すると何がわかるだろうか（集計結果の表はコラムの最後に載せた）。

質問は「あなたのこの15年間の住まい方やこれからの住まい方について、以下からあてはまるものを選んで下さい」（複数回答）というもので、そのうち「大都市や県庁所在地の都心部のタワーマンションに住んだことがある（住んでいる）」人（以下「タワマン住人」とする）は全国の調査対象２５２３人中86人で３・４％だった（うち28人が東京23区）。

つまり、全体から見ればタワマン住人は少数である。現住地は１都３県が44％、大阪・京都・兵庫が22％、その他が34％。なお、県庁所在地ではない郊外住宅地の駅前などにもタワマンはあるが、その人たちはこの回答には含まれないと思う。

▼年収は高いが年齢は低い

タワマン住人の個人年収は600万円以上が37%であり、サンプル全体の600万円以上の15%よりかなり高い。「大都市や県庁所在地の都心部の一戸建てに住んだことがある（住んでいる）」人でも600万円以上は26%だから、タワマン住人はかなり高年収の人が多いと言える。男性タワマン住民に限ると600万円以上は46%であった。

年齢を見ると、タワマン住人は25〜34歳が40%であり、全体の28%と比べると若い。特に男性タワマン住民は44%が25〜34歳である。

既婚率は51%であり、全体の52%とほぼ同じ。つまり若い割には年収が多いので早めに結婚できた人が多いということである。

既婚男性のタワマン住人については、配偶者は仕事をしている人が57%で全体の61%よりやや少なく、休職している人が13%と多い。夫の年収が高いので妻を休職させやすいことと、妻が育児休暇制度の整った職場に勤める正規雇用が多いためであろう。

タワマン住人の就業者の就業形態は正規雇用が多いが（公務員を除く）、特に女性タワマン住人は正規雇用が76%と多い。働く女性が職場の近くのタワーマンションを選んでいることがわかる。

タワマン住人の個人の預貯金は１０００万円以上１５００万円未満が９・３％と多いが、１５００万円以上は23％であり、全体の19％とあまり変わらない。

だが夫婦合計の預貯金は２０００万円台が９・３％であり、全体の３・６％よりかなり多い。夫婦共働きが多いことがうかがえる。

株・仮想通貨の保有額は５００万円以上１０００万円未満が多く９・３％（全体２・７％）。夫婦合計では５００万円以上２０００万円未満が12・８％（全体５・７％）と裕福である。

▼タワマン女性は女らしさを拒否

また各種の社会課題についての認識を見ると、「男性育児参加率が低い」ことが重要かつ早急な社会課題だと思う女性は、タワマン住人では36％と全体の16％よりかなり多いが、男性タワマン住人では16％だけである。

ただし「女性の管理職比率が低い」ことが重要かつ早急な社会課題だと思うタワマン住人は男女とも多い。仕事では男女平等を進めるべきだと思っているが、実際の家庭ではやや男女不平等ということになろうか。

また「男らしく、女らしく、ふるまう」についても「ややあてはまる」人が男性タワマン住民では33％と多い（男性全体は19％）。高学歴・高年収で男らしくふるまって女性をリードする、家族を支えるという価値観が見える。

対して女性タワマン住人は「男らしく、女らしく」は0％！（女性全体は17％。戸建て住人の女性は33％）。タワマン女性は男性のように働く人が多いようである。

▼日本の繁栄が好き

タワマン住人の学歴は上位大卒以上だけで45％（男性では56％）であり、かなり高学歴である。全体では上位大卒以上は21％、中位大卒は23％である。

過去10年で豊かになったかどうかでは、タワマン住人の63％が「豊かになった」と回答している。全体平均では33％だからほぼ2倍である。

よって階層意識は全体では「上」が15％だが、タワマン住人では38％もある（女性では42％）。**図表3-28**で見たように安倍政権評価は56％と高い。

日本の繁栄については「すでに繁栄の時代は終わっている」という人はタワマン住人

では少なく36％（全体62％）、特に男性では24％しかいない（男性全体60％）。自分たちが日本の繁栄を築いている、これからも築いていく、と考えている人たちなのであろう。

またタワマン住民はショッピングモールに行く頻度が多く「月数回以上」が52％（全体32％）。特に男性タワマン住民は60％である（男性全体31％）。タワマン住民はタワーマンションに住み、ショッピングモールに行くという新しいライフスタイルが好きなようである。

▼持って生まれた資質と生まれが大事だと思っている

「今の社会でうまくやっていくために、人間に必要だと思うものをいくつでも選んで下さい（複数回答）」という質問では、特に男性で全体平均より高い項目が多い。「自分の生まれた家の経済力や親の学歴」「遺伝的な良さ」「外見の良さ」が多い。個人の努力ではどうしようもない部分を大事だと思っているのである。

また「美意識」「語学力」「雑談力」「友人の多さ」「人の気持ちをつかんで引っ張るリーダーシップ」「幅広い人脈」「周囲を楽しませる明るさ」も多い。実に多様な能力・資質が必要だと思っているのだ。だが女性では「遺伝的な良さ」以外に全体より多い項目はなかった。

このようにタワマン住人の特に男性は、親の代以前から優秀・高学歴・高年収の階層だったことをうかがわせる。タワマンはかつての「山の手」の性格を受け継いだ現代のエリートたちの住処《すみか》なのだ。

▼格差の遺伝は望まない

タワマン住人は「親の所得階層が子供に引き継がれることによる格差の固定化」について重要かつ早急に解決すべきと考える人が男女とも多く、31％である（全体16％）。

だが「富裕層と一般層の間の所得格差拡大」や「正社員と非正規社員やフリーター等との間の格差拡大」について重要かつ早急に解決すべきと考える人は、タワマン住人は全体平均より少し多いだけである（22％対17％、31％対25％）。

つまり、自分の努力と能力によって正社員になれたかどうかが決まり、年収・資産も決まるのだから、その格差はあまり問題ではないが、親の格差が子どもにも引き継がれるのは問題だと考えているということだろう。エリートとしてはまともな考え方である。

だが自分たち自身が親から遺伝子と経済的・文化的資産を受け継いだことを認めてい

るのだから、それを自分の子どもの代で解決するのはなかなか難しいだろう。だから、親から各種の資産を受け継がなかった人でも能力を伸ばし、地位と収入を上げられる社会制度の設計をすることが、タワマン住人に代表される現代のエリートたちの次の責務であろう。

	全 体	タワマン住人
日本の繁栄時期（人）	2,523	86
すでに繁栄の時代は終わっている	61.5%	36.0%
2030年まで	11.7%	24.4%
2040年か50年まで	10.5%	20.9%
もっと長く	16.3%	18.6%
ショッピングモールに行く頻度（人）	2,523	86
月数回以上	31.8%	52.3%
年に数回程度	33.3%	29.1%
年1回以下	34.9%	18.6%
男性・社会で必要な資質（主なもの）（人）	1,282	50
外見の良さ	7.8%	18.0%
語学力	15.2%	26.0%
美意識	5.8%	16.0%
雑談力	15.6%	26.0%
遺伝的な良さ	3.4%	10.0%
友人の多さ	7.5%	16.0%
自分の生まれた家の経済力や親の学歴	6.2%	18.0%
人の気持ちをつかんで引っ張るリーダーシップ	14.7%	28.0%
幅広い人脈	18.1%	34.0%
周囲を楽しませせる明るさ	13.0%	26.0%
男らしく・女らしく、ふるまう	672	27
あてはまる	3.3%	3.7%
ややあてはまる	15.6%	29.6%
どちらともいえない	49.0%	40.7%
あまりあてはまらない	12.2%	18.5%
あてはまらない	19.9%	7.4%
重要かつ早急に解決すべき社会課題	2,523	86
女性管理職比率が低い	11.3%	24.4%
男性育児参加率が低い	13.6%	24.4%
親の所得階層が子供に引き継がれることによる格差の固定化	15.9%	31.4%
富裕層と一般層の間の所得格差拡大	17.1%	22.1%
正社員と非正規社員やフリーター等との間の格差拡大	25.0%	31.4%

出所：下流社会15年後研究会「日本人の意識と価値観調査」2020

タワマン住人の特徴

	全 体	タワマン住人
年齢（人）	2,523	86
25～34歳	28.3%	39.5%
35～44歳	34.1%	34.9%
45～54歳	37.6%	25.6%
配偶関係（人）	2,523	86
未婚	43.0%	46.5%
既婚	52.4%	51.2%
年収（人）	2,523	86
200万円未満	39.9%	22.1%
200万～400万円未満	23.0%	11.6%
400万～600万円未満	17.2%	25.6%
600万円以上	14.9%	37.2%
預貯金（既婚者は夫婦合計）（人）	2,523	86
1000万～1500万円未満	5.4%	9.3%
1500万～2000万円未満	3.4%	7.0%
2000万～3000万円未満	3.6%	9.3%
3000万～5000万円未満	2.2%	3.5%
5000万～1億円未満	1.3%	2.3%
1億円以上	0.2%	1.2%
就業形態（人）	1,872	73
正規雇用	57.6%	71.2%
パート・派遣	21.0%	9.6%
階層意識（人）	2,523	86
上	15.2%	38.4%
中	39.7%	34.9%
中の下	29.5%	12.8%
下	10.7%	9.3%
わからない	4.9%	4.7%
学歴（人）	2,523	86
上位大卒以上	20.6%	45.3%
中位大卒	22.8%	26.7%
下位大卒・短大・専門	29.8%	17.4%
高卒以下	26.9%	10.5%
過去15年で豊かになったか（人）	2,523	86
豊かになった	32.5%	62.8%
変わらない	40.2%	20.9%
貧しくなった	27.3%	16.3%

第4章

ユーミンはなぜ泣いたか——バブル世代下流中年と安倍政権

4・1　安倍政権評価と日本認識

日本認識別に見た安倍政権評価

本章ではまず、日本認識の選択肢別に安倍政権評価を見てみる。安倍政権評価が6割以上になるのは下記の選択肢である。

政治のことは政治家や官僚等に任せておけばよい（30人）……77％
外国人観光客を増やすべきだ（62人）……73％
日本の社会は、ゆるやかではあるが、良い方向に進んでいると思う（56人）……71％
愛国心をもっと育てるべきだ（223人）……71％
東京の世界都市化を進めるべきだ（49人）……69％
マイナンバーの普及を徹底するべきだ（148人）……66％
戦争をするのが仕方がないときもあると思う（110人）……66％

個人のプライバシーをある程度犠牲にしても行政や社会を優先すべきことはある（96人）……64％
個人のプライバシーがある程度外部にもれても、生活が便利になるほうがよい（59人）……63％
軍事力が弱い（266人）……61％

政治家任せ、愛国心、戦争、プライバシー軽視、軍事力と、かなり危ない。ただし回答者の人数を見ればわかるように、安倍政権評価が６割以上という回答は「愛国心」「軍事力」以外は人数がほぼ１００人以下であり、総数２５２３人の中では少数派である。

そこで回答者数２００人以上の項目だけで、安倍政権評価が45％以上の選択肢を並べてみる（**図表４−１**）。すると「愛国心」「軍事力」に加えて「強力なリーダーが必要」「完全な男女平等は面倒」「対中国・北朝鮮・韓国政策が軟弱」「生活保護が行き過ぎ」といった自民党保守派的な回答をしている人で安倍評価が高いことがわかる。

また「日本らしい季節感」「日本の伝統的な職人文化」「日本に住む外国人の増加は不安」といった日本志向、排外的傾向もある。

図表4－1　安倍政権高評価 日本認識別

	人数	評価する合計	どちらでもない	評価しない合計
愛国心をもっと育てるべきだ	223	71%	13%	16%
軍事力が弱い	266	61%	16%	23%
強力な政治的リーダーが必要な時代だ	344	52%	19%	30%
完全な男女平等というのは面倒だ	274	51%	22%	28%
1人当たりGDPを上げて豊かな消費社会を維持・発展すべきだ	225	50%	19%	31%
対中国・北朝鮮・韓国政策が軟弱だ	490	50%	16%	35%
新聞・ジャーナリズムがだめになった	368	50%	13%	38%
日本らしい季節感を生活の中にもっと取り戻すべきだ	247	49%	24%	27%
成功した人をねたむ風潮がある	280	48%	20%	33%
日本の伝統的な職人文化を再評価するべきだ	399	48%	22%	30%
マスコミや広告代理店が世論を誘導しているのは問題だ	375	48%	16%	36%
消費者がいばりすぎている	387	48%	20%	33%
生活保護が行き過ぎなので、保護世帯数や支給額を減らしたほうがよい	341	47%	24%	29%
結婚を増やす政策が遅れている	207	47%	22%	31%
国内農業の国際競争力を高めるべきだ	236	47%	20%	34%
日本に住む外国人の増加は不安だ	395	46%	18%	36%
ビジネスのチャンスをもっと広げるべきである	205	45%	21%	34%
NHKが民放のようでばかばかしい	362	45%	15%	40%
礼儀作法や日本語が乱れている	416	45%	19%	36%
見合い結婚もいいと思う	367	45%	25%	30%

※回答者200人以上、「評価する合計」が45%以上の項目を多い順に並べた
出所：下流社会15年後研究会「現代日本人の意識と価値観調査」2020

図表4－2　安倍政権低評価 日本認識別

	人数	評価する合計	どちらでもない	評価しない合計
原発依存を脱するべきだ	371	26%	16%	58%
失敗するのはその人が悪いという自己責任の考え方が社会に広まり過ぎた	259	29%	17%	53%
米国依存を脱するべきだ	272	34%	16%	50%
コロナなど新型の疫病への対策が遅れている	519	26%	25%	50%
NHKが特定の政権を支持しているのは問題だ	437	36%	15%	49%
日本の社会に閉塞感（出口が見えない感じ）がある	495	33%	18%	49%
官僚支配が強すぎる	358	32%	19%	49%
失業者対策が不足している	421	32%	20%	48%
最低限の所得を保証して過度な競争をしなくていい社会にする	219	31%	22%	48%
障害者の就労支援をすべきだ	240	35%	18%	47%
生活保護など最低限の生活を維持する政策が不足している	236	34%	20%	47%
今の時代には空虚感（むなしさ）がある	406	34%	20%	47%
様々な価値観、文化、人種への寛容性が不足している	243	32%	22%	47%
政治家の質・能力が低い	794	31%	23%	47%
個人が夢や希望を持てなくなった	446	33%	20%	46%
正規雇用と非正規雇用の所得・処遇・休暇などの格差を減らすべきだ	407	34%	20%	46%
同性婚が認められていないのは問題だ	208	31%	23%	46%
氷河期世代・ロストジェネレーションへの支援が足りない	246	40%	14%	46%
日本人は思いやりがなくなった	414	35%	20%	45%
地球温暖化・異常気象・省エネなどへの対策が遅れている	429	31%	24%	45%
金持ちの税金を増やすべきだ	612	33%	22%	45%
貧富の差が拡大している	713	33%	22%	45%
金持ちが社会や文化に貢献していない	339	34%	21%	45%
戦争中の日本のことを知らない若い世代が増えているのは危険である	298	37%	18%	45%

※回答者200人以上、「評価しない合計」が45%以上の項目を多い順に並べた
出所：下流社会15年後研究会「現代日本人の意識と価値観調査」2020

他方「新聞・ジャーナリズムがだめ」「マスコミや広告代理店が世論を誘導」「NHKが民放のようでばかばかしい」といった、ややリベラル派的な認識をする人でも安倍評価は少し高い。

逆に安倍政権を「評価しない合計」が40％以上ある選択肢（回答者数200人以上）は**図表4-2**のようになる。「原発依存を脱するべき」「自己責任論が拡がりすぎ」「NHKが特定の政権を支持」などが上位に来た。

下流なのに安倍政権評価が高い人の日本認識

次に、階層意識別に日本認識を見てみる。階層意識3段階で下流なのに安倍政権評価が高い人の日本認識には、「愛国的」「復古的」「排外的」な傾向があることがわかる。

まず階層意識3段階と安倍政権評価3段階をクロスした9クラスタを作り、日本認識に関する173項目の選択肢についてチェックされた総数を見てみる。

すると、安倍政権評価3段階で「どちらでもない」人では階層意識にかかわらずチェック数が少ない。つまり彼らは日本社会に問題があるとあまり考えていない人たちである。

安倍政権評価が低い人たちは当然、日本社会に問題があると考える人が多いので、階層意識にかかわらず総チェック数が多い。

安倍政権評価が高い人で上流や中流の人は総チェック数が少ない。現状に満足しているからである。

だが、**下流なのに安倍政権評価が高い人たちは安倍政権評価が低い人たち並に総チェック数が多い**のである。なぜか？　そこで、下流で安倍政権評価が高い人と低い人で日本認識を比べてみる。

下流で安倍政権評価が高い人が、低い人より5ポイント以上多い項目は次の通りである（図表４-３）。また、これらの項目はいずれも「評価する上流」よりも多い。

愛国心をもっと育てるべきだ
軍事力が弱い
完全な男女平等というのは面倒だ
強力な政治的リーダーが必要な時代だ
対中国・北朝鮮・韓国政策が軟弱だ
何かにつけて文句を言う人（クレーマー）が増えていて困る

図表4－3　日本認識 安倍政権評価３段階×階層意識３段階別

	全体	評価する上流	評価する下流	評価しない下流	評価する下流と評価しない下流の差(ポイント)
人数	2,523	193	357	379	
愛国心をもっと育てるべきだ	9%	12%	20%	5%	15
軍事力が弱い	11%	10%	21%	9%	12
完全な男女平等というのは面倒だ	11%	12%	19%	10%	9
強力な政治的リーダーが必要な時代だ	14%	18%	21%	12%	9
対中国・北朝鮮・韓国政策が軟弱だ	19%	23%	30%	22%	8
何かにつけて文句を言う人（クレーマー）が増えていて困る	30%	25%	39%	31%	8
何歳になっても自由に恋愛をしたり、異性と付き合いたい	10%	11%	15%	8%	7
戦争をするのが仕方がないときもあると思う	4%	5%	11%	5%	6
消費者がいばりすぎている	15%	18%	21%	15%	6
日本の伝統的な職人文化を再評価するべきだ	16%	20%	22%	16%	6
日本らしい季節感を生活の中にもっと取り戻すべきだ	10%	14%	14%	8%	6
マイナンバーの普及を徹底するべきだ	6%	12%	9%	3%	6
結婚を増やす政策が遅れている	8%	7%	13%	8%	6
日本に住む外国人の増加は不安だ	16%	15%	24%	19%	6
個人のプライバシーをある程度犠牲にしても行政や社会を優先すべきことはある	4%	6%	8%	2%	6
生活保護が行き過ぎなので、保護世帯数や支給額を減らしたほうがよい	14%	16%	15%	10%	6
観光産業の促進をすべきだ	5%	8%	8%	3%	6

※安倍政権を「評価する下流」と「評価しない下流」の差が大きい順に並べた。太字は評価する下流の人が19%以上選んだ項目である
出所：下流社会15年後研究会「現代日本人の意識と価値観調査」2020

何歳になっても自由に恋愛をしたり、異性と付き合いたい
戦争をするのが仕方がないときもあると思う
消費者がいばりすぎている
日本の伝統的な職人文化を再評価するべきだ
日本らしい季節感を生活の中にもっと取り戻すべきだ
マイナンバーの普及を徹底するべきだ
結婚を増やす政策が遅れている
日本に住む外国人の増加は不安だ
個人のプライバシーをある程度犠牲にしても行政や社会を優先すべきことはある
生活保護が行き過ぎなので、保護世帯数や支給額を減らしたほうがよい
観光産業の促進をすべきだ

こうして見ると、自民党の価値観や政策とほぼ一致している。またいわゆる「愛国的」「復古的」「排外的」傾向が強いことがわかる。

特に「強力な政治的リーダーが必要な時代だ」「対中国・北朝鮮・韓国政策が軟弱だ」「何

かにつけて文句を言う人（クレーマー）が増えていて困る」「戦争をするのが仕方がないときもあると思う」「日本に住む外国人の増加は不安だ」という項目は9クラスタの中で最も値が高い。ここでいう「クレーマー」は安倍政治に文句を言う人という意味も多く含むかもしれない。

他方、これらの項目は上流や中流で安倍政権評価が高い人の間では、必ずしも多く選択されていない。上流や下流ではほとんどの項目がほぼ全体平均並みなのである。

調査サンプル数は、安倍政権評価が高い上流は193人、中流は427人、下流は357人であるから、安倍政権評価が高い人全体の日本認識の愛国主義的などの傾向は、実は下流の人の値が引っ張り上げていたと言える。このあたりが、安倍政権の岩盤支持層が反知性主義的だと言われる一因であろう。

言い換えると、安倍政権評価が高くて上流や中流の人たち、つまり日本のエリート層・リーダー層を含む人たちは、あまり愛国的・復古的・排外的ではないのだ。そのことに私は胸をなで下ろした。考えてみれば彼らが過激な思想・行動を持たないことは当然ではある。彼らは、世界各国と良好な関係を保ち経済活動を円滑に行いたいからである。

メディアに毎日のように登場して愛国主義的な言説を吐く人々は、その意味では下流の安倍政権支持者のために存在しているのだろう。

下流の中年層は「愛国的」「復古的」で安倍政権評価が高い

次に、下流で安倍政権評価が高い人の日本認識を年齢3段階で比較してみる。すると「愛国的」「復古的」「排外的」な項目が多いのは中年層（45〜54歳）の特に男性であり、若年層（25〜34歳）ではなかった（**図表4－4**）。「愛国心をもっと育てるべきだ」は男性の45〜54歳では29％だが25〜34歳では13％、「対中国・北朝鮮・韓国政策が軟弱だ」も45〜54歳では46％だが、25〜34歳では9％と少ない。「政治家の質・能力が低い」「米国依存を脱するべきだ」「外交力が弱い」「軍事力が弱い」「道徳教育が不足している」も同様の傾向である。

若年層が保守化し、自民党支持が高く、安倍政権評価も高いということが新聞などでよく指摘されるが、若者の保守化は政治的な意味の保守化ではなく、「今の生活がずっと維持されればいいいな」という意味での保守化なのであろう。そもそも現在の若者は自民党を保守と思わず、共産党を保守と思い、維新を革新と思うのだという。言われてみれば改革を叫ぶ自民や維新が革新で、憲法などの変化を求めない共産党や社民党は保守だと感じられても不思議ではない。また、若年層の意見が中年層より多いのは、男性の育児・家事、子どもの能力

図表4−4　下流（「中の下」「下」合計）で安倍政権評価が高い男性の日本認識（年齢別）

	男性25〜34歳	男性35〜44歳	男性45〜54歳	男性45〜54歳と25〜34歳の差
人数	67	76	85	ポイント
45〜54歳が多い				
対中国・北朝鮮・韓国政策が軟弱だ	9%	33%	46%	37
年金・医療費など社会保障が不安だ	22%	33%	46%	24
何かにつけて文句を言う人（クレーマー）が増えていて困る	27%	37%	47%	20
教育にお金がかかりすぎる	10%	28%	27%	17
礼儀作法や日本語が乱れている	13%	25%	29%	16
愛国心をもっと育てるべきだ	13%	22%	29%	16
NHKが特定の政権を支持しているのは問題だ	13%	25%	28%	15
貧富の差が拡大している	25%	36%	40%	15
自分たちが高齢者になったときに社会がうまくいくか不安だ	25%	30%	40%	15
治安が悪化している	18%	25%	32%	14
日本の伝統的な職人文化を再評価するべきだ	13%	22%	27%	14
金持ちの税金を増やすべきだ	19%	29%	33%	14
介護対策が遅れている	9%	17%	22%	13
道徳教育が不足している	19%	25%	32%	12
安心して老後が暮らせる福祉社会を実現すべきだ	15%	24%	27%	12
毎日を生きるだけで一杯である	22%	25%	34%	12
男らしさ・女らしさがなくなりすぎである	6%	8%	17%	11
何歳になっても自由に恋愛をしたり、異性と付き合いたい	12%	17%	22%	11
45〜54歳が少ない				
成果主義の徹底をして、同じ正規雇用でも所得格差を広げたほうがよい	10%	4%	5%	-6
結婚はしなくても子どもを差別なく育てられるようにすべきだ	18%	21%	12%	-6
地域・近隣社会の豊かさをもっとつくっていくべきだ	13%	11%	7%	-6
表現の自由をもっと守るべきである	15%	8%	8%	-7
一般人の税金を減らすべきである	33%	33%	25%	-8
普通の子どもの能力の底上げをする教育がない	21%	11%	11%	-10

出所：下流社会15年後研究会「現代日本人の意識と価値観調査」2020

の底上げ、成果主義の徹底、ＬＧＢＴ差別の解消といった、いかにも現代的な、そして若年層にとって切実な問題であり、特に女性で多い。

対して45〜54歳の層は、校内暴力が戦後最多の時期に中学生だった世代とほぼ重なる。暴走族もまだたくさんいた世代である。いわば「マイルドヤンキー」になる前の本物の「ヤンキー」がたくさんいた。いわば「右翼的」であると思われる。ヤンキー的な人たちは政治的には基本的に「保守」であり、しばしば「右翼的」であると思われる。そういう人たちが安倍政権を下支えする一種の「岩盤支持層」になっていたのではないだろうかとも推測される。

なお、もちろん中年層は年齢特有の問題として、年金・医療費、教育、老後などの項目も特に女性で回答が多い。貧富の差の拡大を感じ、真面目に働く人が報われるべきだという回答も多い。にもかかわらず安倍政権を評価しているのである。よほど野党が嫌いな真正の「保守」なのであろう。

中年下流層に対する「ゴーマニズム宣言」の影響

中年層で愛国的認識が多いのは、彼らが若いころから小林よしのりの「ゴーマニズム宣言」などに触れてきた影響もあるだろうと想われる。

「ゴーマニズム宣言」は雑誌『SPA!』において1992年1月から連載され、当時の若い世代の圧倒的な支持を集めた。その後雑誌『SAPIO』において1995年9月27日号から「新・ゴーマニズム宣言」として連載され、96年9月には『新・ゴーマニズム宣言スペシャル　脱正義論』が刊行された（伊藤昌亮《まさあき》『ネット右派の歴史社会学』参照）。

つまり今の45〜54歳が17〜26歳のときに「ゴーマニズム宣言」が開始され、その後現在に至るまで続いてきたわけで、その世代に対する影響はかなり大きかったと推測される。

かつ先述したように、93年から98年は自民党下野から自民党・社会党連立政権成立、そして自民・公明政権誕生という変動の時代である。この連立が結果として社会党を崩壊させ、以後野党の乱立・混乱状況が起こるわけだから、事実上自民党に対する対抗勢力がなくなったと言える。

そして2001年には小泉政権が成立。靖国参拝により中国の反発を買った。02年にはサッカーワールドカップが日韓共同開催されたが、このころから反韓・嫌韓の言説がネット上に急増した。

さらに2000年代は中国の経済成長が顕著になり、日本にとって明らかに驚異となり始め、2010年には日本のGDPを抜く。現在45〜54歳の人たちはそのとき、35〜44歳である。彼らの少年期・青年期・壮年期は、日本の政治の混迷と、中国に抜かれる日本という時代としてあったのだ。そう考えれば、現在彼らが、たとえ下流であっても安倍政権を評価した理由もなんとなくわかる。中国が台頭しなければ自分たちはもっと豊かだったという気持ちがあったとしても不思議ではない。

実は、私は２００６年に行った「男性仕事・生活調査」で小林よしのりの支持者を分析している（拙著『下流社会 第2章』参照）。それによると30～34歳（つまり２０２０年の44～48歳）の男性の小林よしのり支持者のうち、下流の割合が59％で一番多かったのだ。

また当時の小林支持者は就業形態別では経営者、自営業・自由業、派遣社員の割合が高く、正規雇用はやや少なめであった。これは今回の調査における下流の45～54歳男性の傾向とかなり似ているのではないか。彼らは若いときに小林よしのりの言説の信奉者となり、その傾向を今に至るまで維持していたと言えそうなのである。

以上のように見てくると、上流・中流の安倍政権評価の中心はアベノミクスへの評価であり、市場にお金が回るようにしたことが評価されているようである。給料も上げたし、株価も上げたし、保育所も増やした、働き方改革もした。良好な日米関係を維持し、靖国参拝などで中国を刺激せずに経済交流をしてきた。

つまり上流の人々の安倍政権評価は「目的合理的」なのである。経済成長・安定という目的のために成果を上げたということである。

対して下流の、特に中年層の安倍政権評価は、もちろん「目的合理的」でもありうるが、「伝統的行為」「価値合理的行為」「感情的行為」でもある。

「伝統的」というのは、先祖代々地元で商売をしていて、自民党支持だし、俺もそうだ、というケースである。この場合、安倍だから支持というより、自民党だから支持するのである。

「価値合理的」というのは、安倍氏のいわゆる「保守性」あるいは「美しい日本」、その陰にある反共的な言動に価値を見いだしているということである。中曽根政権支持者と近い心理であろう。

「感情的行為」は後述するように（２４０Ｐ）安倍さんはおしゃれだし、お金持ちだし、二枚目だし、外交の場でもサマになっているし、「なんとなく、好き」だからという評価をするタイプであろう。

安倍政権評価が「どちらでもない」人とは？

ところで安倍政権評価が「どちらでもない」人は、どんな属性の人なのか。

彼らはこれまでにも見たように25～34歳が多く、学歴は下位大卒以下が多く、年収は少なめであり、階層意識は「中の上」以上が少ない。必ずしもブルーカラーが多くはない。政党支持は無党派層である。

また読書数が少なく、読書分野は「経済・経営・法律」「実務・ビジネスノウハウ・自己啓発」「人文・社会・心理・教育・思想・ジャーナリズム」が特に少ない。

さらに「今の社会でうまくやっていくために、人間に必要だと思うもの」という質問でも、ほぼすべての選択肢について選ぶ人が少ない。主体的に物事に関与するというより、何かにつけて受動的な人たちであり、社会に対する問題意識を持たない人たちであると想像される。あまり意欲的に自分の能力を高めたいと考えるタイプではないようである。

生活全般への満足度、幸福度、将来への不安を見ても、安倍評価が「どちらでもない」人は将来に「とても不安を感じている」人が少なく、満足度も幸福度も「どちらともいえない」がやや多いところに特徴がある（**図表４‐５**）。何もかもどちらでもないのだ。

ということは、かつての岡田克也元民主党代表のように、このままでは日本はだめにな

図表4－5　生活全般満足度・幸福度・将来への不安 安倍政権評価別

	人数	満足	どちらかといえば満足	どちらともいえない	どちらかといえば不満	不満	わからない
合計	2523	6%	37%	28%	16%	10%	3%
評価する	241	15%	42%	23%	8%	9%	4%
まあ評価する	773	5%	45%	27%	15%	7%	2%
どちらでもない	707	4%	33%	36%	15%	8%	4%
あまり評価しない	397	6%	35%	24%	22%	11%	3%
評価しない	405	5%	30%	25%	15%	21%	3%

幸福度

	合計	とても幸せである	幸せである	どちらともいえない	あまり幸せではない	まったく幸せではない	わからない
合計	2523	6%	37%	29%	15%	10%	3%
評価する	241	12%	42%	25%	10%	8%	3%
まあ評価する	773	5%	45%	26%	14%	8%	2%
どちらでもない	707	5%	34%	37%	14%	8%	3%
あまり評価しない	397	6%	33%	26%	20%	13%	3%
評価しない	405	5%	31%	28%	18%	16%	3%

将来への不安

	合計	とても不安を感じている	不安を感じている	どちらともいえない	あまり不安を感じていない	まったく不安を感じていない	わからない
合計	2523	20%	40%	23%	11%	3%	2%
評価する	241	20%	34%	24%	15%	4%	4%
まあ評価する	773	17%	43%	23%	12%	4%	1%
どちらでもない	707	16%	40%	27%	10%	4%	3%
あまり評価しない	397	24%	42%	21%	9%	2%	2%
評価しない	405	30%	36%	19%	9%	3%	3%

出所：下流社会15年後研究会「現代日本人の意識と価値観調査」2020

る！　と叫べば叫ぶほど「どちらでもない」人たちには理解できない。意味がわからないだろう。

分厚い中流をつくれば野党は支持されるのか？

だからおそらくこの「どちらでもない」人々が世論調査を受けて、どうしても安倍政権を支持するかしないかどちらかに決めろと言われれば「支持する」と答えるであろう。

また野党は分厚い中流をつくると言っているが、中流では「どちらでもない」人が多い。だから中流を分厚くすればするほど「どちらでもない」人が増える可能性もある。野党の支持が増えるわけではない。むしろ下流が増えたほうが、野党の支持が増えるのだ。それなのに連合をバックにして大企業の労組の顔色をうかがう立憲民主党は、支持を広げるのは難しいだろう。

言い換えれば野党は、分厚い中流が支持する野党とは何か、支持されるためにどういう政策を打つべきなのかを考えないと意味がないのだ。

国民は社会志向が弱い、社会への関心が弱いのだから、野党がいかに、夫婦別姓実施やＬＧＢＴなどへの差別解消を訴えても、「どちらでもない」中流の多くには響かないだろう。

それらはもちろん大事だが、結果として長期的に格差が是正され福祉が充実するよりも、直近の給料が上がるというような即物的な政策も含めた野党なりの経済政策を示していかないと大衆の支持は得られない。

今日のように景気が良くない時代には、野党は支持されない。野党が政権を取ると景気がもっと良くなるとは思えないからだ。むしろ景気は悪いほうが、自民党支持が増えるのだ。景気回復できるのは自民党だと国民は思っているからだ。景気が良くて、景気が良いことによる社会問題、矛盾が拡大して、国民に不満が増大すると、野党の支持が上がるのである。

高度成長期もそうだし、バブル時代も小泉政権時代もそうだった。高度成長期には東京都など大都市部の主張はみな革新系だった。バブル時代には参院選で社会党が勝利した。小泉政権の後は短命の政権を三度挟んでから民主党政権が生まれた。だから景気を良くすることが自民党の使命でありながら、景気が良くなって、その矛盾が拡大することは実は自民党にとってリスクなのである。

安倍政権評価が高い人は自助志向が強い

最後に、いろいろな社会問題を解決する主体（設問は「この問題の解決には、主に誰が取り組むべきと考えますか。」）が、国・自治体か、企業か、地域やＮＰＯか、私や家族かという質問をｍｉｆが２０２０年にしているので、これを安倍政権評価別に集計してみる。

すると推測値であるが、安倍政権評価が高い人ほど、各種の社会問題の解決主体を国・自治体と考える人が少ないのである。

たとえば「老老介護（90歳代の親を70歳代の子どもが介護する）の増加」という問題については、安倍政権を評価する人は、国・自治体が主体で解決すべきと考える人は54％だけであり地域やＮＰＯが24％である。対して、安倍政権を評価しない人は、国・自治体が73％で、地域やＮＰＯは16％であり、差が大きい。

同様に「認認介護（認知症の方を認知症の方が介護する）が増加」の解決主体も、安倍政権を評価する人は、国・自治体が54％、地域やＮＰＯが25％。評価しない人は、国・自治体が72％、地域やＮＰＯが16％と、これも差が大きい。

「子どもの貧困・虐待の増加」についても、評価する人は国・自治体が53％、地域やＮＰＯが29％。評価しない人は、国・自治体が69％、地域やＮＰＯが17％とやはり差が大きい。

「待機児童問題の未解決」も、評価する人は国・自治体が57％、地域やＮＰＯが27％である。評価しない人は、国・自治体が71％、地域やＮＰＯが17％と、これも差が大きいのである。

1990年代にNPO法案ができたとき、私は、行政がやるべきことを民間に委託するつもりだなと思った。小泉政権では「民ができることは民に」がスローガンになった。もちろん、市民側も行政がやると柔軟性がないから、市民自らがやりたいという機運は盛り上がっていた。しかし行政がやるべきことを民間に放り投げている面もないとは言えない。

対して、企業や個人が解決主体となるべきだと考える傾向が、安倍政権評価が高い人には多い。まさに「自助」である。

たとえば安倍政権を評価する人は、「男性育児参加率が低い」ことの解決主体は、国・自治体だと考える人が20％しかないのに対して、企業が47％、私や家族が23％である。「仕事と家事・育児・介護の両立が難しい」も、国・自治体が27％、企業が43％、私や家族が16％である。

さらに「正社員と非正規社員やフリーター等との間の格差拡大」の解決主体は国・自治体という人が37％、企業という人が45％である。企業のほうが多い。

もちろん、こうした家事や育児のようなプライベートなことに国・自治体が首を突っ込みすぎるのはいいことではない。だが、国・自治体が過去30年間少子化対策に失敗してきたことの責任も問われねばなるまい。特に問題だったのは少子化対策が働く意識の強い高学歴女

図表4－6　日本の繁栄予測別　安倍政権評価

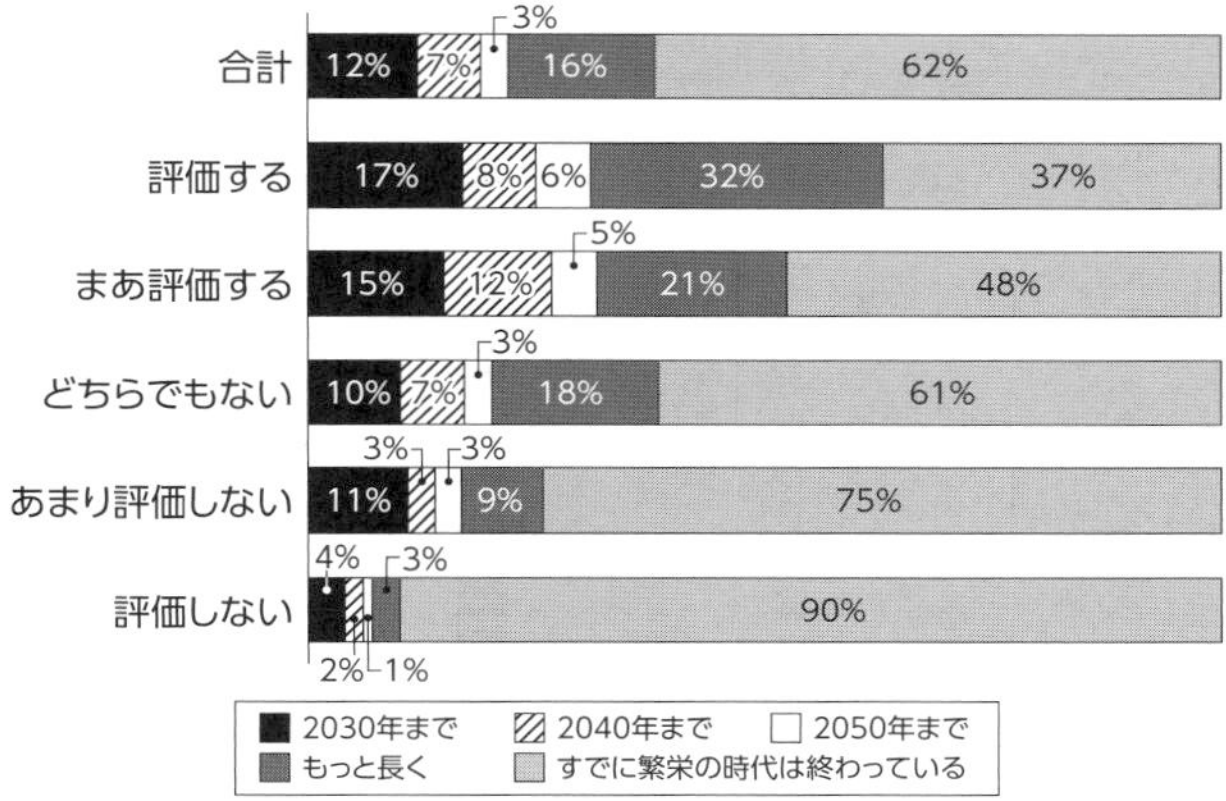

出所：下流社会15年後研究会「現代日本人の意識と価値観調査」2020

性にウエイトを置いたことである。もっと普通の家庭の子育てへの経済的支援を優先するべきだったのだ。

90％が日本の繁栄はすでに終わっていると回答

日本の繁栄はいつまで続くかという予測を安倍政権評価別に集計すると、「評価する」人では２０５０年より「もっと長く」という人が32％もあり、「すでに繁栄の時代は終わっている」という人は37％と少ない（図表4－6）。

反対に安倍政権を「評価しない」人は、「すでに繁栄の時代は終わっている」と答える人が90％もいる。実に「反日的」な傾向だ。

日本の繁栄は2050年よりもっと長く、永遠に不滅ですというだけでは新興宗教のようである。逆に、すでに繁栄が終わっていると思う人が90％いるのは悲観的すぎるかもしれない。冷静にデータに基づき将来を予測し、その上で希望の持てる政策を打ち出す政治家はいないものか。

4-2 下流なのに安倍政権評価が高い人々

バブル世代と安倍政権評価

4-1で見たように、安倍政権を評価する人は基本的には、年収、学歴が高く、過去15年で自分が豊かになったと感じている人たちである。つまりバブル崩壊後の30年間のうち直近の15年に勝ち残った人たちである。こういう人たちが安倍政権を評価するのは当然と思われる。

一方、バブル時代を知っている人は、たとえ現在の階層は「下」でも、安倍政権を評価する人が多いと私は推測する。私は1958年生まれで、54年生まれの安倍氏と62年生まれの

図表4－7　年齢・階層別 行きたい日本の時代

タイムマシンがあって、日本の未来や過去に行けるとしたら、いつの時代に行きたいですか。3つまで選んでください。

	全体	20代	30代	40代	50代	60代
人数	1000	217	206	188	199	190
行きたい時代はない	33%	41%	34%	33%	21%	35%
1980年代、バブル時代	24%	21%	23%	29%	30%	17%
昭和30～40年代の高度経済成長期	13%	4%	10%	12%	20%	22%
	階層意識5段階で「下」	20代	30代	40代	50代	60代
人数	159	30	33	36	29	31
行きたい時代はない	33%	33%	33%	25%	31%	42%
1980年代、バブル時代	26%	27%	39%	31%	21%	10%
昭和30～40年代の高度経済成長期	10%	0%	9%	17%	0%	23%

出所：「下流社会10年後調査」2015

昭恵《あきえ》夫人のちょうど真ん中だから、気分がわかる。

たとえば私が２０１５年に行った「下流社会10年後調査」では「タイムマシンがあって、日本の未来や過去に行けるとしたら、いつの時代に行きたいですか。３つまで選んでください。」という質問をした（**図表４‐７**）。

結果は、バブル時代を知っている40～50代（今の45～64歳）はバブル時代に行きたい、高度経済成長期を知っている50～60代（今の55～74歳）は高度経済成長期に行きたいというものであり、どちらも知らない20代は「行きたい時代はない」が41％で最多だった（拙著『格差固定』参照）。

階層意識別に見ると、階層意識が「下」の

人は30〜40代（現在35〜54歳）でバブル時代に行きたい人が多い。バブルを知っているか、小さな子ども時代にバブルだった世代である。

クリスタル世代だった安倍夫妻

そもそも安倍氏も昭恵夫人もセレブな家柄であるから、世の中がバブルであろうと不況であろうと、いつもリッチである。昭恵夫人は62年生まれだから完全にバブル世代である。しかも森永製菓のお嬢様で聖心女子学院専門学校出身。安倍氏は成蹊大である。どちらも典型的おぼっちゃま・お嬢さま学校である。人生最初からバブルなのだ。

バブル時代とは、おぼっちゃま・お嬢さまでなくてもおぼっちゃま・お嬢さまみたいな暮らしをしたい、少しはそういう暮らしができる、という時代だった。思えば１９８０年に田中康夫（１９５６年生まれ）の小説『なんとなく、クリスタル』が文藝賞を受賞し翌81年にベストセラーになったが、80年には安倍氏も26歳だった。81年には『オフィシャル・プレッピー・ハンドブック』という本も出版されたが、これもおぼっちゃま・お嬢さま風ファッションのマニュアルだった。76年にはカタログ雑誌『ポパイ』が創刊されて、「ポパイボーイ」という若い男性を生んだ。

安倍氏自身は１９５４年生まれなので世代論的にはいわゆるバブル世代ではない。バブル世代は、諸説があるが通常は大学生時代・若手社会人時代がバブル期と重なる１９６０年代生まれくらいを指す。現在の50代くらいである。だから安倍氏はバブル世代ではない。しかしクリスタル世代なのである。『ポパイ』創刊時には安倍氏もまだ21歳の学生なのだ！

昭恵夫人は80年当時18歳だから、クリスタル世代でもあり、85年入社で、そこからバブル景気がふくらんだという意味では典型的バブル世代である。学生時代に一流企業社員と合コンしたら８歳上の安倍氏世代がいた、という格好である。

54年生まれならバブルピーク時には30代前半で、証券会社勤務なら年収３０００万円以上の人がざらにいたし、不動産で儲けた人間がディスコで本当に１万円札をばらまいていた。

このように安倍夫妻は、バブル世代にとって豊かさのシンボル的な憧れのカップルなのである。だから彼らがバブル世代に支持されたとしても不思議ではないし、たとえ下流であっても安倍氏を支持するのも不思議ではない。

また、安倍氏はホイチョイ・プロダクションの馬場康夫氏（また康夫だけど）と成蹊大学の同級生である。ホイチョイ・プロダクションはまさにバブル時代にマンガ『気まぐれコンセプト』（１９８１年から雑誌に連載、84年に単行本化）や『見栄講座──ミーハーのための戦略と展開』、あるいは映画『私をスキーに連れてって』（１９８７年）をヒットさせた企画会社だ。『気まぐれコンセプト』は広告業界を舞台にして、広告マンの日常を時事的トピックに絡めて漫画化したものであり、広告ブームだった80年代を象徴するマンガだ。スキーも、バブル時代に大ブームであった。

こういうバブル時代の記憶が、今の45〜54歳にはある。50〜54歳なら高卒後にバブルを謳歌したし、就職は大企業でも楽勝で入れた。45〜49歳だとバブル期に中学・高校くらいだったが、親の年収が上がって家族の暮らしが豊かになった人が多いだろう。短大卒以下ならバブル末期に入社して多額のボーナスをもらった経験もある。最大手クラスではないが、当時は有名だったゼネコンに高卒で入社した女性社員が最初の夏にもらったボーナスが２００万円という、とんでもない時代だった。

そういう原体験が、たとえ今の階層が「下」であっても、バブル時代のシンボル的な安倍晋三を支持するひとつの心理的地盤になっていたのではないか。推測の域を出ないが、ありえそうな話ではないだろうか。

また安倍氏が小泉内閣で官房長官に抜擢《ばってき》されたとき、安倍氏がたしかいかにもポパイボーイ風にスタジアムジャンパーを着て渋谷の東急ハンズにクリスマスの飾り付けを買いに行く様子をテレビで報道していたのを私は見た記憶がある。政治家が、男性なのにクリスマスの飾り付けを買いに行く、しかも銀座ではなく渋谷に、スタジャンを着て、というところに安倍氏の若さ、新しい世代を私は感じた。セレブのおぼっちゃんで、成蹊大学で、シティボーイで、渋谷の東急ハンズでクリスマス。実にバブルっぽいではないか。

ユーミンはなぜ安倍辞任で涙したか？

ついでにいうと、バブルと言えばユーミン（松任谷《まつとうや》由実）である。１９８０年代、バブルが膨らめば膨らむほどユーミンのＣＤはセールスを増やしていた。ユーミン自らが自分の音楽を「繁栄の時代」の音楽だと規定しているが、そのことがバブルの拡大と並行して彼女の音楽の人気が拡大した理由であった（そしてバブルがはじけるとユーミンの売上げも落ちた）。

そのユーミンが、安倍氏が病気を理由に首相を辞任したとき涙を流したということがＳＮＳ上で話題になった。

ユーミンは安倍氏と同じ１９５４年生まれである。だからユーミン自身もいわゆるバブル世代ではない。だがユーミンの人気の最盛期はバブル期であり、バブル世代を踊らせた中心人物である（東京五輪開会式演出統括を辞任した佐々木宏も国立競技場を設計した隈研吾も54年生まれなのは偶然か？）。

かつユーミンは八王子の大きな呉服店の生まれである。近くにある米軍基地などを通じてアメリカの豊かさをじかに見て育った。アメリカの圧倒的な豊かさを後ろ盾にした世界観を歌にしたのがユーミンなのだ。

またユーミンは中学・高校と吉祥寺の近くにあるミッション系の立教女学院に通った。そのとき吉祥寺の成蹊中学・高校に安倍氏が通っていたのだ。

１９５４年生まれというのも象徴的である。朝鮮戦争が終わりベトナム戦争が始まるまでのアメリカの１９５４〜64年を「ポピュラックス」の時代だと表現する人がいる（トマス・ハイン『Populuxe』）。一般大衆がデラックスな暮らしをするようになった時代ということである（注9）。１９５０当時アメリカのＧＤＰは日本の10倍であり、自動車生産台数は日本の２７０倍であった。

ユーミンに「コルベット１９５４」という歌がある。『流線型'80』というアルバムのジャケットに描かれている。このシボレー社のコルベットは１９５３年にプロトタイプが製造され、54年から発売された。アメリカの大衆消費社会の豊かさを象徴する車である。

つまりユーミンはアメリカの豊かさ、特に一般大衆に人気のあったシボレー社の、自分と同い年のコルベットに「80年代」の自分自身を投影したのだ。自分も繁栄の時代のシンボルとなり、大衆の人気を得ようとしたのである。

圧倒的なアメリカの豊かさに憧れ、それを手に入れていく過程が日本の高度経済成長であった。そしてその目標はバブル期にほぼ達成された。少なくとも当時はそのように感じられた。

しかしそうであるがゆえに、バブル以降の日本にとってアメリカは憧れの存在ではなくなった。それはユーミン自身が後ろ盾をなくすことであった。1991年のアルバムのタイトルは『DAWN PURPLE《ドーン・パープル》』。このアルバムは75年の『COBALT HOUR』と対比するべきである。同じ夜明けの空の色を75年には輝く空のコバルトと表現し、91年は紫という大人の色で表す。

そして『DAWN PURPLE』の中のある曲ではこう歌う。「きかせてよ　あのときのうた　あなたの声でもう一度だけ　忘れたくない　あのときの夢　今は情熱に届かない　何を目的に生きていくの　口には出来ない不安をだきしめて」（「情熱に届かない」）。この「あなた」はアメリカである。全盛期の力を失っていたアメリカ、夢と情熱を失い、日本より弱くなってしまったアメリカへの挽歌である。しかしそのアメリカなしには日本は（ユーミンは、日本人は）不安なのだ、というのである。

このようにユーミンの世界は日米関係そのものを背景にしている。安保体制を基礎にした音楽なのだ。そういうユーミンが安倍氏の辞任で涙したというのは、実に理解しやすい。同世代というだけでなく、育った環境、持っている価値観、世界像、社会認識が同じなのだ（注10）。

＊＊＊

以上、第3・第4章の分析から安倍政権を評価する・しない人は次のようにまとめられる。

① **基本的には、高学歴、高年収、上流から中流の正規雇用者が安倍政権評価の中心であり、女性より男性に多い。彼らは安倍政権の経済政策を評価している。彼らと非正規雇用者との「分断」は大きい。単純化して言えば「経済的勝者」が安倍政権を評価し、「敗者」は評価しない。**

②　したがって安倍政権を評価する人は、消費、経済、仕事の分野で現代的なトレンドを実現している人たちである（高級品を買い、ショッピングモールに行き、スポーツジムに行き、タワーマンションに住むなど）。

③　安倍政権のもうひとつのイメージである、いわゆる「愛国的」「復古的」「排外的」性格を支持しているのは、「高学歴、高年収、上流・中流」ではない中年男性ではないかと思われる。

④　ただし下流の中年男性は基本的には安倍政権を評価しない人が多い。経済的格差の拡大によって中年男性は安倍政権評価が二極化している。

⑤　高学歴、高年収、人文系の女性は反安倍的性格が強い。それらの女性で安倍支持が低い一因は職場でのジェンダー平等が十分に進んでいないことにあると思われる。

注９：安倍人気とトランプ人気にはどこか似たものを感じる人が多い。両者ともに金に困ったことがないという共通性がある。

トランプは１９４６年生まれでアメリカの全盛期である先述のポピュラックス時代（１９５４～64年）に８歳から18歳である。安倍は54年生まれだから８歳から18歳というと１９６２～72年であり、まさに高度成長期にあたる。

つまり2人は、日米の良き時代に裕福な家庭で育っているのだ。

注10：今回の調査で「海外の国や地域」について「あこがれのある」ところを尋ねた質問では、安倍政権を「評価する」人ではアメリカを挙げる人が32％、「まあ評価する」26％、「どちらでもない」16％、「あまり評価しない」18％、「評価しない」11％となっている。欧州諸国に関してもアメリカほどではないが似たような傾向がある。

第5章

さよなら、おじさん——若者はなぜ東京集中・地方移住するか

5・1 地方の女性はなぜ東京に集まるのか？

若い女性はおじさん文化が嫌で地方を出ていく

「女性が多いと会議が長引く」という発言で五輪組織委員会委員長を辞任することになった森喜朗。だがこれは男性の一種の典型であり、あれくらいで辞任するのはおかしいと思った人は、特に男性に多いだろう。女性が話すと話が長いわりに要点が絞られないと思う男性は少なくないからだ。

だが百歩譲ってそういう考え方があてはまる女性がいたとしても、それは会社で長く働いた女性ではない場合であって、キャリアの長い女性なら、そんなことはあまりないはずだ。男性でも要領を得ない人はいるわけで、もちろん男女の差の問題ではない。

法政大学総長の田中優子が日経新聞で書いていたが、森発言は「女性蔑視というだけでなく、その会議の議事進行そのものに問題がある」のだ。田中は書く。

「私は学部長として教授会の議長をつとめた」「議長には2つの役割がある。ひとつは時間内に審議を終えることで、もうひとつは、必要なら熟議を尽くすことだ」

「この2つは矛盾するので、熟議を要する議題がある時は、あらかじめ参考書類を送って目を通していただく。そして会議の目的を明確にしておいて、課題解決のための意見をいただく」

「提案に異議が出た場合、それがもっともならば継続審議として再提案する」。反対意見が多く出たときは「反対している会議体に熟議を委《ゆだ》ね、提案に対する対案を作ってもらった」

「提案には賛成であっても別の側面から意見を述べる参加者もいる。その場合は『大事な観点である』ことを皆に伝え、議事録に残し、それは改めて審議する」

「会議は熟議を基本とする。議長は多様な意見に全て耳を傾ける。意味がわからなければ自分の言葉に言い直して確認をとる。趣旨が同じものをまとめ、2つか3つの選択肢にして提案し、決めていただく」

「つまり大変忙しく充実している。議長が会議をただ長く感じるのであれば、それは議長としての役目を果たしていないからである」

明解である。森さんは「わきまえる」ことが大事だという発言をしてさらに顰蹙《ひんしゅく》を買った。森さんが言うのだから、自分は黙っていようという人だけ会議に出ればいいという発想なのである。

わきまえすぎる人たち

森さんの会議でなくても、日本人は会議で発言しない人が多い。私は講演を多数してきたが、質問がほとんど出ない。最近は中国人に講演をすることが多いが、公演中にスマホをいじったり、電話がかかってきて席を立ったり、私語が多かったり、まるで学級崩壊のようで腹が立つが、質問はたくさん出るし、質問の内容も的を射ているし、なにしろ積極的なので、腹が立ったのを忘れてこちらも一生懸命答える。終わってみればすがすがしい。日本人相手の講演会では感じられないことである。中国人がわきまえない人たちだからこそ有意義な講演会になるのだ。

また、東京などの大企業は、国際的に事業をしているので、ジェンダーなどのポリティカルコレクトネスには敏感である。もちろん法政大学に限らず大学ではより一層そうである。

だが地方に行くと、いや東京郊外でも23区内でも、80代以上の長老支配は珍しくなく、古い価値観が根強く残っている。だから若い女性は地方から出ていくのだ、と言っても過言ではない。

反対に若い人は元気がない。３年ほど前、ある地方で青年会議所の男性数人と会食したが、まったく大人しくて驚いたことがある。青年会議所と言えば地方の中でも元気な人たちの集まりのはずだが、最近は違ってきたのかと不思議に思った。これも長老たちの前でわきまえすぎるからなのか。

こういう地方に嫌気がさして、特に家を継ぐなどということは考えないで済む女性たちは、もっと自由と平等のある東京に出ていってしまうのだ。地方が若い世代、特に女性を集めたかったら、もっと自由で多様性を重視する寛容な土壌をつくらないといけないのである。

都心ほど女性が増えた理由

いかに若い女性が東京に集まっているかをデータで示そう。

東京、特に23区の人口は２０００年代に入ってから増加してきた。小泉政権による都心再開発政策のためである。都心にタワーマンションなどの住宅が急増し、人口が誘導されたのである。

図表5－1　他道府県からの東京への転入者男女比（日本人のみ）

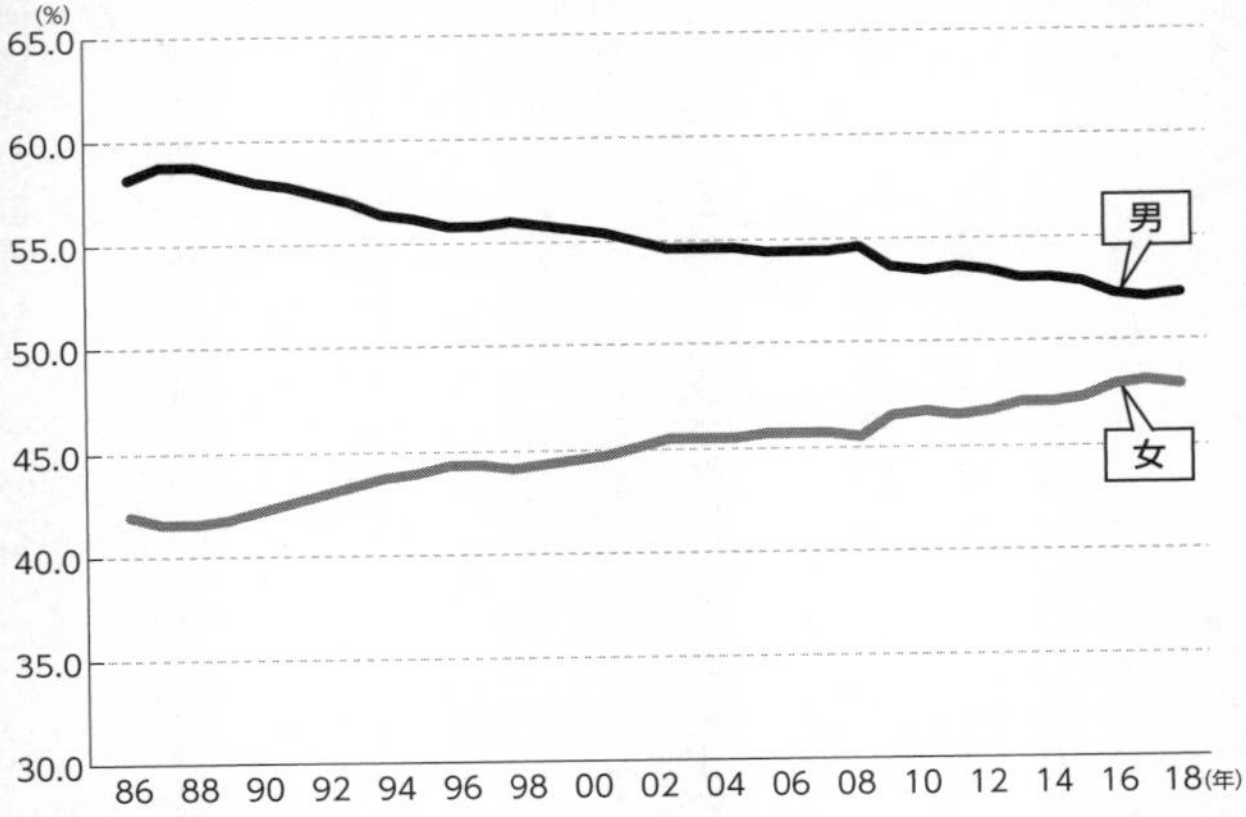

出所：総務省「住民基本台帳」より三浦展作成

では誰が東京にやってきたか。進学、就職を機に若い世代がやってきたのだ。

ただし若い世代が東京にやってくる傾向は昔も同じだ。だが近年の特徴は、女性が男性並みにたくさん東京に来るようになったことである。バブル期の86～89年には東京都への転入者の58％台が男性だったが、近年は52％台である（図表5－1）。男女が拮抗《きっこう》してきたのだ。

これは女性が高学歴化したために、進学や就職を機に東京に転入する人が増えたためであろう。そこで、1都3県以外の地方出身の20～50代女性で「地方に住んでいる」人と「東京に住んでいる」人で職業がどう違うかをmifで集計してみた（図表5－2）。

図表5－2　1都3県以外の地方出身女性の居住地別の職業（20～50代）

居住地	東京都	地方	両者の比較（倍）
人数	320	4761	
通信・情報システム営業（企業向け）	1.3%	0.1%	13.00
管理的公務員（国家・地方、課長職以上）・国際公務員	0.9%	0.1%	9.00
有価証券売買・仲立人、ディーラー、証券外務員	0.9%	0.1%	9.00
著述家、記者、編集者	1.3%	0.2%	6.50
教員（大学）	0.6%	0.1%	6.00
会社・団体等管理職（課長職以上）	2.5%	0.5%	5.00
システムエンジニア	2.5%	0.5%	5.00
人事事務	2.8%	0.6%	4.67
その他IT技術者	0.9%	0.2%	4.50
音楽家、舞台芸術家	0.9%	0.2%	4.50
秘書	1.3%	0.3%	4.33
医師・歯科医師	1.3%	0.4%	3.25
生産現場事務	1.3%	0.4%	3.25
保険代理人、保険仲立人、保険営業	1.6%	0.5%	3.20
美術家、デザイナー、Webデザイナー、写真家、映像撮影者	2.2%	0.7%	3.14
法務の職業（裁判官、検察官、弁護士、弁理士、司法書士、パラリーガル等）	0.6%	0.2%	3.00
商品企画（店舗販売）	0.6%	0.2%	3.00
化学品・医薬品営業員（企業、病院等向け）	0.6%	0.2%	3.00
コンサルタント（IT）	0.3%	0.1%	3.00
カウンセラー	0.3%	0.1%	3.00
商品企画（ネット販売）	0.3%	0.1%	3.00
ネット通販運営	0.3%	0.1%	3.00
郵便事務	0.3%	0.1%	3.00
接客社交係、芸者、ダンサー	0.3%	0.1%	3.00
その他の事務用機器操作の職業	1.3%	0.6%	2.17
プログラマ	0.6%	0.3%	2.00
エステティシャン	0.6%	0.3%	2.00

出所：三菱総合研究所「生活者市場予測システム」2020

すると地方出身・東京都在住の女性で割合が多い職業は、次のように分析できた。

①　高学歴者が多いと思われる管理的公務員、証券業、研究者、管理職、医師・歯科医師、カウンセラー、法務の職業などのエリート系が挙がっている

②　通信・情報システム営業、システムエンジニア、ITコンサルタント、その他IT技術者などのIT系も多い

③　また、動画制作、著述家・記者・編集者、音楽家・舞台芸術家、美術家・デザイナー・Webデザイナー・写真家・映像撮影者などのクリエイティブ系も多い

④　他方、秘書、接客社交係、芸者、ダンサー、エステティシャンといった従来型の女性職種も東京のほうが多い

つまり、従来型の都市娯楽型の女性職種に加えて、高学歴にふさわしい職種や先端的な職種の労働力需要が東京に多く存在するために、女性たちは東京に多く集まるのである。

東京都に定着する女性

近年のもうひとつの特徴は、東京に来た若い世代が30代になっても東京から出て行かなくなったことだ。どうしてかと言うと、昔はおおむね30歳までには結婚して子どもができたので、郊外に転出していったからだ。

ところが先述した都心居住政策により、都心に家族向けの住宅が増えた。お金さえあれば子どもができても都心、23区内に住み続けることができるようになったのだ。

もちろん既婚でも仕事を続け、23区内、特に都心部などに住み続ける女性も増えた。国勢調査で２０１５年の23区の年齢別の女性比率を見ると、23区全体では年をとるごとに女性比率が下がる。25歳では50・８％だが54歳では48・３％である。

だが文京区、港区、目黒区、杉並区、世田谷区、渋谷区、中央区といった、都心から西南部にかけての地域（＝職場に近い、あるいは良好な住宅地）では、ほぼどの年齢でも女性比率が50％を超え、30代、40代を過ぎると女性比率が高まる傾向すらある（**図表５‐３**）。50歳を過ぎても女性比率はほぼ50％以上である。40歳、50歳を過ぎても働き続け、年収の高い女性は、都心から西南部を選びやすいということである。

図表5－3　東京23区25～54歳人口の年齢別女性比率

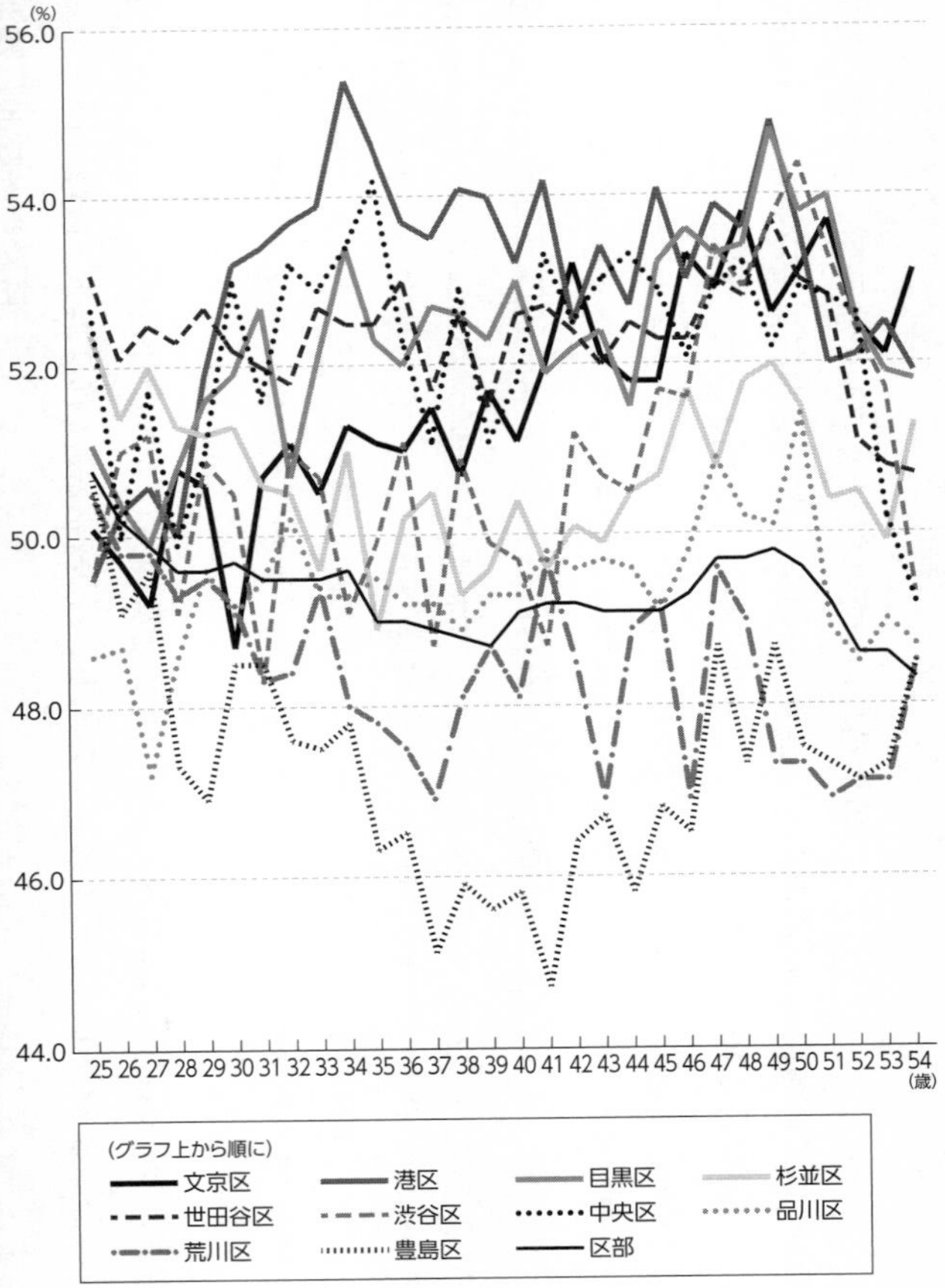

※23区で平均以上の区のみをグラフ化
出所：総務省「国勢調査」2015年より三浦展作成

多様性を認める企業・都市に女性が吸収される

また2015年の国勢調査小地域集計をもとに町丁別に未婚女性が未婚男性より3割以上多い地域をプロットすると、より鮮明に都心から西南部にかけての地域が女性に人気であることがわかる（**図表5-4**）（拙著『都心集中の真実』ちくま新書、2018）。

路線で言うと、東急東横線沿線の人気が明らかである。先ほどの女性比率の高い地域と一致する。大正期以来開発されてきた良好な住宅地であり、治安も良く、渋谷、恵比寿、青山、六本木、日比谷、大手町、日本橋などに通いやすいことが人気の秘密であろう。

それからおそらく、女性の就業者比率の高い、ファッション、美容などの産業が都心から西南部にかけて多いということも影響しているだろう。

また近年成長しているIT系の企業も大手町、日本橋より山手線西側の渋谷、恵比寿などに多く、女性がそうした産業に吸収されていることも想像できる。IT産業のほうが従来の産業よりも経営者の年齢も従業員の年齢も若く、多様性に対する価値観が定着しており、男女差別が少ないからであろう。

図表5－4　未婚女性が未婚男性より3割以上多い地域

資料：総務省「国勢調査小地域集計」より三浦展作成
出所：三浦展『都心集中の真実』

都心部ほど出産も多い

このように、主として高学歴で高収入の女性は都心から西南部にかけて居住地を選択するが、だからと言って彼女たちは子どもを産まないわけではない。

23区の区別の合計特殊出生率推移を見ると、中央区、港区、江戸川区、千代田区などは三多摩の市部平均よりも合計特殊出生率が高い（**図表５‐５**）。江東区、品川区、文京区、台東区、墨田区など、中央区や千代田区と隣接する区の合計特殊出生率も区部平均より高い。子どもがいるからこそ会社に近いところに住みたいからであろう。

対して、多摩ニュータウンのある多摩市は合計特殊出生率が１・15であるが、それは東京都全体の合計特殊出生率と同じであり、先に挙げた中央区から墨田区のほうが合計特殊出生率は高い。

ニュータウンというのは本来、子育てをする若い核家族のためにつくられたのだが、現在では、都心よりも合計特殊出生率は少ないのである（ただし、出産後に多摩市など郊外に転出する人がいることは確かである）。多摩市に住んで都心に通うことは子育て期の人にとっては苦痛でしかないからだ。

このように見ると、女性が男性並みに４年制大学に進むなど高学歴化し、結婚出産後も働

図表5－5　東京23区別の合計特殊出生率推移

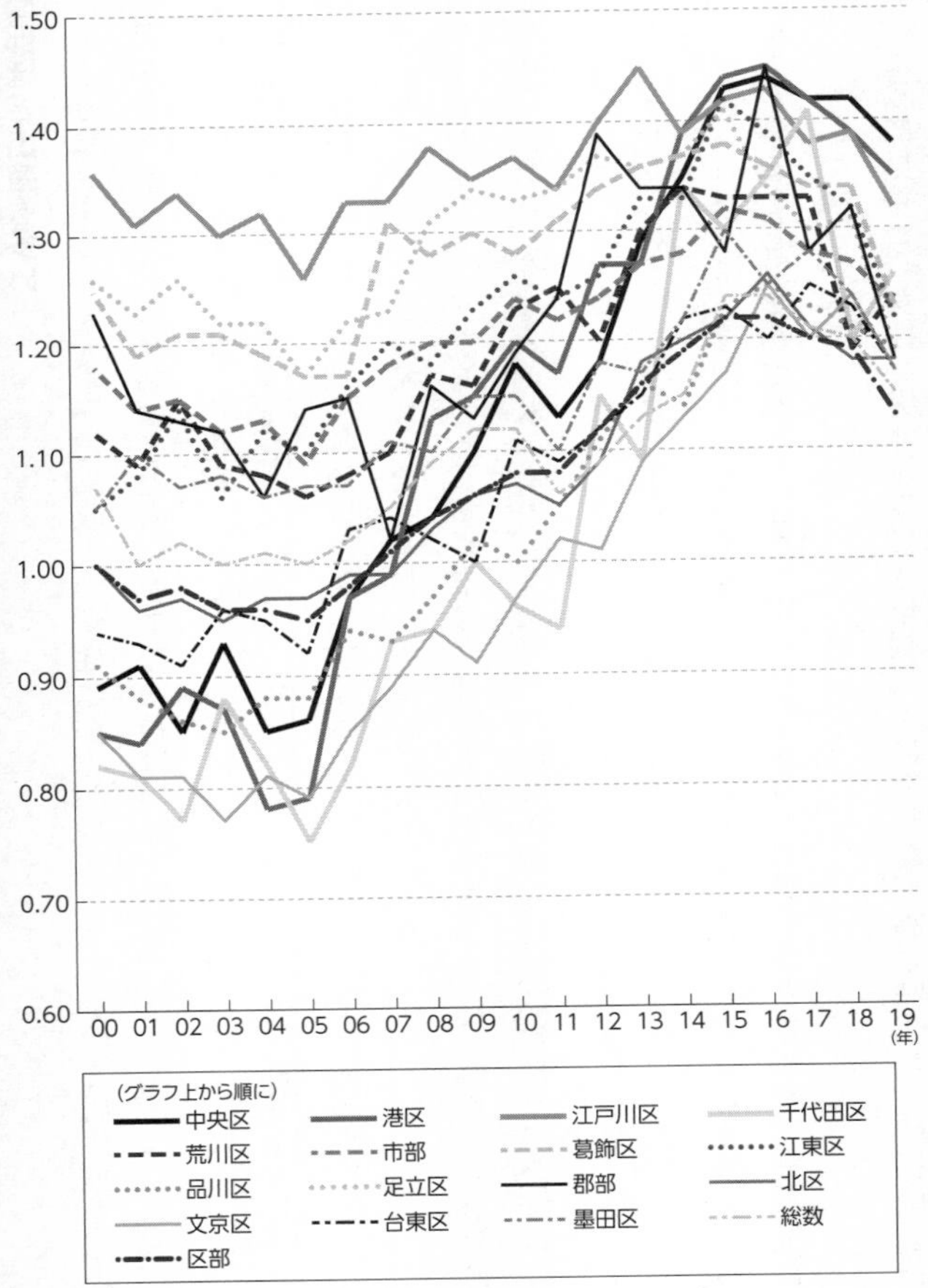

※23区で平均以上の区のみをグラフ化
出所：東京都「厚生行政統計」より三浦展作成

くことが前提となった現代では、東京、特に都心の近くに住むほうが、

①　多様な、また先進的な職種が大量にあり、仕事の選択肢が多い
②　高収入を得られるチャンスが多い
③　魅力的な男性に出会うチャンスが多い
④　地方・親元のように早く結婚しろと言われにくい
⑤　地方のように嫁と見なされて余計な仕事が増えない

というメリットがある。そのため女性が東京にひきつけられるのである。

共働きで子育てしやすい地域が選ばれる

さらに拙著『首都圏大予測』では1都3県で女性の就業率の高い町丁をプロットした図をつくってみた**（図表5-6）**。

するとに女性就業率が高いのは、次のような地域であった。

図表5－6　女性の就業率が高い地域

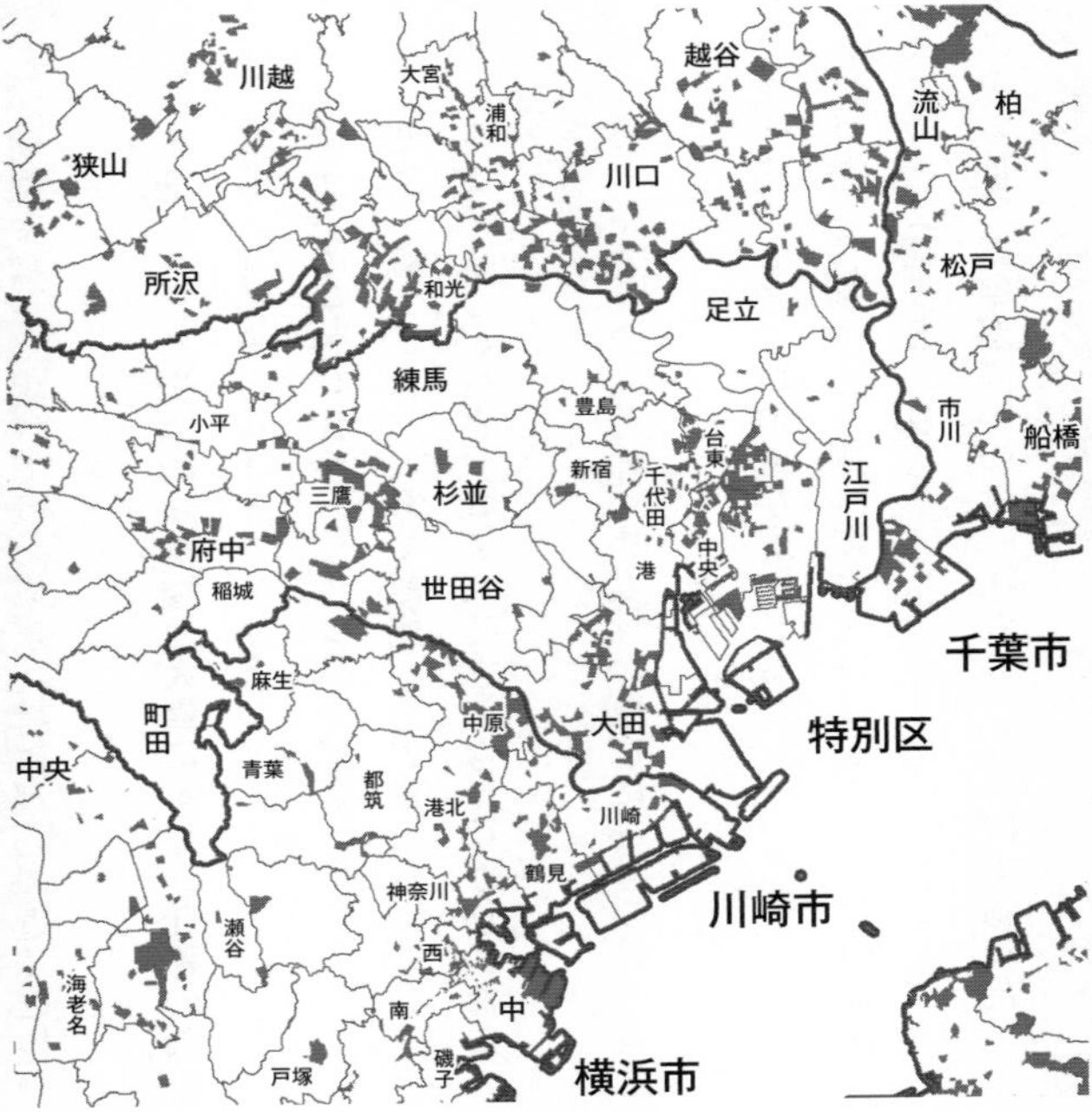

資料：総務省「国勢調査　小地域集計」より三浦展作成
出所：三浦展『首都圏大予測』

①　23区内では千代田、中央、江東、墨田、文京から品川、大田など23区都心から南部方向

②　23区に隣接した三多摩の武蔵野《むさしの》市、三鷹市、調布市、府中市

③　神奈川県では23区に隣接した川崎市全体、川崎市中原区、および横浜市中区、神奈川区、西区といった業務集積が多い地域

④　埼玉県では23区に隣接した川口市、蕨《わらび》市、戸田市、和光《わこう》市、朝霞《あさか》市、新座《にいざ》市、三《み》郷《さと》市、八潮《やしお》市あたり

⑤　千葉県でも23区に隣接した浦安市、船橋市あたり

このように、23区以外でも、ほぼ23区に隣接した市区で女性の就業率が高いのだ。都心に通勤するから23区内がいいが、家賃が高いからそのすぐ外側に住む、という選択がされていることが想像できる。特に結婚・出産した共働き女性は、家は広いほうがよいが、家賃は安く済ませたいので、そういう選択がされることが多いものと推測される。

山の手は女性就業率が低い

逆に女性の就業率が低い地域を見てみると、都心近くでは港区、渋谷区あたり、次にその西側の東急大井町線沿線あたり、そして町田から横須賀までの多摩丘陵上の地域に女性の就業率が低い地域が面として広がっていることがわかる（図表5-7）。

つまりこれは専業主婦の多い地域である。私がかつて提示した「第四山の手論」における第二山の手から第四山の手にぴったりと符合する。夫が主に稼ぎ、妻が家事と育児を担当するという「伝統的」な家族形態が維持されているのが、これらの地域なのだ（第四山の手論についてはアクロス編集室『「東京」の侵略』あるいは拙著『下流社会』参照）。

国勢調査小地域集計では、年齢別の集計がないが、おそらくこれらの地域は年齢的には60代以上が中心であり、そうした伝統的家族形態をとることが当たり前だった時代に結婚・出産・子育てをした世代が多いのであろう。

女性の多様な生き方が可能であることが、地域発展の必須条件

このように、女性の就業率が高い地域と低い地域は首都圏の中で歴然と分かれている。どちらがこれからの時代に求められているかは明らかである。共働きの夫婦が子育てもしやす

図表5－7　女性の就業率が低い地域

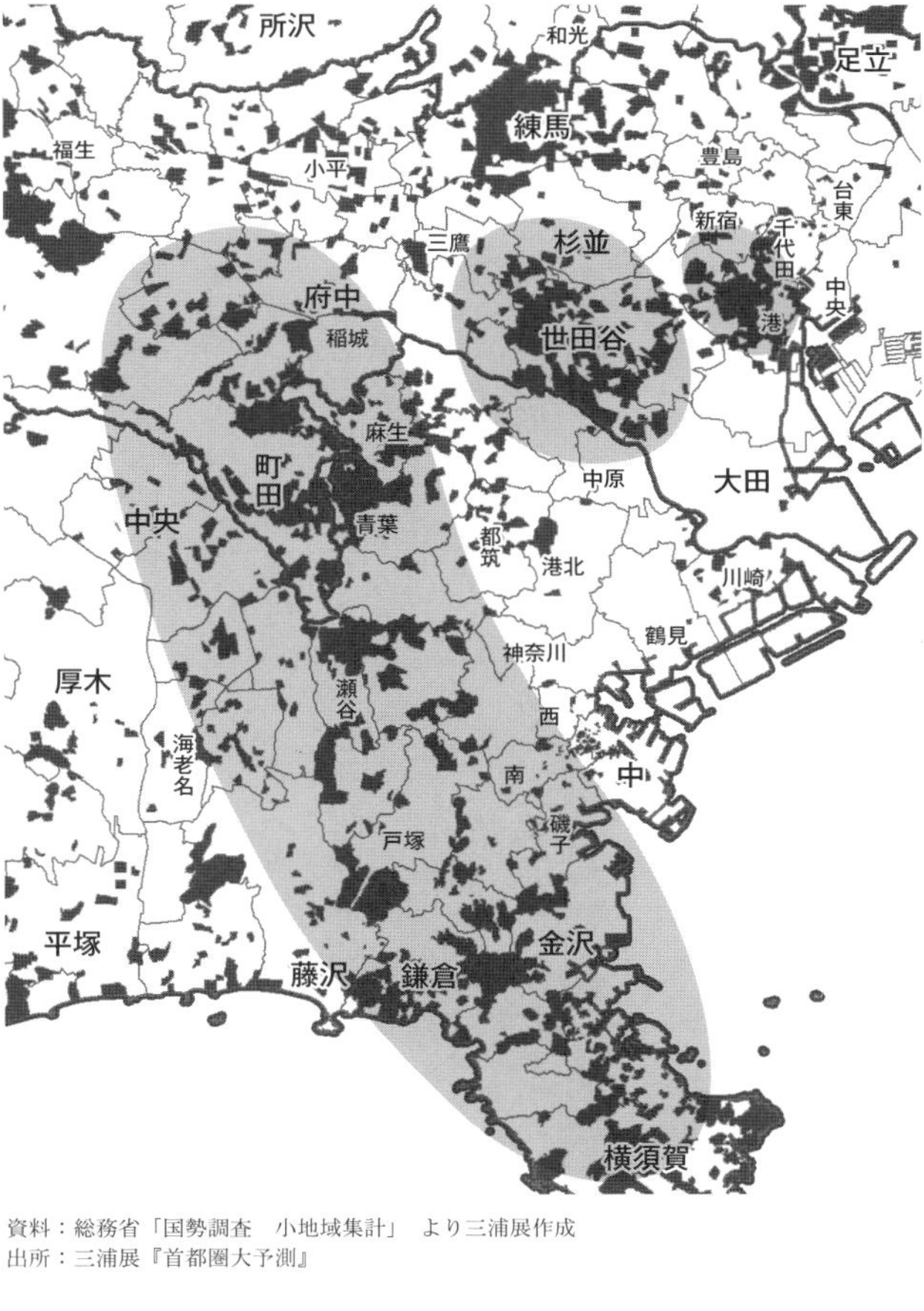

資料：総務省「国勢調査　小地域集計」より三浦展作成
出所：三浦展『首都圏大予測』

いことが、これからの日本の地域社会に求められる必須条件だからである。

『首都圏大予測』を書いたのはコロナ禍の直前であったが、結果としてコロナがリモートワークを促し、23区の人口を減らし、郊外の人口を増やすことになった。だが、郊外ならどこでも人口が増えるということではないと思う。

①　やはり週に2、3回は会社に行くとすれば都心近くがよい
②　利便性の割に家賃が安めのほうがよい
③　専業主婦が多い地域ではなんとなく雰囲気的に共働きがしにくい。女性の就業率が高い市区はもともと商工混在の地域が多く、女性が働くことが当たり前の下町的な雰囲気がある。自然環境はやや劣るが、女性が外で働きやすい雰囲気があるほうがよい

こうした条件から、先ほど図表5-6で見たような地域が今後の郊外の中では発展の可能性が高いと私は考えている。

もちろん、これまで専業主婦型だった郊外でも今後は工夫次第で発展の可能性はある。だ

が女性の多様な生き方が可能であることが、地域の発展のための必須条件であることは変わりがない。

もし地方が、出産可能性の高い若い女性に対して、東京に出ていってほしくない、東京から帰ってきてほしい（入って来てほしい）と考えるなら、以下のような条件を揃える必要がある。

①　多様かつ先進的な職種が大量にあり、仕事の選択肢が多い
②　高収入を得られるチャンスが多い
③　魅力的な男性に出会うチャンスが多い
④　早く結婚しろと言われにくい
⑤　嫁と見なされて余計な仕事が増えない

だが多様な職種が大量にあるとか、高収入を得られるチャンスという点で地方が東京と争うのは厳しい。

魅力的な男性というのも、おおむね高収入であることと比例するため、東京にはかなわない。

となると、結婚・出産をせかさない、結婚しても○○家の嫁と見なさず、個人として扱うといった態度の変容くらいはしないと女性は集まらないだろうという結論になる。

5・2　移住希望者と非・希望者の意識の違い

「定住型男性」と「移住型女性」の価値観の差が大きい

「現代日本人の意識と価値観調査」によると、今後移住を考えている人と考えていない人の「日本認識」の差は少なくない。

男女の差はもっと大きいので、移住を考えている女性と考えていない男性の差が顕著である（年齢による差はあまりない）。

移住を考えている女性が考えていない男性より10ポイント以上多い意識としては、以下のようなものがある（図表5－8）。

・結婚しなくても幸せに生きられる社会にするべきだ
・LGBT（同性愛など）の差別をなくすべきだ
・夫婦別姓でもよいようにするべきだ
・女性がもっと有利な条件・高い年収で働けるような社会にするべきだ
・男性の家事や育児の時間が短い
・有給休暇やリモートワークなどによって時間と空間を自由に使う暮らしがしたい
・児童虐待への対策が遅れている
・まわりの目や声が気になる生きづらい世の中になった
・女性が政治や経営のトップに少ない
・同性婚が認められていないのは問題だ
・サラリーマン以外の働き方をしても安心して生きられるようにすべきだ
・セクハラ、パワハラが多い
・見合い結婚もいいと思う

明らかに結婚、性別、家事・育児、働き方に関する項目が多い。結婚をしてもしなくても

	男性		女性		移住を考える女性と考えない男性の差（ポイント）
	移住は考えていない	移住を考えている	移住は考えていない	移住を考えている	
土地や住宅の値段が高すぎる	13.8%	21.0%	19.2%	25.7%	11.9
同性婚が認められていないのは問題だ	4.0%	8.0%	10.3%	15.4%	11.4
サラリーマン以外の働き方をしても安心して生きられるようにすべきだ	14.1%	21.0%	17.2%	25.3%	11.2
SNSにより人々の発言が攻撃的になっている	18.9%	19.5%	28.6%	30.1%	11.2
個人情報が盗まれそうである	16.2%	18.3%	25.4%	27.1%	10.9
何かにつけて文句を言う人（クレーマー）が増えていて困る	25.8%	28.7%	31.0%	36.6%	10.8
地球温暖化・異常気象・省エネなどへの対策が遅れている	12.2%	15.4%	20.9%	22.9%	10.7
セクハラ、パワハラが多い	14.3%	18.3%	18.4%	25.0%	10.7
高齢者が増えて若い世代が損をする状況がますます拡大する	14.7%	21.3%	21.0%	25.3%	10.6
見合い結婚もいいと思う	10.8%	13.0%	16.6%	21.2%	10.4

出所：下流社会15年後研究会「現代日本人の意識と価値観調査」2020年

図表5−8　移住を考えている女性と考えていない男性の日本認識の差（25〜54歳）

	男性		女性		移住を考える女性と考えない男性の差（ポイント）
	移住は考えていない	移住を考えている	移住は考えていない	移住を考えている	
人数	920	338	919	292	
結婚しなくても幸せに生きられる社会にするべきだ	7.9%	14.2%	21.0%	29.1%	21.2
LGBT（同性愛など）の差別をなくすべきだ	11.4%	16.0%	19.3%	30.1%	18.7
夫婦別姓でもよいようにするべきだ	8.5%	11.5%	17.0%	26.4%	17.9
女性がもっと有利な条件・高い年収で働けるような社会にするべきだ	6.5%	8.0%	18.5%	24.3%	17.8
年金・医療費など社会保障が不安だ	28.2%	28.1%	43.3%	45.5%	17.3
自分たちが高齢者になったときに社会がうまくいくか不安だ	21.4%	24.3%	33.2%	38.4%	17.0
男性の家事や育児の時間が短い	6.7%	11.5%	20.3%	22.9%	16.2
延命のためだけの医療を見直すべきだ	16.7%	19.2%	20.3%	31.5%	14.8
有給休暇やリモートワークなどによって時間と空間を自由に使う暮らしがしたい	11.7%	13.6%	14.3%	26.4%	14.7
安心して老後が暮らせる福祉社会を実現すべきだ	17.2%	16.6%	26.7%	31.5%	14.3
児童虐待への対策が遅れている	12.6%	13.6%	22.3%	26.4%	13.8
まわりの目や声が気になる生きづらい世の中になった	13.6%	13.6%	19.7%	27.1%	13.5
コロナなど新型の疫病への対策が遅れている	17.2%	15.1%	23.2%	29.8%	12.6
女性が政治や経営のトップに少ない	8.0%	11.8%	18.3%	20.5%	12.5

いいし、同性同士が結婚してもいいし、夫婦別姓でもいいし、逆に見合い結婚もいいかもしれない、というように、結婚に対して多様な価値観を求めていることがわかる。

またリモートワークなどで時間と空間を自由に使いたいし、まわりの目や声を気にしないで生きたいし、サラリーマン以外の働き方もしたい。もちろん女性の働く条件はもっと向上するべきだし、女性が政治や経営のトップに立つことも増えるべきであり、セクハラ・パワハラはもちろん問題外だと思っている。

ひとことで言うと、人間の、特に女性の多様な生き方に関する認識について、「定住型男性」と「移住型女性」の差が大きいわけである。

移住したい地方在住女性はジェンダー的な問題に不満が多い

次に、移住を考えている女性の地域差（居住地による差）を見てみる。

まず東京圏（1都3県）と関西圏（大阪・京都・兵庫）と地方（東京圏・関西圏以外）に分けて集計し、東京圏と地方を比較してみる（**図表5－9**）。

すると地方で多いのは「地域のつきあいがわずらわしい」という地方らしい問題、「男性の家事や育児の時間が短い」「LGBT」「女性が政治や経営のトップに少ない」といった

図表5－9　移住希望女性の日本認識（居住地域別）地方が東京圏より5ポイント以上多い項目（25～54歳女性）

	東京圏在住	地方（東京圏・関西以外）在住	差（ポイント）
合計	101	151	
教育にお金がかかりすぎる	14.9%	29.1%	14.2
児童虐待への対策が遅れている	19.8%	32.5%	12.7
地域のつきあいがわずらわしい	9.9%	20.5%	10.6
男性の家事や育児の時間が短い	16.8%	25.8%	9.0
面と向かって、自分の考えを主張したり、意見をぶつけて議論し合ったりすることがしづらくなった	5.0%	13.9%	8.9
生活保護など最低限の生活を維持する政策が不足している	7.9%	16.6%	8.7
LGBT（同性愛など）の差別をなくすべきだ	25.7%	33.8%	8.1
官僚支配が強すぎる	11.9%	19.9%	8.0
NHKが特定の政権を支持しているのは問題だ	15.8%	23.8%	8.0
お金や経済について教育で十分教えていない	24.8%	32.5%	7.7
ブラック企業が多い	25.7%	33.1%	7.4
女性が政治や経営のトップに少ない	16.8%	23.8%	7.0
金持ちが社会や文化に貢献していない	11.9%	18.5%	6.6
ベンチャー企業や新しい企業が十分に育っていない	2.0%	8.6%	6.6
学歴偏重社会だ	6.9%	13.2%	6.3
画一的な大量生産品ではなく、自分に最適なモノやサービスを選べる仕組みをつくってほしい	5.0%	11.3%	6.3
結婚しなくても幸せに生きられる社会にするべきだ	24.8%	30.5%	5.7
恋愛や結婚にはあまり興味がない	6.9%	12.6%	5.7
国際情勢を見ていると政治には強力なリーダーが必要な時代だ	6.9%	12.6%	5.7
子どもの教育・保育・貧困問題などへの支援が足りない	17.8%	23.2%	5.4
地域コミュニティが崩壊している	4.0%	9.3%	5.3
失敗するのはその人が悪いという自己責任の考え方が社会に広まり過ぎた	7.9%	13.2%	5.3
3連休が増えたので仕事や勉強の邪魔である	0.0%	5.3%	5.3
介護対策が遅れている	20.8%	25.8%	5.0

出所：下流社会15年後研究会「現代日本人の意識と価値観調査」2020

ジェンダー的な問題などが上位を占める。

なお、地方なのに「教育にお金がかかりすぎる」が1位なのは、地方では所得が低いのに塾などにかかるお金が増えているからであろう。

個人的なことを言えば、1970年代に中学・高校・大学を受験した私の時代、新潟県の上越市《じょうえつ》という地方中規模都市には塾は1つしか存在しなかった。塾に行くのは例外的だったのだ。今は中学時代から塾に行くのは当然らしい。もしかすると中学受験のために塾に行く子どももいるだろう。

東京圏から移住したい女性は現代社会に疑問を持っている

逆に地方が東京圏より少ない項目は何か。「有給休暇やリモートワークなどによって時間と空間を自由に使う暮らしがしたい」という、働き方に関する項目が1位となった（図表5-10）。

「農業もしながら暮らしたい」「貧しくても心の豊かさがある社会にすべきだ」「地方の自然やゆったりした生活を維持するべきだ」「日本の伝統的な職人文化を再評価するべきだ」といった、都会にはない豊かさ・ゆとりあるいは伝統文化を地方に求める意見も多い。

「日本の社会に閉塞感（出口が見えない感じ）がある」「今の時代には空虚感（むなしさ）がある」「個人が夢や希望を持てなくなった」という項目も、東京圏の女性のほうが多い。

総じて都会生活に疲れている、もっと言うと近代主義的・競争主義的な価値観・生活に疲れている、あるいは疑問を持っている女性が地方への移住を考えているようである。

なお、「夫婦別姓でもよいようにするべきだ」「同性婚が認められていないのは問題だ」「男性の育児休暇を義務にするべきだ」「セクハラ、パワハラが多い」については、地域差はあまりない。

「正規雇用や非正規雇用の区別をなくして、みんなが能力やライフスタイルに合わせて契約をして働くほうがよい」「氷河期世代・ロストジェネレーションへの支援が足りない」といった働き方についての意見も地域差はなかった。

東京圏で移住したい女性は高学歴・正規雇用・高年収が多い

また女性の移住希望者の属性をｍｉｆの２０２０年６月の調査から集計してみた（そのため、これは追加調査の「日本人の意識と価値観調査」とはサンプルが異なる）（**図表５－11**）。

すると、東京圏の女性と地方の女性の差は意外なことにあまり大きくなかった。

	東京圏在住	地方（東京圏・関西以外）在住	差（ポイント）
外交力が弱い	20.8%	15.2%	-5.6
原発依存を脱するべきだ	18.8%	13.2%	-5.6
大阪など地方の大都市の人口を増やし東京とバランスをとりながら発展させるべきだ	14.9%	9.3%	-5.6
ネットなどにより個人のプライバシーが侵害され始めている	26.7%	21.2%	-5.5
個人が夢や希望を持てなくなった	26.7%	21.2%	-5.5
古い街並みを活かしたまちづくりをすべきだ	16.8%	11.3%	-5.5
完全な男女平等というのは面倒だ	13.9%	8.6%	-5.3
自分の発言や行動がインターネットを通じて誰かにつかまれているかと思うと、発言や行動を控えることがある	13.9%	8.6%	-5.3
個人の自由が拡大しすぎている	9.9%	4.6%	-5.3
地方の自然やゆったりした生活を維持するべきだ	17.8%	12.6%	-5.2

出所：下流社会15年後研究会「現代日本人の意識と価値観調査」2020

図表5－10　移住希望女性の日本認識（居住地域別）地方が東京圏より5ポイント以上少ない項目（25～54歳の女性）

	東京圏在住	地方（東京圏・関西以外）在住	差（ポイント）
人数	101	151	
有給休暇やリモートワークなどによって時間と空間を自由に使う暮らしがしたい	34.7%	19.9%	-14.8
コロナなど新型の疫病への対策が遅れている	38.6%	27.2%	-11.4
日本の伝統的な職人文化を再評価するべきだ	26.7%	17.2%	-9.5
日本の社会に閉塞感（出口が見えない感じ）がある	27.7%	18.5%	-9.2
親子が近くに住むなど、ゆるやかに大家族的に暮らしたい	13.9%	5.3%	-8.6
見合い結婚もいいと思う	25.7%	17.2%	-8.5
金持ちの税金を増やすべきだ	32.7%	24.5%	-8.2
気軽に立ち寄れる居場所がない	12.9%	5.3%	-7.6
表現の自由に行きすぎたところがあるので、ある程度制限したほうがよい	10.9%	3.3%	-7.6
公務員を減らすべきである	20.8%	13.2%	-7.6
コンビニ、ファミレス、ショッピングモールなど全国に同じチェーンが増えたのはつまらない	16.8%	9.3%	-7.5
社会から規律・秩序がなくなっている	17.8%	10.6%	-7.2
新聞・ジャーナリズムがだめになった	16.8%	9.9%	-6.9
新しい技術が次々登場して、ついていけない	13.9%	7.3%	-6.6
農業もしながら暮らしたい	9.9%	3.3%	-6.6
貧しくても心の豊かさがある社会にすべきだ	22.8%	16.6%	-6.2
対中国・北朝鮮・韓国政策が軟弱だ	20.8%	14.6%	-6.2
東京一極集中しすぎている	29.7%	23.8%	-5.9
真面目に働く人がむくわれるべきだ	41.6%	35.8%	-5.8
今の時代には空虚感（むなしさ）がある	25.7%	19.9%	-5.8

		東京圏		地方	
		移住は考えていない	移住を考えている	移住は考えていない	移住を考えている
ファッション満足度	どちらかといえば不満	15%	18%	17%	22%
	不満	5%	5%	4%	6%
能力発揮満足度	どちらかといえば不満	15%	19%	15%	19%
	不満	7%	12%	6%	13%
余暇・レジャー満足度	どちらかといえば不満	15%	18%	15%	18%
	不満	7%	8%	6%	9%
仕事や学校での付き合い満足度	どちらかといえば不満	9%	11%	9%	12%
	不満	6%	9%	6%	8%
家族とのコミュニケーション満足度	どちらかといえば不満	7%	12%	8%	12%
	不満	4%	5%	4%	6%
友人・知人との付き合い満足度	どちらかといえば不満	12%	15%	13%	17%
	不満	5%	6%	5%	7%
地域の方との付き合い満足度	どちらかといえば不満	8%	10%	9%	12%
	不満	4%	5%	4%	7%
社会貢献活動（寄付・ボランティア活動）満足度	どちらかといえば不満	7%	10%	8%	12%
	不満	3%	5%	3%	4%
ストレスの原因（主なもの）	仕事上の人間関係	34%	42%	36%	37%
	親あるいは配偶者の親との関係	22%	26%	23%	29%
	仕事の過労	20%	23%	20%	21%
	精神的な打撃	17%	22%	16%	23%
	経済的な問題	31%	38%	33%	37%

※紙幅の都合で選択肢を一部省いた
出所：三菱総合研究所「生活者市場予測システム」2020

図表5－11　移住希望者と移住希望しない人の属性比較（東京圏と地方の25～54歳女性）

		東京圏		地方	
		移住は考えていない	移住を考えている	移住は考えていない	移住を考えている
人数		2,310	934	3,717	1,376
年齢	女性25～29歳	16%	21%	14%	21%
	女性30～34歳	15%	15%	13%	17%
	女性35～39歳	14%	14%	15%	14%
	女性40～44歳	18%	15%	19%	16%
	女性45～49歳	21%	18%	20%	17%
	女性50～54歳	17%	16%	19%	16%
配偶	未婚	34%	44%	30%	35%
	既婚	61%	50%	62%	57%
	離別	5%	6%	8%	7%
	死別	0%	0%	1%	0%
子ども	いる	45%	30%	54%	43%
	いない	55%	70%	46%	58%
学歴	4年制大学卒	43%	48%	29%	34%
就業形態（主なもの）	会社員（正社員）・団体職員	42%	50%	38%	41%
	パート・アルバイト	34%	25%	40%	33%
年収	200万円未満	55%	47%	63%	60%
	200万～300万円未満	12%	13%	14%	14%
	300万～400万円未満	11%	12%	9%	10%
	400万円以上	16%	22%	8%	9%
生活全般満足度	どちらかといえば不満	13%	16%	14%	19%
	不満	6%	9%	6%	10%
	満足	5%	5%	4%	3%
仕事・学業満足度	どちらかといえば不満	14%	16%	14%	18%
	不満	10%	15%	10%	14%

移住希望者の年齢は移住を希望しない人より若めであり25〜29歳が多く、よって未婚者が多く、子どものいない人が多い。ただし地方では移住希望者で未婚者の割合が東京圏より少なく、したがって子どもがいる人がやや多めである。

学歴は東京圏も地方も、移住希望者が希望しない人より4年制大学卒の割合が5ポイント多い。**高学歴化が移住希望を高める**のである。

就業状況は移住希望者のほうに正規雇用が多い。また東京圏は移住希望者と希望しない人の正規雇用率の差が8ポイントと大きい。東京圏では正規雇用であることが移住希望を高めると言える。

年収は、東京圏では移住希望者のほうがやや高い。

また、移住希望者は東京圏でも地方でも生活全般満足度が低い。分野別で特に不満が多く、かつ移住希望しない人との差が大きいのは、東京圏では、仕事・学業、能力発揮である。

地方で特に不満が多く、かつ移住希望しない人との差が大きいのは、仕事・学業、能力発揮、ファッション、友人・知人との付き合い、地域の方との付き合いである。

ストレスの原因についての質問では、東京圏の移住希望者は仕事上の人間関係、経済的な問題を挙げる人が多く、移住希望しない人との差がどちらも8ポイントと大きい。

地方の移住希望者のストレスは、親あるいは配偶者の親との関係が多く、地方独特の古い家族観がストレスになっていると言える。

東京圏で働く彼女たちの不満とは

東京圏の移住希望女性が持つ仕事上や能力発揮への不満とは何だろうか。具体的にどういう不満を抱えているのかはわからないが、たとえば東京圏で働く彼女たちの不満には、こんなものもあるかもしれないと想像する。

・シェアビジネスを始めたいが、今勤めている企業はあくまで物をたくさん作って売ることだけが使命であり、シェアでは儲からないと上司に言われる。
・化学メーカーに勤めており、自分としては自然派の洗剤を作りたいが、あくまで合成洗剤しか作れない（実際にこういう経験をした女性がその後アメリカに留学し、今は日本でまちづくりなどの仕事をして大活躍している例がある）。
・今問題になっているマイクロプラスチックをなくしたいが、現在勤めている企業では対応が難しい。個人的には木や陶磁器《とうじき》の製品が好きなので、そうした分野に進めないか悩んでいる。
・不動産企業で再開発事業をしているが、古い家や店を壊さずにリノベーションして使い続ける仕事がしたいと悩んでいる。
・フェアトレードに関心があるが、今勤めている企業は低開発国から買いたたくことで利益を得ているのが悩ましい。

つまり、東京の最先端で働いている女性だからこそ、環境やシェアリングなどについても最先端の情報を得ており、それらの問題を解決する仕事をしたいが、現在の職場では遅々《ちち》として進まない、という悩みかもしれないのである。東京圏の移住希望女性で高学歴・正規雇用・高収入の人が多いことからも、その仮説はある程度想定される。

東京から移住したい女性はシェアリングに関心が高い

そこでさらに、東京圏在住女性の移住希望者の特徴をシェアリングやエコロジー関連の質問とのクロス集計から見てみよう。

私の取材経験から言っても、移住経験者はシェアハウスに住むなどシェアリングとの親和

図表5－12　シェアハウスに住んでいる女性の移住希望割合（25～54歳女性）

	人数	移住は考えていない	今後1年の間に移住を考えている	今後5年をめどに移住を考えている	今後10年をめどに移住を考えている	具体的な時期は決まっていないが検討したい	既に移住したことがある
女性	10024	70.4%	3.7%	6.0%	1.9%	15.1%	2.8%
あてはまる	194	60.3%	9.8%	13.4%	2.6%	9.3%	4.6%
ややあてはまる	1126	62.8%	7.8%	9.4%	3.7%	9.9%	6.3%
あてはまらない	8704	71.6%	3.1%	5.4%	1.6%	15.9%	2.4%

出所：三菱総合研究所「生活者市場予測システム」2020

性が高い。実際ｍｉｆでも、シェアハウスに住んでいるかどうかに「あてはまる」人は移住を近々考えている人が多めである（図表5-12）。

また民泊、会議室、ウーバーなどの輸送サービス、カーシェア、衣服のシェアなども、それらを利用している人ほど移住希望者が多い（図表5-13）。

シェアハウス、民泊に住む人は他者とフランクにコミュニケーションできる、あるいはそのコミュニケーション自体を楽しもうとする人が多いので、見知らぬ移住先でもうまくやっていける自信があるのだろう。

また東京圏で移住希望の女性は、旅行好きであり、体験したい旅行内容についても「自

図表5－13　シェアリングエコノミーを利用する女性の移住希望割合（25～54歳女性）

	人数	移住は考えていない	今後1年の間に移住を考えている	今後5年をめどに移住を考えている	今後10年をめどに移住を考えている	具体的な時期は決まっていないが検討したい	既に移住したことがある
女性	10024	70.4%	3.7%	6.0%	1.9%	15.1%	2.8%
民泊（Airbnb、とまりーな、STAY JAPAN等）	222	41.0%	12.2%	18.0%	4.1%	20.3%	4.5%
会議室・イベントスペース等（スペースマーケット、Spacee等）	154	44.8%	14.3%	11.7%	5.8%	20.8%	2.6%
駐車場・農地等のスペース（akippa、軒先パーキング等）	224	58.9%	7.1%	15.2%	3.6%	13.4%	1.8%
輸送サービス（Uber、Uber eats、notteco等）	231	48.9%	10.8%	14.7%	4.3%	19.9%	1.3%
カーシェア、サイクルシェア	231	49.8%	10.0%	14.3%	5.2%	19.0%	1.7%
衣服・ブランド品等のモノ（Laxus、SUSTINA等）	88	45.5%	13.6%	15.9%	3.4%	21.6%	0.0%
知識や能力（TimeTicket、Any+Times等）	28	32.1%	21.4%	28.6%	3.6%	10.7%	3.6%
クラウドファンディング（Makuake、readyfor等）	165	53.3%	6.1%	9.1%	3.6%	22.4%	5.5%
その他のシェアリングエコノミーサービス	9	44.4%	0.0%	33.3%	0.0%	22.2%	0.0%
利用したことがない	9010	72.5%	3.1%	5.1%	1.7%	14.7%	2.8%

出所：三菱総合研究所「生活者市場予測システム」2020

然にふれること」「土地の文化を感じること」「名所・旧跡・遺跡を訪れるなどの観光」などが多く、自然・文化・歴史に関心が高いことがわかる（図表5‐14）。

自然志向については、現在の生活で「無農薬・有機農産物や食品添加物を含まない自然食品を利用する」とか「天然素材のオーガニック化粧品、自然派化粧品を利用する」といった傾向が強い（図表5‐15）。

また彼女たちは地方の良さを活かした暮らしに関心が高い。「自然や地球環境を大事にしたい」「自然が豊かな場所に住む」「地域固有の自然や文化の保全が不十分」であることを重要な問題、あるいは早急に解決すべき問題と考えている人が多いのである。

このように、東京圏から来る可能性のある移住希望者はシェアリングやエコロジーに関心が高い。それぞれの地方固有の町の歴史・文化・街並みの活かし方にも関心がある。地方に移住したら、仕事をしながら、シェアリングやエコロジーに関わる活動やまちづくりができるということが、大きなインセンティブになりそうである。

他方、地方ではあいかわらず東京をまねた都市再開発も盛んであり、駅前に高層ビルを建てれば若者が戻ってくると勘違いしているような政策がとられることも少なくない。

図表5－14　移住希望別 体験したい旅行内容（25～54歳女性）

		移住は考えていない	移住を考えている
人数		2310	934
日帰りの国内旅行	行かない	25%	19%
	数年に1回	15%	13%
	年に1回	20%	20%
	年に2～3回以上	36%	45%
宿泊を伴う国内旅行	行かない	18%	14%
	数年に1回	21%	16%
	年に1回	27%	28%
	年に2～3回以上	31%	40%
海外旅行	行かない	57%	42%
	数年に1回	24%	26%
	年に1回以上	14%	27%
体験したい旅行内容（複数回答）（主なもの）	自然にふれること	41%	51%
	名所・旧跡・遺跡を訪れるなどの観光	44%	49%
	からだを休めること	36%	44%
	買い物	38%	43%
	イベントやお祭り	22%	28%
	ドライブやツーリング	15%	20%
	電車や新幹線などに乗ること	17%	23%
	美術館や博物館	24%	30%
	登山、山歩き	13%	17%
	土地の文化を感じること	25%	32%

出所：三菱総合研究所「生活者市場予測システム」2020

図表5－15　移住希望別 自然志向（25～54歳女性）

		移住は考えていない	移住を考えている
人数		2,310	934
現在：無農薬・有機農産物や食品添加物を含まない自然食品を利用する	あてはまる	5%	8%
	ややあてはまる	19%	23%
	どちらともいえない	41%	40%
	あまりあてはまらない	22%	20%
	あてはまらない	14%	10%
現在：天然素材のオーガニック化粧品、自然派化粧品を利用する	あてはまる	5%	7%
	ややあてはまる	13%	17%
	どちらともいえない	28%	28%
	あまりあてはまらない	20%	21%
	あてはまらない	35%	28%
現在：自然や地球環境を大事にしたい	とてもそう思う	21%	27%
	そう思う	51%	50%
	どちらともいえない	25%	19%
	そう思わない	3%	3%
	まったくそう思わない	1%	1%
今後：自然が豊かな場所に住む	そうしたい	14%	23%
	ややそうしたい	33%	37%
	どちらともいえない	29%	25%
	あまりそうしたくない	13%	9%
	まったくそうしたくない	11%	6%
重要だと考える：地域固有の自然や文化の保全が不十分	重要かつ早急に解決すべき	10%	14%
	重要	62%	59%
	重要でない	28%	27%
将来子供にして欲しいと期待する：自然や地球環境を大事にする	とてもそう思う	22%	24%
	そう思う	45%	54%
	どちらともいえない	27%	18%
	そう思わない	4%	4%
	まったくそう思わない	2%	0%

出所：三菱総合研究所「生活者市場予測システム」2020

古いものを活用することで若者が地方にとどまる

それに関して、私が少し協力した福井市の事例について書いておこう。詳しくは拙著『人間の居る場所』に書いたので簡単に紹介する。

2012年12月、私は福井市に出かけた。北陸でも最高級の料亭「開花亭《かいかてい》」の旧知の社長に会うためだ。小松空港までお迎えに来て下さった社長は、車の中で私に言った。「福井でもいろんな開発計画があるんですが、どうもどれもピンと来ない話ばかりで、どうしたらいいんでしょう」

私は即座に答えた。「自分でやればいいんだよ。ちょうど今、吉祥寺でもハモニカ横丁の手塚さんに相談を受けて、コミュニティデザイン大賞というのを企画している。市民からまちづくりのアイデアを募集するのだ。福井でもそれをすればいい。審査委員長は隈（研吾）さんでいいでしょ。私も委員をやるから、あとはR不動産の馬場くんとデザイナーの坂田夏《なつ》水《み》ちゃんを呼ぼう」

なぜ隈さんが委員長かと言うと、開花亭の新館を隈さんが設計したからだ。

社長は「はあ、なるほど。目から鱗《うろこ》が落ちました」と言い、なんだかやる気が出てきたようだった。

私のほうも早速馬場君に連絡し、翌年3月末に隈さん、馬場君、私で企画発表会をすることになった。タイトルは「課題都市：福井」。

こうして浜町コミュニティデザイン大賞が動き出した。後は一般市民からの応募を待つばかりとなった。私や馬場君らは、福井の街を歩き、古いビルや商店を見つけては、いいね、いいねと感心しながら歩いた。

福井の行政などの人たちはそれが全然理解できなかった。彼らは古いビルを壊して新しいビルを建てないと、福井の未来はないと思っていたからだ。

応募も多数集まり、翌14年2月、浜町コミュニティデザイン大賞の公開審査会がホテルで開催された。実際にプレゼンテーションしてもらうと、老若男女が揃っているため、吉祥寺以上に多様性があり、面白かった。

審査の結果、大賞を二つ選ぶことにした。ひとつは「浜町×スポーツ×しゃく谷石」。これは浜町の脇を流れる川を浜町から川下の湊町三国《みくに》までカヌーで下ったり、自転車でツーリングする提案。浜町と三国は、北回り船が運んできたものが三国に到着し、そこから浜町まで運んだという歴史的な関係がある。その関係を踏まえながら、現代的なスポーツを結びつけた完成度の高い提案だった。

もうひとつは女性による「ちょびっと。」という提案。料亭街である浜町の中にいろいろな屋台をちょびっとずつ出して物を売ろうというものだった。福井県は商業の販売額に占めるロードサイド店の割合が日本一高いと言われる。つまり大型のショッピングモールが買い物の主体であり、旧来の商店街は生き残りが厳しく、ご多分に漏れずシャッター街になっているところも多い。それに対してこの提案では、個人ができる小さな屋台でちょびっとずつ自分の好きなものを売ろうというのだ。

それから3年ほどして、開花亭の前にある古いビルがリノベされることになった。しかも、なんと青山にあった伝説の家具・インテリアショップのイデーをつくった黒崎輝男《てるお》さんがプロデューサーとなって、福井の若いデザイナーのためのシェアオフィス「CRAFT BRIDGE」ができたのだ。

こうした動きの中で、浜町にも新しい店が入居するようになった。リノベーションスクールも開かれるようになり、古い物を活かしながらまちづくりをすることの良さが福井でも理解されたはじめた。そうしたリノベーション事業の担当に、地元の銀行も優秀な社員を担当させるようになったのだ。

新しいビルを建てて、家賃を上げて、全国同じ店が入るというモデルでは、福井県内の若

福井の若いデザイナーのためのシェアオフィス「CRAFT BRIDGE」は古い空きビルをリノベしたもの

い人にはチャンスがない。売上げも県外に流出する。だから若者はチャンスを求めて大阪や京都や東京や名古屋に出ていってしまう。

ところが古いビルをリノベーションして、しかも黒崎さんが教えてくれるようになれば、福井の若者が地元でデザインや建築の仕事をできるようになる。また若者同士のネットワークができる。それがいちばん重要なポイントである。

「百年」を軸に街をつくる

もうひとつ私が関わった事例を書く。私の故郷である新潟県上越市（旧・高田市）の「百年料亭ネットワーク」という事業だ。

高松宮様も訪れた桜の間。ワーケーションに使ったら面白そうだ

高田は明治以降陸軍ができたことで、花街が栄えた。全盛期には料亭もたくさんあった。そのひとつが「宇喜世《うきよ》」である。創業は大正初期であり、建物の中心部は100年以上前に建設され、その後何度か増築された。一部は3階建てであり、高松宮《たかまつのみや》殿下も戦後すぐに訪問され、芸者衆と混信する写真が残っている。大広間は150畳敷という広さであり、大正から昭和初期にかけて造られたものとしては日本最古の部類に属するはずだという。

言うまでもなく、料亭は全国的に衰退しつつある。20世紀に入り、日露戦争、第一次世界大戦のころに栄えたが、戦争でその勢いは一端終息。戦後高度経済成長期にまた栄えたが1973年のオイルショックでまた衰退。80年代のバブルで息を吹き返したが、バブル崩壊でダウン。さらに２０００年以降は官官接待の禁止などにより、宴会需要が減少。次第に廃業・転業するところが増えた。建て替えてホテルなどにするところも多かった。

高田の有名料亭である宇喜世の社長の大島誠氏は、そこで古い料亭を維持・発展させるために、何ができるかを考えた。国に補助金をもらえないか相談したが、税金を投入するには国民全体が納得する公的な意味づけが必要だと言われた。

そこでまずは観光庁の補助金を使って、全国の創業あるいは築１００年以上の料亭をネットワーク化する活動を始めた。名付けて「百年料亭ネットワーク」。大島氏自身が全国の料亭を青森県から大分県まで訪ね歩き、18軒の料亭にネットワークに加入してもらい、２０１7年3月に「百年料亭ネットワーク」設立総会を開催。以後も参加料亭を増やしていった。観光庁からも百年料亭ネットワークの活動は高く評価された。

コロナ禍により、料亭はますます窮地に立っているが、では料亭でなければうまくいくかと言うと、そんなことはない。インバウンドも減ってホテルも観光も事業縮小。一般飲食店も青息吐息《あおいきといき》である。

むしろこういう時代には、行く意味のある店が求められる。そうなると百年の歴史のある料亭は価値がある。

宇喜世も部屋の内装は素晴らしい。宴会以外でも使う方法を考えたいというのが大島氏の考えだ。時節柄、ワーケーションなどにも使えそうである。料亭なので有料で客を宿泊させることはできないが、同じ町内に町家をリノベーションしたゲストハウスも数軒できている。そうしたところと連携すれば、新しい料亭の使い方ができそうだ。

歴史で人を集め未来をつくる

「百年」と言えば、高田には100年以上前にできた映画館がある。「高田世界館」である。現在も営業中で、ミニシアター系の渋い作品を多く上映している。

高田は城下町であり、かつて新潟大学教育学部があり、その中に芸能科という音楽・美術の教師を育成する学科もあったので、文化的な土壌がある。

高田城趾に隣接する県立高田高校は雅子皇后のお父様の出身高校。お父様が在学中はお祖父様が校長を務めていた。そういう文化的な土壌があるので、マイナーでも上質な映画にファンがいるのだ。

また世界館がマンガや映画の舞台となったこともあり、遠方から訪れる人も少なくない。

高田世界館

毎日映画館の由来などを解説し、映写室にも入れる案内コースも開催されており、人気である。

　高田にはもうひとつ、100年の歴史を持つものがある。先ほど述べたように陸軍があったので、師団長の家が残っているのだ。2021年春からはフレンチレストランとして使われ始めた。商店街にも創業100年以上の老舗《しにせ》は少なくない。

　また、新潟大学教育学部の前身である高田師範学校時代に使われていたスタインウェイのピアノが、長らく放置されていたが、最近修理されることも決まった。これもおそらく百年物である。

　東京は、最新のオフィスビルなどの建設により、ますます未来都市になっていく。その代わり歴史は薄らぎ、古い建物も減っていく。それに対して地方都市は、いたずらにビルやマンションを建てるばかりではなく、東京にはない古いものを活かしたまちづくりをするべきだろう。いくらビルを建ててもドバイや中国にはかなわない。これからの日本では、歴史的建築が残っていることが重要なのだ。

特に料亭は、和食はもちろん、お茶、書、陶芸、建築、着物、芸者、踊りなど、日本文化を総合的に引き継ぐための重要な舞台装置である。

国としても、料亭文化を維持保存、さらに発展させることをもっと真剣に考えたほうがいい。もちろんコロナが収束しないかぎり、宴会に頼ることはできない。料亭の使い方については、ワーケーションなり何なり、新しい使い方も考えるべきであろう。

このように地方でも、いろいろな形で歴史や文化を活かしたまちづくりが行われている。だがそうした動きに賛成する人たちばかりではない。いや、むしろ先ほど書いたように再開発して巨大なビルを建てることが正しいのだと考える勢力のほうが大きいだろう。

私が5年ほど前、ある地方都市でまちづくりについて講演し、古い街並みを活かしたリノベーションの重要性について語ったことがある。しかしどうも会場の様子がおかしい。どうやら会場に来ていた人たちは、再開発派が主流だったのだ。

だったら私を講師に呼ばなければいいのだが、事務局が私の考えを理解していなかったのか、あるいは事務局としては再開発ではないまちづくりについても理解を深めたいと思ったのか、真相は知らない。とにかく会場に来ていた経済界の人たちは圧倒的に再開発派だった。言うまでもなく、福井でも高田でも、古いものを活かすなんて、そんなんじゃ未来はないぞ、という意見は根強い。

だが、それでは若者は地方を出ていく。優秀な人、クリエイティブな人ほど出ていく。今まで通りのやり方を踏襲《とうしゅう》する公務員などになる人だけが残る。

それで果たして未来はあるか。

ワーカブルな地方をつくる

先ほど、東京都心にいかに未婚女性が多いかをデータで示した。このデータ自体は、東京の郊外の衰退を食い止めるための方策を考える過程でつくられたものだ。

だが、東京郊外の衰退を食い止めるための方策と地方の衰退を食い止めるための方策は本質的に同じだと思う。

私はこの5年ほど、郊外での若い世代の人口増加のためには、「ワーカブル（働きやすい）」「夜の娯楽」「シェア」が必要であると主張してきた。この原則は地方にもあてはまるはずだ。郊外については『首都圏大予測』に書いたので、本論では地方に即して書いていく。まず「ワーカブル」について。これは新しいオフィスビルの中で快適に働く、という意味では全然ない。

郊外や地方で育った若い世代が都心など23区に流入してきて、かつその後、結婚・出産してもそこから流出しないのはなぜか。通勤時間が短く体力を消耗しないことはもちろん、都心のほうがライフスタイルや価値観の多様性があり、寛容度が高いからだ。そのことは必然的にクリエイティビティを生み、ますます新しいアイデアやビジネスを発想させ、利益を生み出すという正のスパイラルをもたらす。その全体がワーカブルなのである。

また、もちろん、多様性があり、寛容度が高いということは、女性も子育て期の男女も働きやすいことを意味することは当然である。

都会的な仕事が地方でできるようにする

東京郊外の千葉県流山《ながれやま》市では、近年若い世代を中心に流入人口が激増し、2000年に15万人だった人口が21年には20万人に増えてきている。

これには様々な理由があるが、ひとつ大きなポイントは都心までの時間距離が短いことだ。

だが、それより特徴的なのは女性の就労・起業を支援していることである。それで実際に起業したお母さんがいて、彼女がさらに次のお母さんのために起業セミナーをしたり、駅前のアパートを借りて化粧品関連の大手インターネット情報サイトの会社の事務所をつくったりしている。市内のお母さんたちが、編集・デザインなど、従来なら銀座や渋谷に行かないとできなかった仕事ができるのだ。

これは非常に大切な点である。郊外で女性が家の近くで働くとなると、スーパーのレジくらいしかなかったからである。だが高学歴化し、就業経験も長い現代の女性に、出産したらレジしかないという地域ではまったく魅力がない。今的な先端的な仕事が郊外でできるというところが大事なのである。

これは地方でも同じである。東京圏から地方への移住のネックになるのが仕事である。年収は下がるし、仕事内容自体が面白いかどうかがより強く問われるからだ。

年収の低下は生活費の低下で補えるとして、やりがいのある仕事ができるかは大事である。むしろ東京の大企業では様々な制約からできないような仕事が地方ならできる、ということもありうるだろう。

なのに、そういう努力をしてこなかったために郊外も地方も若い世代を都心に取られたまま手をこまねいていたのである。

団塊ジュニアにバトンを渡そう

地方や郊外では、せっかく育てた若者が高校卒業以降から23区に流出したまま、なかなか戻ってこない。戻ってくるのは定年後である。

結果、地方や郊外では、50代はまだ若造《わかぞう》、80代の意見ばかりが通り、60代でなんとか自分の意見が少し言えるようになるという状況になる。

郊外と言わずとも、私の住む杉並区でも似たようなものである。2、3年前に区のまちづくりの市民会議に出たが、ある商店街の方が、うちの商店街の理事長の頭が古いから何も新しいことは始められないと嘆いていたが、その嘆いていた人の年齢がどう見ても75歳くらいだった。

こういう笑うに笑えぬ現実がある。私は、75歳以上は会社でも商店街でも政治でもすべて引退、発言も禁止にしたほうが日本のためだと思っている。75歳以上でも良い意見はあるだろうが、同じような良い意見は75歳未満でも出るはずだ。75歳以上に対して「わきまえ」て出なかった意見や75歳以上では出ない新しい発想を生み出すには、75歳以上は絶対に黙ったほうがよい。いや、60歳以上でも黙ったほうがよいと思うので、私も最近は少し黙っているくらいである。若い人が自由に行動する姿を見ているほうが楽しいからである。ベテランは彼らから相談を受けたら話に乗ってやるくらいで十分である。

すでに団塊ジュニア世代ですら50代になり始めたのだ。いい加減、50代以下にバトンを渡さないと本当に日本は危ないと思う。団塊ジュニアが65歳以上になりきる２０４０年までに日本・地方を変えないといけない。

幸か不幸か、コロナ禍によりリモートワークが予想以上に広がり、都心の人口が流出し、郊外の人口が増えるという現象が起こっている。一部だが、地方に移住する人も増えてきた。今は、地方や郊外にとってチャンスなのである。チャンスをつぶさないためにも、これまでの常識に縛られないクリエイティブでワーカブルなまちづくりを、地方もしていかないといけない。

女性が主役の地方づくり

地方や郊外が「ワーカブル」になり、女性も男性並みに働くようになると、必然的に「夜の娯楽」が必要になる。

あえて私が「夜の娯楽」という誤解されやすい言葉を使っているのは、この言葉がまさに、女性が男性の娯楽に仕えるというイメージを持っているからである。だが、これからの時代に夜の娯楽を必要とするのは女性ですよ、ということを私は言いたいのだ。

たとえば、都心や郊外で働く女性が仕事を終える。保育園に預けている子どもを迎えに行き、帰りに少し買い物をする。従来なら即座に帰宅するが、現代のママはカフェで一休みする。グラスビールかグラスワインの一杯くらい飲んで気付け薬にするだろう。

その後帰宅し、食事をつくり、子どもに食べさせながら自分も食べる。8時くらいになると夫が帰宅する。昔なら夫のための料理をつくるところだが、現代の女性はそんなことはしない。夫に子どもを預けて、自分は再び飲み屋に行き、2杯目、3杯目の酒を飲み、焼き鳥を食べるのである。

こういうことを10年前に書くと、東京でも少し怒られたかもしれない。だが実際、こういう女性は郊外でも増えてきた。

4年ほど前、多摩ニュータウンで仕事をした後、友人と夜スナックに行くと、アラフォーの女性客が3人いた。聞くとママ友同士だという。所沢のワインバーでも同様の経験をした。子育ての合間にママ友同士がお酒を飲みに行くのは普通なのである。昔なら、女性なのに、母親なのにと批判されただろうが、今は違う。

このように、今や夜の娯楽は男性だけのためにあるのではない。女性のための夜の娯楽がなければ、これからの郊外も地方も発展しないのだ。コロナ禍で飲食店の経営が厳しくなったので、大規模居酒屋チェーンで薄利多売のビジネスは困難になるだろう。だが小ぶりな店で静かに食事をする店はこれからむしろ求められるだろう。だとしたら郊外の商店街にでも、あるいは住宅街の中にだって、そうした店を開くチャンスが広がるはずだ。

地方だと車社会なので、こんな暮らしは難しいかもしれないが、旧市街地なら可能だろう。中心市街地活性化のためには、古い商店街の空き店舗をリノベーションして住みつつ働く女性とその家族などが増えて、街中で飲食もするというライフスタイルを復活してくれたほうがよいだろう。

＊＊＊

日本全体が下流化する中、地方では、中央志向の政策ではない、地方による地方のための政策が求められる。地元の金で地元のモノと人材を活用して地元を盛り立てるべきなのだ。

コロナ騒動の中でも、国の政府があたふたしているのに対して、地方の県や市がしっかりとした取り組みをしている、首長もしっかりしていると感じた人が多いはずだ。巨大な国家を全国共通一律に動かすのは難しい。それぞれの地方単位で地方に即した政策を打っていったほうがいいのである。そのための地方分権化がもう一度議論されたほうがいいだろう。そのほうが日本の下流化を防ぐであろう。

あとがき

今回の東京五輪までの数年間のすったもんだを見て、日本の衰退を感じた人は少なくないだろう。私は五輪なんて日本人にとってお茶の子さいさいだと思っていて、かの電通の広報紙のインタビューでもそのように語っていた。ところが予想に反して、国立競技場、エンブレム、収賄、森失言に始まる各種の差別意識問題の連鎖があった。日本はどうやらかつての力を失っているし、もはや先進国ではないらしいとすら思われた。

コロナへの一連の対応にも、ああ、この国は戦争をしたら負けるなと思った人は多いだろう。憲法上ロックダウンができないというだけではない指導部の弱さ、優柔不断さ、想定外の事態への対応の遅れ、そもそも想定をしない甘さ、国民の命の軽さ。福島原発事故だって未処理であり、事故自体が想定外だった。いや想定されていたが、電力会社と政府によって無視された。大地震が来ることは想定内だが、本当に正しい想定に従って準備を進めているか、私は不安である。いつも呪文のように唱えられる安心・安全も、どこまで信用していいものやら。

コロナ対応か五輪開催かの選択についても、日本はアメリカに文句を言えないだけでなく、IOCの言うなりにもなるのか、ヨーロッパの貴族の遊びと国民の生命を引き換えにするのかと、失望した人は多いであろう。この国は弱いのだ。この30年間でますます弱くなったのだ。

成長の時代の次には成熟の時代が来ると言われて久しい。もう30年経つだろう。だが、どう見ても成熟の時代が来たとは思われず、爛熟《らんじゅく》というのでもなく、むしろ退化か衰退、あるいは幼児への退行が起きた、というのが近年の日本の状況ではあるまいか。

これから超高齢社会となり、経済大国としての力は確実に落ちていく。それでもこれからは、量ではなく質の高さで勝負する、それが成熟だと私は思っていたのだが、質の高い生活や文化が広がったとはあまり思えない。

日本を占領したマッカーサーが、日本人の精神年齢は12歳と言ったという。この比喩《ひゆ》はなかなか興味深い。子どもから大人へ変わり始める微妙で不安定な年齢を、ファシズム国家から民主国家に変わることとの比喩として言ったのだろうか。

1945年に12歳なら2021年には88歳である。ほぼ日本人女性の平均寿命である。米《べい》寿《じゅ》である。誠にめでたい。

45年が12歳なら朝鮮戦争は17歳で、戦争の特需で経済復興を始めた。

58年には25歳で東京タワーが建ち、60年に27歳となって、所得倍増計画が打ち出された。64年に31歳で東京五輪。68年、35歳で世界第2位の経済大国にのしあがり、70年、37歳で大阪万博を開催。73年、オイルショックを経験するが、79年、46歳で「ジャパン・アズ・ナンバーワン」と言われるところまで登り詰める。

こうして見るとまさに、日本の戦後の経済成長は、12歳の少年が脂の乗り切った働き盛りの大人に達するまでに等しい。

89年、56歳、会社で言えば役員になるころ、バブル経済がピークとなったが、以降バブルが次第にしぼみ、98年、65歳で日本を代表する金融機関がいくつも破綻するほどの経済危機を迎える。

体のあちこちに病巣《びょうそう》をかかえ、経済力も急激に衰えたが、「構造改革」という新種の特効薬を打ってなんとか持ちこたえた。

だが78歳で東日本大震災、その後も各地で災害が増え、人生最後の思い出となるはずの2020年の東京五輪は延期され、至る所で問題を起こし、政治は一部の政治家たちによって私物化され、何年も同じような顔ぶれが支配している（新総理で少しは変わるか）。

そして2021年、日本は88歳。人生はいつ終わるかわからない。輝かしい人生前半と比べると、後半は苦難の連続であった。

ここまでアナロジーを語ってきて、ふと気づいた。今年88歳。それは上皇様の年齢なのだ。上皇様・上皇后様は、成長の時代の次に天皇・皇后となられて、見事に美しい成熟をされてきた。なのに日本は果たして成熟しただろうか。高質な社会、文化を築いただろうか。「美しい国」になっただろうか。世界に理想を語る国になれただろうか。

もしかすると日本はあるときから成長も成熟もせず、退行し、幼児化したのではないか。もし76年間のまんなかの38年目で退行が始まったとすれば１９８３年。たしかに高度消費社会と言われた当時は、バブル時代ほど問題もなく、戦後日本のピークだと言ってもおかしくない。その時、日本人の精神年齢は50歳。そこから退行が始まったとすれば、38年経った今は12歳に戻っているというわけだ。

そこには焼け野原がある。皇居のまわりに何十棟もの超高層ビルが林立しているが、私にはそれが、12歳どころか6歳児がおもちゃ遊びをしているように見える。多額のお金を使った遊びである。五輪と同じだ。心の中の風景は焼け野原なのだ。しかもそこには、戦争が終わったという解放感はない。

政治学者の中島岳志《たけし》は五輪の「開会式を見て『日本が誇れるものは、私の子ども時代のテレビゲームくらいしかないのか』とため息をついた」と書いた。私もそう思った。

たしかにゲームやアニメやマンガも世界商品だけれど、そればっかりでいいのか。少なくともあの場では、ゲームやアニメやマンガを素材にするだけでなく、ゲームやアニメやマンガにも内包されているはずの理想、理想の人間、理想の社会、理想の世界といったものを表現するべきではなかったのか。

もしもスーパーマリオや他のゲームやマンガなどなどに、それぞれの理想の世界があるなら、是非それらを表現するべきだったと思うが、リオ五輪の閉会式のように総理大臣が煙突から出てくるだけなら、まるで意味はない。

この理想の欠落は、途中で責任者が辞任したから生じたのではない。あの責任者の案のままだったら、もっとひどかったと思う。

それができなかったのは、今の日本人が、特に上層部が、理想や思想、もっと砕いていえば自分の考えを語ること、考えることを忘れているからではないか。

何も私は道徳的なことを言いたいのではない。そんな資格はない。ただ単純に、世界に向かって、もっとこういう生き方はできませんか、もっとこういう社会に変えられませんか、そのためにもっとこういう仕組みを作れませんかという問いかけ、疑問、問題提起をする力が、あまりにも今の日本の社会に、特に政治とマスコミの中に足りないと思うだけである。

もっと効率的に、もっと売れるように、もっと金が儲かるようにということばかり考えているのではないか。そのようにしか考えていない国が、今や金儲けでしかない五輪開催を断れるはずがなかったのだ。

もうひとつ現代の日本に欠けているのは、やや口幅ったいが、教養である。教養とは知識と経験の熟成によって育まれる。そのゆとりが今の日本にはない。

資本主義が終わったとか、一方で民主主義では経済成長できない、世界についていけないといった議論が近年急激に盛んになってきたが、これも、結論を速く出すことが善とされる企業経営的な態度、通俗的な成果主義の態度である。会議は45分、資料はＡ４で１枚だけといった効率主義である。さすが社長、ワンマン企業は話が速くていいやといった程度のことである。

現実の社会は無限に多様で複雑であり、結論を速く出したくても出せない。速く出した答えが正しいとも限らない。

むしろ、なかなか答えが出ないプロセスを味わうことも時として必要であり、それができるということもひとつの教養なのだと思う。

なぜ人を殺してはいけないのか、障害者に生きる意味はないといって殺人を犯す人間、LGBTには生産性がないという政治家、彼らに欠けているのも教養である。

人生に生きる意味があるかどうか、私にはわからない。わからなくてもよい。いつかわかるかもしれないが、その考えが他人にも納得がいくとは限らない。そのわからなさを楽しむのが教養である。そうした曖昧さに耐えられないのは、結論を速く出すことが正しいという現代の価値観に毒されているのである。

プラトンは子どもに賢人はいないと言ったそうだ。頭のよい子どもはいるが、賢人はいないのだ。思想と教養がないからである。頭はよいが思想と教養のない、自分の考えと言葉のない人が今の日本をつくっているように見える。自分の考えと言葉のない人はお金の論理に従うしかないのである。

最後に記しておくが、本調査は三菱総合研究所が毎年行っている3万人調査に追加質問をする形で実施した。調査費用は２００万円ほどであるが、企業や研究者に参加していただいたので、弊社の負担は45万円ほどである。その程度の負担でこれだけの調査ができるのだから、新聞・テレビ・通信社など数社が協力すればもっと大規模に調査し専門的な分析ができるはずだ。なのになぜしないのか。政治報道と言えば内閣支持率の簡単な調査と無意味な記者会見ばかりでは、国民の関心に応えられまい。政治の貧困は報道機関の貧困によってもたらされたのである。

２０２１年9月15日
自民党総裁選を前にして

著者

＊本書で使った下流社会15年後研究会「日本人の意識と価値観調査」の内容は同研究会参加者以外でも有料で閲覧あるいは本書にはないクロス集計などが可能です。詳しくはカルチャースタディーズ研究所までお問い合わせください。

（メールアドレス：irai@culturestudies.jp）

＊本書は第５章以外は書きおろしである。

（第５章初出：ライフル総研『地方創生のファクターX――寛容と幸福の地方論』２０２１）

三浦展（みうらあつし）

1982年一橋大学社会学部卒業。㈱パルコ入社。マーケティング情報誌「アクロス」編集室勤務。'86年同誌編集長。'90年三菱総合研究所入社。'99年㈱カルチャースタディーズ研究所設立。消費社会、世代、階層、都市などの研究を踏まえ、時代を予測し、既存の制度を批判し、新しい社会デザインを提案している。この10年の関心事は、シェアを基礎とする社会・コミュニティ、住宅のリノベーション、郊外の再生など。
著書に『下流社会』『下流社会 第2章』『東京は郊外から消えていく！』『首都圏大予測』（以上、光文社新書）、『都心集中の真実』（ちくま新書）、『これからの日本のために「シェア」の話をしよう』（NHK出版）、『第四の消費』（朝日新書）、『ファスト風土化する日本』（新書y）、『あなたの住まいの見つけ方』（ちくまプリマー新書）など多数。

大《だい》下《か》流《りゅう》国《こっ》家《か》　「オワコン日本《にほん》」の現在地《げんざいち》

2021年10月30日初版1刷発行

著　者 ― 三浦　展
発行者 ― 田邉浩司
装　幀 ― アラン・チャン
印刷所 ― 近代美術
製本所 ― ナショナル製本
発行所 ― 株式会社光文社
東京都文京区音羽1-16-6（〒112-8011）
https://www.kobunsha.com/
電　話 ― 編集部03（5395）8289　書籍販売部03（5395）8116
業務部03（5395）8125
メール ― sinsyo@kobunsha.com

 ISBN 978-4-334-04567-8

1150
「孤独」という生き方
「ありのままの自分」でいることのできる、自分だけの居場所を求めて
織田淳太郎
自らの体験に加え、孤独な生き方を実践する人たちへの豊富な取材を基に、人間の根源的な欲求を突き詰め、真に「生きる」とはどういうことかを考察する実用的ノンフィクション。
978-4-334-04558-6

1151
ニュースの未来
石戸諭
テレビ、新聞、出版…ニュースを巡る環境が悪化するなか、本当にこれらのメディアに未来はないのか。気鋭のノンフィクションライターが、ニュースの本質とその未来に迫る。
978-4-334-04559-3

1152
「ボヘミアン・ラプソディ」の謎を解く
〝カミングアウト・ソング〟説の真相
菅原裕子
同名映画も大ヒットした「過去1000年で最も重要な曲」にフレディ・マーキュリーが込めたメッセージとは。膨大な資料をもとに、近年ささやかれている、ある「仮説」を検証。
978-4-334-04537-1

1153
日本の食と農の未来
「持続可能な食卓」を考える
小口広太
食の大部分を海外に依存している日本。国内の農業は高齢化や後継者不足が進み、待ったなしの状況にある。今、私たちは何を考え、行動すべきなのか。「等身大の自給」について考える一冊。
978-4-334-04560-9

1154
新聞記者、本屋になる
落合博
新聞記者であった著者はいかにしてひとり本屋を始めることができたのか。定年目前の58歳、子どもは3歳、書店員経験は0。第二の人生、妻の反対を押し切っての本屋開業記!
978-4-334-04561-6

1155
ルポ　コロナ禍で追いつめられる女性たち
深まる孤立と貧困
飯島裕子

臨時休校、おうち時間、休業補償、テレワーク……。コロナ禍で生じた出来事の多くでより深刻な状況に陥ったのは女性だった。その背景にあるものを、当事者への取材から探る。

978-4-334-04562-3

1156
日本のジーパン
林芳亨

米国で生まれたジーンズがいかに日本で独自の発展を遂げたのか？　ジーンズ界の重鎮である著者がジーンズの歴史や、日本における受容のプロセス等「ジーパン愛」を語り尽くす。

978-4-334-04563-0

1157
脳の寿命を延ばす「脳エネルギー」革命
ブドウ糖神話の崩壊とケトン体の奇跡
佐藤拓己

巨大で大食漢な働き者「脳細胞」を長持ちさせる助っ人とは!?　ヒトの脳の発達を可能にしたエネルギーとしてケトン体に注目。認知症・うつを防ぎ健康にも役立つ栄養摂取法を考察する。

978-4-334-04564-7

1158
田舎暮らし~~読~~毒本
樋口明雄

田舎暮らしにスローライフは存在しない！　東京から自然豊かな地方に移住して20年の小説家が満を持して贈る、田舎暮らしのノウハウと闇。本書を読まずして移住するべからず！

978-4-334-04565-4

1159
知ってるつもり
「問題発見力」を高める「知識システム」の作り方
西林克彦

「わからない」を見つけるために「きっちりわからなくなる」には？　ロングセラー『わかったつもり』刊行から16年。今最も求められる「問題発見力」を身につける方法を解説。

978-4-334-04566-1

光文社新書

1160

大下流国家

「オワコン日本」の現在地

三浦展

経済力の低下、人口縮小、ジェンダー格差、メディアの怠慢……この国はどこまで堕ちてゆくのか？　80万部超のヒット作『下流社会』から16年、最新データを基に再び日本を斬る。

978-4-334-04567-8

1161

名画の生まれるとき

美術の力Ⅱ

宮下規久朗

人間にとって必要不可欠な「美術の力」とは？　「名画の中の名画」から「美術鑑賞と美術館」「描かれたモチーフ」「信仰と政治」「死と鎮魂」まで。美術史家と読む、美術の本質に迫る55話。

978-4-334-04568-5

1162

野蛮な大学論

酒井敏

大学人よ、学問の本道に戻って野蛮さを取り戻せ！　「京大変人講座」主宰の京大名物教授が、大学、アカデミズム、教養の本質をズバリ指摘する。豊かな社会のための大学改革論。

978-4-334-04569-2

1163

「問い」から始まる哲学入門

景山洋平

2600年にわたる哲学者の語りあい。そこでは何が問われたのか。なぜ「問い」続けてきたのか――。「問い」の歴史とその意味を知る、不確かな世界を生き抜くための哲学入門。

978-4-334-04570-8

1164

物理学者、SF映画にハマる

「時間」と「宇宙」を巡る考察

高水裕一

フィクションが未来の科学を導く!?　タイムトラベルから星間飛行まで、物理学者とともに探る一度は夢見たSF世界の可能性。科学の目で見直せば、SF映画はもっと楽しくなる！

978-4-334-04571-5